KB069493

청소년복지의 이해

| 노 혁 저 |

Youth
Welfare

학지사

머리말

청소년복지는 아동복지와 노인복지 등과 같은 발달 대상 중심 복지의 한 분야이다.

이러한 청소년복지는 두 가지 측면에서 살펴보아야 한다.

하나는 사회복지학의 관점에서 아동복지와 분리된 청소년복지 논의를 주목해야 하며, 다른 하나는 청소년(관련)학에서 바라보는 교육과 심리 그리고 활동 등 주요 분야 중 하나로서의 청소년복지이다. 물론 이외의 학문에서도 청소년복지에 대한 논의가 있다. 그러나 청소년복지가 주요 교과목으로 채택되어서 운용되고 있는 학문이 바로 사회복지학과 청소년(관련)학이다.

사회복지학과 청소년(관련)학에서 청소년복지는 비슷하면서도 다른 모습을 지닌다.

사회복지학에서 청소년복지는 아동복지의 연장선상에서 주로 보완적 복지를 넘어서 보편적 복지의 인식도 포괄한다. 즉, 취약계층 청소년뿐만 아니라 일반 청소년의 복지와 관련한 여러 제도와 실천적 방법을 다루고 있다.

한편, 청소년(관련)학에서 청소년복지는 사회복지학에서 정의되고 있는 복지 개념을 수용하면서도 보다 포괄적으로 복지라는 용어를 활용하고 있다.

따라서 청소년의 건강한 성장과 행복을 꾀하는 모든 제도와 활동을 포함하는 시각이 강하다.

실제 청소년복지가 양쪽 학문에서 논의된 지 30년 가까이 흘렀어도 아직 청소년복지에 대한 정체성을 찾는 일은 쉽지 않아 보인다. 아마도 청소년을 하나의 학문적 대상으로 탐구하는 국가가 흔치 않으며 또한 복지에 대한 이해가 서로 다른 데서 기인하는 면이 많기 때문일 것이다. 그럼에도 불구하고 청소년복지를 둘러싼 여러 학문 간의 지속적인 협력과 논의를 통해서 바람직한 청소년복지의 모형이 정립되기를 기대한다.

『청소년복지의 이해』는 세 가지 특징을 갖고 있다.

첫째, 필자가 사회복지학을 배경으로 청소년복지를 언급하기 때문에 기본적 개념과 방향은 사회복지학에서 말하는 청소년복지의 내용을 제시하고 있다. 그렇지만 사회복지학이든 청소년(관련)학이든 청소년복지의 성격에 대한 공통 합의가 없는 상황에서 청소년(관련)학과 다른 학문에도 시사점이 있을 것이라 확신한다.

둘째, 청소년복지를 청소년에 대한 지원과 방법에 초점을 맞추는 관점을 넘어서 청소년이 함께 참여하고 모색하는 관점을 지향하려 했다. 즉, 청소년의 행복한 삶을 위한 지향점을 청소년과 청소년을 돕는 다양한 체계(사회복지사, 청소년지도자, 가족, 학교, 지역사회, 사회, 국가 등)가 고민하고 함께 실행하려는 방향으로 제시하고자 했다.

셋째, 청소년복지의 이론과 경험이 축적되고 있지만 아직 명확한 합의가 없으며 또한 대상 분야를 살피는 교과목의 탄력성과 자율성이 확장될 것이라고 전망한다. 따라서 좀 더 자유로운 교재 구성을 통하여 청소년복지를 학습하는 학생들에게 여러 논의를 할 수 있는 바탕을 제공하려고 했다. 특히 제11장 청소년문제와 복지 그리고 제12장 청소년복지와 미래는 자유로운 논의를 할 수 있는 바탕을 마련하기 위해 많은 부분 필자의 주관적 견해와 전망으로 내용을 전개하였다. 따라서 기존 교재와는 다소 다른 형태가 청소년복지를 연구하고 학습하는 독자들에게는 생소할 수 있다는 점을 밝힌다.

 이 책을 기획하며 지식과 이론 그리고 정보를 알리기보다는 그것들을 어떻게 구성하고 제공해야 하는지에 대한 인식에서부터 풀어 가려 노력했다. 하지만 필자의 역량 부족으로 욕심만큼 담아 내지 못했음을 고백한다. 혹시라도 인용이 잘못되었거나 중요한 내용이 누락되었거나 왜곡되었다면 필자의 탓이다. 앞으로 독자의 지도편달을 받아서 오탈자와 미흡한 문장을 수정해 나가려 한다.

 오랫동안 청소년복지를 연구하고 강의하면서 쌓였던 의문에 대한 대답과 노하우를 이 책을 통해 조금이나마 펼칠 수 있었던 데 감사하며, 이 책이 다른 연구자나 강의자들에게도 보탬이 되기를 바라는 마음이다. 또한 앞으로 사회복지학이든 청소년(관련)학이든 청소년에 대한 복지적 개입과 지원에 관심을 지닌 모든 학문이 발전되어 보다 나은 청소년복지 교재가 더 많이 편찬되기를 바란다.

 이 책을 집필하는 데 많은 도움을 준, 함께 청소년복지를 공부한 모든 학생에게 감사의 말을 전한다. 또한 이 책을 출간하는 데 도움을 준 나사렛대학교 사회복지학부 학생들에게 감사를 전하며, 특히 옆에서 자료정리와 교정을 도와주고 학생의 시각에서 내용에 대한 조언을 해 준 유현진 학생에게 감사를 보낸다. 아울러 필자가 재직하고 있는 나사렛대학교에서 함께 연구하고 교육하는 사회복지학부 동료 교수들에게는 늘 편안한 마음으로 함께해 주어 고마울 따름이다. 마지막으로 이 책의 출간을 허락해 주신 김진환 사장님과 편집 · 교정을 위해 애써 준 편집부의 노고에 감사를 드린다.

2020년 8월
노혁

차례

II. 청소년복지의 기초

Ⅲ. 청소년복지의 미시적 실천

IV. 청소년복지의 거시적 실천

V. 청소년문제와 청소년복지 그리고 미래

I

청소년은 누구인가

1장

청소년의 이해

1. 누가 청소년인가

청소년은 청소년기에 해당되는 사람을 말한다.

사람은 태어나서 늙고 병들어 죽는 생로병사(生老病死)의 과정을 거친다. 흔히 이 생애 단계를 영아기, 유아기, 아동기, 청소년기, 청년기, 장년기, 노년기 등 여러 이름으로 구분한다. 이를 통해서 생애과정에서 필요한 신체, 심리, 사회, 정서 등 발달과업과 이에 따른 각 개인의 과제 그리고 사회에서 추진하는 지원방안을 제시하고 논의하기도 한다. 그런데 이와 같은 분류는 그리 오래된 일은 아니다. 특히 청소년기는 근대사회 이후 산업혁명으로 인한 노동력을 새롭게 조명하는 데서 더욱 뚜렷하게 나타나기 시작했다.

전통적으로 다른 동물과 마찬가지로 사람의 생애(lifetime)는 크게 둘로 나뉜다.

하나는 성인(成人)에게서 보살핌을 받으며 성장하는 기간과 다른 하나는 신체 · 경제 · 사회 · 정신적으로 자립한 성인으로서 생활하는 기간이다. 그런데 성인에게 보호받는 기간도 둘로 구분할 수 있다. 미성년과 노인이다. 동서양을 막론하고 사람은 태어나서 아동기를 거쳐서 성장하고 성인이 되어 결혼하고 후손을 낳고 살다가 노인이 된 후 생을 마감한다고 여겼다.

그런데 산업혁명 이후 사람의 생애에 대한 새로운 인식이 생겼다. 미성년인 아동을 예비 노동자로 취급하기 시작한 것이다. 그 배경에는 산업혁명부터 촉발된 급격한 산업화의 발전이 있었다. 산업화가 빠르게 진행함에 따라서 이전과는 달리 제조업이 활발해지면서 높은 수준의 기술력을 필요로 하거나 혹은 기계화된 산업현장에 맞는 숙련된 노동자를 요구하게 되었다. 따라서 산업현장에서 기술력이 요구되는 적합한 일을 위해서 일정한 기간의 교육과 훈련이 필요했고 신체적·정신적으로 학습능력이 높은 아동에 대한 교육과 훈련에 초점을 맞추었다. 이처럼 변화하는 노동환경에 적합한 인력으로 만들어서 자본 중심의 사회성원으로서 적응하고 사회생산성을 높이는 데 힘을 쏟아야 했다. 즉, 지속적으로 발전을 거듭하는 상황에서 새로운 기술을 습득해야 하는 한편, 규격화된 제품과 상품을 만들기 위해서 공통의 매뉴얼을 함께 이해하고 공유해야 하는 형편에 이르게 된 것이다. 이에 따라서 아동들에게 이전과는 다른 제도적이고 조직적인 교육이 필요했고, 예비노동자로서 아동을 이해하게 되었다. 다른 한편으로는 자본주의가 가속화되면서 아동기를 벗어나면 혼례를 치르던 관습이 현실적으로 힘들어지고 혼인연령이 점차 높아졌다. 또한 영양수준이 향상되면서 10대 아동들의 신체적·정신적 성숙이 두드러지게 빨라지는 현상을 보였다.

이러한 배경을 통해서 자연스럽게 아동과 성인의 중간 연령시기를 청소년기로 구분하기 시작했다고 볼 수 있다.

2. 사회 속 청소년과 성인

1900년대 들어오면서 학문적으로 청소년을 구분하고 사회의 한 구성세력으로 인식하기 시작한다. 특히 제1, 2차 세계대전을 두 차례 겪으면서 전쟁의 중심에 서 있었던 젊은 사람에 대한 사회적 관심은 그 이전과는 비교될 수 없

을 정도로 커졌다. 이후 세계적으로 확산되었던 경제공황을 극복하고 자본
주의 경제 발전이 급속해지면서 사회가 풍요로워지기 시작했다. 그리고 경
제·사회 발전의 동력이 된 청소년에 대해 생애기간 중 하나의 독립적인 시
기로서 관심이 높아졌다.

이와 같은 맥락에서 1950년대 이래 자본주의 성장의 대표적인 국가인 미
국을 중심으로 기성세대의 고압적이고 권위적이며 형식적인 성향에 대한 저
항정신이 생기고 이와 맞물려 대중문화의 열풍이 일어났다. 또한 반문화 운
동(anti-cultural movement) 등이 생기면서 청년에 포함되는 것으로 취급되던
청소년은 사회의 주요한 하나의 세력으로 등장한다. 더욱이 자본주의와 민
주주의 그리고 대중 교육의 발전은 청소년이 사회적 힘을 갖는 데 결정적인
역할을 하였다. 또한 자본주의는 지속적인 자가발전을 위해서도 청소년을
주요한 사회의 구성원으로 인정할 수밖에 없는 상황이 된다.

한편, 어느 시대와 문화를 막론하고 청소년기(후기 아동기)에 대해서는 문
제를 일으키고 잠재적으로 문제를 안고 있는 시기로 인식해 왔다. 어른들은
청소년들이 갖는 공격성, 무절제함, 기분, 이기심 등을 이해하기 힘들어한다.
또한 어른들은 청소년들이 사랑하는 방법부터 시작해서 슬픔을 표현하는 것
까지 그리고 성공과 실패에 대한 그들의 생각과 태도까지 걱정스러워한다.
이러한 청소년문제는 성경에서부터 오늘날 인터넷에 이르기까지 끊임없이
되풀이되는 주요한 사회 현상이라고 볼 수 있으며, 기성세대의 우려를 낳고
있다. 즉, 고대사회 이래로 사회와 기성세대의 관점에서 보면 청소년은 항상
도전적이고 신중하지 못하며 사회의 다양한 문제를 일으키는 대상으로 여겨
져 왔다.

반면, 청소년기는 성인에게 돌아가지 못할 가소성(plasticity)과 무한한 꿈
을 가졌던 가능성의 고향이기도 한 부러운 대상이다. 인간은 과거로 회귀하
지 못한다. 특히 젊은 나이로 돌아갈 수 없는 사실을 아는 성인은 신체적·정
신적으로 투명하고 활력 있는 청소년기를 부러워할 수밖에 없다. 한편, 현실
에 순응하기보다는 개인의 이상과 사회를 구현하기를 열망했던 시절을 그리

〈젊음의 추억–통기타, 청바지, 생맥주〉

워하면서도 때로는 되돌릴 수 없는 시절을 누리는 지금 청소년을 시기하기도 한다.

이렇듯 청소년에 대해 성인들은 매우 복잡 미묘한 속마음을 갖고 있는 듯하다. 시시각각으로 가속화되는 과학기술문명에 적응해야 하는 성인에게 젊음은 이전과는 다른 현실적인 동경의 대상이 될 수밖에 없을 것이다.

3. 사춘기와 성인

청소년기의 시작은 '사춘기'이고 그 사춘기가 끝나는 지점에 '성숙'이 있다. 사춘기는 사람이라면 누구나 거의 다 겪는 명확한 생리나 신체 현상에서 시작한다. 즉, 남성은 정액이 형성되고 여성은 임신을 할 수 있는 수태능력이 생긴다. 이러한 급격한 신체변화는 정신과 마음에도 강렬한 자극을 주어서 개인적 차이가 있지만 10대 초반부터 후반 또는 그 이후까지도 청소년에게 신체와 심리 그리고 정서에 혼란을 주는 경향을 보인다.

사춘기를 지나면서 신체적으로 성숙하지만 성인으로서 성숙한 사회적 역할을 감당하는 데 있어서는 사람마다 격차가 크다. 그리고 성숙한 사람을 규정하는 일도 쉽지 않다. 따라서 객관적으로 드러나는 사춘기 현상이 뚜렷한 데 비해서 성숙의 모습은 다양하고 사회적으로 규정하기도 쉽지 않다.

1) 사춘기

사춘기는 개인에 따라 차이가 있지만 성장하면서 누구나 겪게 되는 증상이다. 내가 원하지 않아도 자연히 오는 순리이다.

사춘기가 지나면 사람은 성숙하게 된다. 신체적으로는 생식기능을 갖게 되면서 성숙이 입증된다. 사춘기가 되자마자 성숙할 수는 없다. 즉, 사춘기가 곧바로 새로운 생명을 잉태할 수 있는 충분조건은 되지 않는다. 어느 정도 시간이 흐르면 사춘기가 절정에 이르고 이를 통해서 성숙한 여건이 마련된다.

〈안경 너머 바라보는 무슨 생각–사춘기〉
출처: 노상호 작가 블로그.

2) 성숙

성숙은 사람이 하나의 개체로서 신체적·성적으로 충분히 기능을 수행할 수 있는 상태를 말한다. 즉, 생물학적으로 보면 성적인 성숙을 말한다. 그런데 신체적으로 성숙했다고 성숙한 사람이라고 표현하지 않는다. 일반적으로 성숙은 신체뿐만 아니라 정신적·사회적으로도 제 몫을 다할 수 있는 사람을 말한다. 한편, 신체 성숙은 비

〈알고 싶지도 알려 줄 수도 없다〉

교적 수월하고 자연스럽게 이루어 나갈 수 있지만 정신적·사회적 성숙은 자신의 힘과 주변의 도움으로 끊임없이 만들어야 한다.

그러므로 젊은 나이에도 성숙한 사람이 있는 반면, 나이가 많지만 여전히 사춘기 이전에 가졌던 미숙하고 유치한 태도와 사고 그리고 행동을 하는 사람도 적지 않다. 즉, 성숙은 나이가 많다고 저절로 이루어지는 것이 아니다. 따라서 사춘기 발달과정은 중요하다. 이 시기에 청소년이 가정과 사회(학교

〈성숙한 인간은 상식적인 사람이다〉

포함)로부터 어떤 교육과 지지를 받느냐에 따라서 성숙한 인간으로서 성장
여부가 결정된다.

성숙한 인간은 자신과 타인에 대해서 긍정적인 태도와 상식적이고 합리적
인 사고를 바탕으로 행동한다. 그리고 지속적으로 자기성찰을 하면서 사회 구
성원으로서 다른 사람과 사회에 도움이 되는 역할을 찾고 받아들인다.

4. 청소년연령 논의

1) 외국의 청소년연령 기준과 주관 정부부처

청소년은 여러 관점에서 표현된다. 발달관점에서는 청소년기에 해당하는
청소년을 영어로 adolescent, 사회문화적 관점에서는 youth로 표현한다. 그
리고 나라마다 청소년을 후기 아동, 10대, 미성년, 청년 등 다양한 용어로 부
른다. 이처럼 각국의 청소년기에 해당하는 사람(청소년)의 연령 범위는 나라
마다 갖고 있는 연령 분류에 대한 관습, 사회문화 그리고 경제 여건과 국민들
의 정서에 따라서 다르지만 주로 10대 초반부터 30대 안팎까지의 연령으로
경계를 삼고 있다.

■ 표 1-1 ■ 각국의 청소년연령 범위와 주관부처

국가	연령	주관부처
대한민국	9~24세	여성가족부(Ministry of Gender Equality and Family)
아일랜드	15~24세	국가청(소)년위원회(National Youth Council of Ireland: NYCI)
이탈리아	15~35세	청(소)년정책 · 체육부(Ministry for Youth Policies and Sports)
미국	0~25세	청소년정책관계기관협의회(Interagency Working Group on Youth Programs, Office of Global Youth Issues)
영국	13~19세	교육부(Ministry of Education)
호주	12~24세	교육 · 고용 · 노동관계부(Department of Education, Employment and Workplace Relations)
러시아	15~29세	교육 · 과학부(Ministry for Education & Science)
스웨덴	13~25세	국가청소년위원회(National Council of Swedish Youth Organisations: LSU)
폴란드	15~25세	교육부(Ministry of National Education)
프랑스	3~30세	체육 · 청소년 · 대중교육 · 지역생활부(Ministry for Sports, Youth, Popular Education and Community Life)
중국	14~28세	공산주의청년단(All-China Youth Federation)
일본	0~30세	내각부(Cabinet Office)
스페인	15~29세	건강 · 사회서비스 · 평등부(Ministry of Health, Social Services and Equality)
뉴질랜드	12~24세	청소년 개발부(Ministry of Youth Development)
독일	0~26세	가족 · 노인 · 여성 · 청소년부(Ministry of Family, Senior, Female, and Youth)

* 출처: Youthpolicy.org (2018). http://youthpolicy.org
* 표기된 모든 연령은 만연령(滿年齡)임

2) 우리나라 법적 연령: 청소년 관련 주요 법률에서 청소년연령 규정

우리나라 청소년연령 규정은 각 법률이 갖고 있는 특성과 목적하는 바에 따라 다르게 규정되어 있다.

기본적으로는 「청소년기본법」에서 정하는 9세부터 24세까지를 청소년으로 지칭한다. 다만, 「청소년기본법」 이전에 만들어진 「아동복지법」 「형법」 「민법」 등의 법률과의 상충되는 부분을 보완하기 위해서 「청소년기본법」 제3조(정의)에서는 "다른 법률에서 청소년에 대한 적용을 다르게 할 필요가 있

■표 1-2 ■ 청소년 관련법에서 청소년연령 규정

관련법	명칭	연령 범위
「청소년기본법」(「청소년복지지원법」「청소년활동진흥법」)	청소년	9~24세
「청소년보호법」	청소년	19세 미만(단, 19세가 되는 해의 1월 1일을 맞이한 자는 제외)
「아동·청소년의 성보호에 관한 법률」	아동·청소년	19세 미만(단, 19세에 도달하는 연도의 1월 1일을 맞이한 자는 제외)
「아동복지법」	아동	18세 미만
「소년법」	소년	19세 미만
「형법」	형사미성년자	14세 미만
「민법」	미성년자	19세 미만
「근로기준법」	연소자(18세 미만)	15세 미만인 자(「초·중등교육법」에 따른 중학교에 재학 중인 18세 미만인 자를 포함)

* 「근로기준법」에서 연소자 근로를 하기 위해서는 부모님(친권자 또는 후견인)으로부터 동의가 있어야 하며 연소자의 근로시간은 1일에 7시간, 1주에 35시간을 초과하지 못함을 원칙으로 한다.
* 「소년법」에서 소년은 만 19세 미만인 사람으로 이들 중 우범소년(「소년법」의 규정에 의해 향후 법령에 저촉되는 행위를 할 우려가 있는 10세 이상 소년), 촉법소년(형벌에 저촉되는 행위를 한 10세에서 14세 미만인 소년) 등은 형사미성년자로 형사상 처벌을 하지 않는다.

는 경우에는 따로 정할 수 있다."라고 규정하고 있어 「청소년기본법」에 해당하는 연령을 법의 특성에 따라서 자율적으로 규정하도록 하고 있다. 또한 「청소년기본법」에서 정의한 청소년 용어 또한 법률에 따라서 소년, 미성년, 아동, 연소자 등으로 다르게 부르고 있다.

3) 다른 관점의 청소년연령

오랫동안 우리나라 청소년은 흔히 13~18세까지 연령층을 지칭했다. 대다수의 청소년들이 학생이기 때문에 중학교와 고등학교에 재학하는 일반적인 연령 범위를 청소년이라고 말해 왔다. 영어로도 'teenager', 즉 13세에서 19세까지의 10대는 청소년의 상징이라고 본다.

앞으로도 사춘기 시작연령이 빨라지고 청소년기를 벗어나 가정이나 경제적으로 자립할 수 있는 시점이 늦어지는 현상이 있다 하더라도, 청소년의 주 범위는 일반적으로 많은 사람이 여전히 떠올리는 청소년연령 범위인 10대가 될 것이다.

앞서 언급했듯이 청소년에 대한 법적 연령기준이 다르고 명칭(소년, 미성년 등)에 차이가 나는 이유는 각 법률이 목적하는 취지를 자세히 보면 나름대로 이해가 가능하다고 볼 수 있다.

5. 청소년의 발달과 특성 _____

1) 프로이트

프로이트(Freud)는 사람이 살아가는 중요한 에너지를 성적 욕구인 리비도(libido)로 보았다. 사람의 성격도 리비도와 관련해서 발달한다고 여겼다. 이러한 리비도가 성장하면서 어떤 신체 부위에 집중되느냐에 따라서 발달단계를 나누었다. 즉, 구강기, 항문기, 남근기, 잠재기, 생식기로 주요 발달단계를 구분하였는데 리비도가 입, 항문, 성기에 집중되어 리비도와 관련한 욕구가 충족되지 않거나 너무 과잉되면 다음 발달단계에 부정적 영향을 주는 현상이 일어난다고 보았다.

① **구강기**(oral stage: 출생~18개월): 영유아의 활동 대부분은 젖이나 우유 등을 먹는 일에 집중되어 있다. 생존을 위해서 타인으로부터 공급되는 음식물을 먹는 행위가 이 시기에 충족을 얻는 거의 유일한 수단으로 삶의 본능이 입에 집중되어 있다는 것이다.

② **항문기**(anal stage: 18개월~3세): 리비도의 초점이 항문으로 옮겨 간 시기이다. 배변을 통해서 쾌감을 얻으려는 시기로 이 시기에 보존과 쾌감을 주는 배변훈련은 성격형성에 중요한 영향을 미친다는 것이다.

③ **남근기(성기기)**(phallic stage: 3~6세): 성기에 리비도가 집중되는 시기이다. 프로이트는 실제로 남근기 이후에는 잠재기로 분류해서 구강기, 항문기, 남근기를 가장 중요한 발달단계로 보았다.

④ **잠재기**(latency stage: 6세~사춘기): 리비도가 성기에서부터 운동, 우정, 지적 추구 등 다양한 관심으로 바뀌어 나타나는 시기라고 보았다.

⑤ **생식기**(genital stage: 사춘기~): 이 시기에는 남근기에서 보다 구체적인 성적 관심이 일어나는데, 즉 나의 성기뿐만 아니라 타인(이성)에 대한 관심이 생긴다. 때로 성적인 문제로 갈등을 겪는 시기로 긍정적인 발달과업을 수행하면 성적인 주체성이 확고해진다. 남녀 2차 성징이 나타나는 사춘기부터 그 이후까지의 시기라고 볼 수 있다.

2) 에릭슨

에릭슨(Erikson)은 심리사회 발달단계를 8단계로 구분하고 있다. 프로이트의 리비도(성적 욕구)를 중심으로 한 발달보다 '자아'가 중요한 역할을 한다는 것을 강조하였다. 결론적으로 프로이트가 말한 인간발달의 최고 단계로 볼 수 있는 생식기의 단계를 자아정체성으로 대체하였다. 그만큼 환경과의 조정 속에서 자아가 성장하는 과정에 초점을 맞추었다고 볼 수 있다.

① **기본 신뢰감 대 불신감**: 다른 사람을 신뢰할 수 있는 요건을 갖추는 기초가 되는 시기이다. 특히 부모와의 관계에서 안정된 환경에서 기본적 욕구가 잘 충족되면 기본적 신뢰감이 생겨 타인과의 관계로 확장되지만 그렇지 않으면 인간과 사회에 대한 불신감이 생길 수 있다.

② **자율성 대 수치심**: 3세 전후에 걷기 시작하면서 스스로 몸을 움직이고 행동을 선택할 수 있는 자율성을 가지며, 새로운 말과 주장을 한다. 이러한 자기중심적 행동이 사회에서 받아들여지면 자율성을 갖게 되지만 그렇지 않으면 수치스러운 존재라는 회의를 가지게 될 수 있다.

③ **창조성 대 죄의식**: 6세까지의 아동은 새로운 것에 대한 호기심이 많아진다. 언어를 배우면서 질문이 많아지고 주변 환경이나 타인에 대한 관심도 증가한다. 또한 상상력과 추상적 능력에 대한 사고력이 생겨나면서 자기중심 세상을 만들고 주도하려 한다. 이와 같은 주도적 행동이 수용되면 창조성을 발전시키는 계기가 되지만 그렇지 않으면 죄책감을 느끼거나 다른 사람에 대한 부정적 감정을 발전시킬 수 있게 된다.

④ **근면성 대 열등감**: 12세까지, 즉 사춘기 무렵까지는 집단생활을 하면서 사회화를 배우고 또래집단과 어울리며 경쟁을 한다. 많은 양의 학습과 사회기술을 습득하면서 근면성이 기초가 된다는 것을 배우며 이를 갖추어 나가지만 자기 스스로 부족하거나 남들과 상대적으로 뒤처진다고 느낄 때는 열등감이 생기게 된다.

⑤ **자아정체감 대 정체감 혼란**: 에릭슨이 가장 주목한 발달단계는 청소년기에 해당하는 18세까지의 시기이다. 사춘기를 통해 새로운 사람(2차 성징의 발달)이 되면서 자신(나)에 대한 여러 가지 생각과 감정에 휩싸이게 된다. 이 과정에서 자아에 대한 정체감이 형성된다. 물론 자아정체

감은 이때부터 죽을 때까지 찾아가고 정립하는 과정의 연속이지만 이 시기에 정체감이 보다 확고해진다면 사회에서 자신의 역할과 책임 그리고 권리 등에 대한 인식을 명확히 갖게 된다. 또한 자아실현의 커다란 바탕이 형성된다면 앞으로 자기 생애를 스스로 통제하는 데 큰 기초가 된다. 청소년기는 심리사회적 발달과정, 즉 자아정체성과 바람직한 성역할, 가족으로부터의 심리사회적 독립, 인격의 통합 등의 과업을 원만히 성취하면 자아정체성이 확립된다. 하지만 그렇지 못하면 자아정체성 혼란을 가져와서 방황하고 삶의 지표를 설정하는 데 어려움을 갖게 된다.

3) 피아제

지적 성장이론을 정립한 피아제(Piaget)는 사람의 인지발달을 4단계로 구분한다.

① **감각운동기**(sensori-motor stage: 0~2세): 태어났을 때 아이는 반사행동만 한다. 즉, 주변의 소리나 빛 등과 같은 자극에 자동적인 반응을 보인다. 다양한 유형의 반사행동을 보이는데, 이와 연결되어서 이 시기에 아이가 생각하는 방식은 손과 입을 중심으로 한 감각과 행동을 통해서이다. 초기에는 환경과 대상에 대한 이해가 없다가 나중에는 물건을 만지거나 잡고 목표물을 향해서 움직이고 다른 사람의 소리와 행동을 모방하게 된다. 이 시기에 아동은 자기중심적인 특징을 지닌다. 모든 세계의 중심이 '나'이며 내가 보거나 듣거나 만지지 못한 것은 존재하지 않는다고 인식한다. 그러다가 2세경에 들어서면 경험하지 않을 때도 대상이 존재한다는 인식을 하게 된다.

② **전 조작기**(preoperational stage: 2~7세): 개념과 상징에 대한 조직이 가능하기 이전의 단계이다. 즉, 감각을 통해서 대상과 환경을 인식하는 단

계에서 조작이 가능한 단계로 옮겨 가는 중간 단계이다. 이 시기에는 사물의 이름을 알고 구분할 수 있고, 감각적 능력이 높아지며, 언어발달이 일어난다. 그런데 이 언어는 어른들이 말하는 언어와 같은 언어를 말하고 있다고 해도 다르다고 피아제는 말한다. 즉, 어른이나 사회에서 말하는 개념화된 언어와 일치하지 않을 수 있다. 이와 더불어 다른 사람을 고려하지 않는 자기중심성이 강해지며 눈에 보이지 않는 것에 대한 보존적 개념을 이해하지 못한다.

③ **구체적 조작기**(concrete operation stage: 7~11세): 논리적 추리력을 갖는 시기이다. 논리적 사고력이 발달하지만, 그 사고과정 또한 자신이 직접 관찰한 실제에만 한정된다. 따라서 다가올 가능성에 대한 추상적인 사고는 자신에 의해 조작된 사고의 범위 내에서만 가능하다.

④ **형식적 조작기**(formal operation stage: 11~15세): 인지발달이 최고조에 이른다. 구체적 조작기를 넘어서 형식적 조작기에 이르는 시기이다. 구체적 조작기에 아동들이 시간, 공간적으로 '현재(now)' '여기(here)'에서 진행되고 있는 사실과 직접적인 경험을 통해서 인지를 획득하는 등 사실 그 자체에 대해 논리적으로 사고를 한다면, 형식적 조작기에 청소년들은 추상적 추론이 가능하다. 즉, 현실 세계를 경험하지 않더라도 추상적으로 사고(가상성에 기초한 사고)를 할 수 있게 된다. 또 이 시기에 청소

■표 1-3■ 발달단계(영아기부터 청소년기까지)

연령 범위(명칭)		영아기 (0~18 개월)	유아기 (2~3세)	학령전기 (4~6세)	학령기 (7~11세)	청소년기 (12~19세)	비고
발달 단계	프로이트	구강기	항문기	남근기	잠재기	생식기	심리성적 (리비도)
	에릭슨	신뢰감/ 불신감	자율성/ 수치심	창조성/ 죄의식	근면성/ 열등감	자아정체감/ 정체감 혼란	심리사회
	피아제	감각 운동기	전 조작기	전 조작기	구체적 조작기	형식적 조작기	인지

년들은 조합할 수 있는 사고가 가능하다. 즉, 하나의 문제를 해결하기 위해 여러 방면의 해결책을 논리적으로 조합하여 문제를 해결할 수 있는 사고가 가능하다. 이와 함께 연역적 사고도 할 수 있게 된다.

6. 청소년과 사회환경 변화 그리고 도전

1) 저출산과 고령화 사회

저출산과 고령화 현상은 일차적으로는 인구문제이다. 1950년대 이후 베이비붐 세대로 표현되는 인구과잉현상을 해소하기 위해 산아제한정책을 시행해 왔다. 이후 1980년대를 거쳐 2000년대에 들어서면서 자발적으로 출산을 최소화하는 현상으로 이어졌다. 한편, 경제·사회 발전으로 인해 보건과 위생, 그리고 영양 상태가 개선되면서 평균수명도 증가하였다. 이로 인해 2000년대부터는 선진국형(노령인구는 많고 아동인구는 적은) 인구문제에 직면하였다. 아울러 출산율의 하락과 고령화 등으로 인한 노동력 부족과 사회적 부양비용 증가 등의 현상이 급격히 나타나고 있다. 특히 빠르게 진행되는 인구의 고령화는 노인 빈곤 및 질병 그리고 소외 등 다양한 노인문제도 발생시킨다.

저출산과 고령화라는 변화는 청소년과 청년에게 부담인 동시에 기회가 될 수도 있다. 우선, 부담은 그들이 성인이 되어서 개인적·가족적 또는 사회적으로 볼 때 노인인구의 증가로 인해 이전 세대보다 더 많은 경제적·사회적 부담을 안아야 한다는 것이다. 반면, 기회는 저출산으로 인해 노동가능인구가 감소함으로써 인공지능시대가 온다 해도 현재보다는 더 많은 직업 선택의 기회를 갖게 될 수 있다는 것이다.

결국 저출산 시대 청소년이 직면한 도전과제는 크게 두 가지다.

하나는 이전에는 볼 수 없었던 고령인구의 급속한 증가로 인해 수많은 노인과 함께 연대하는 방법은 무엇인가이다. 다른 하나는 과학기술의 발전으로 산업, 경제, 사회, 생활 전반의 급격한 변화 속에서 행복한 삶을 지속 가능하게 형성할 수 있는 방안과 방법은 무엇일까이다.

〈말하는 어른: "나 때는 말이야!" / 듣는 청소년: "Latte is horse?"〉

또한 산업화 이후 사회에서 살아갈 청소년들은 노령인구 증가로 인해 장차 경제사회적 책임에 대한 부담이 크다. 아울러 혁신적인 산업혁명시대를 맞이해서 로봇과 인공지능 등 새로운 노동력과 경쟁해야 하는 압박도 만만치 않다. 그러나 이러한 사회변화는 새로운 기회로 전환될 수 있다. 이를 위해서 청소년에게 우선 새로운 사회에 적응할 수 있도록 적절한 복지와 사회적 지원을 해야 한다.

한편, 앞으로는 청소년이 직업의 전문성을 추구하는 스페셜리스트(specialist)에서 동영상 플랫폼에 자신이 제작한 동영상을 올리는 등 새로운 콘텐츠를 창출하는 크리에이터(creator)로 노동역량을 확장할 수 있도록 새로운 교육과 경험 그리고 기회를 제공해야 한다. 그리고 이를 위해서 청소년 개인뿐만 아니라 사회 그리고 국가가 함께 지속적으로 논의하고, 갖고 있는 힘을 모두 집중해야 할 것이다.

이와 함께 아동부터 노인까지 전 세대가 서로를 이해하고 소통할 수 있게끔 여러 사회적 공감대를 펼치려는 노력도 이루어져야 한다.

2) 청소년기 연장과 청년

산업화 시대가 물러가면 지식과 기술을 반복해서 습득하는 교육은 주춤할 것이라고 예상했다. 하지만 4차 산업혁명시대를 말하는 오늘날에도, 특히 우리 사회에서 교육의 내용과 질에 많은 변화가 있었지만 교육기간은 이전보다

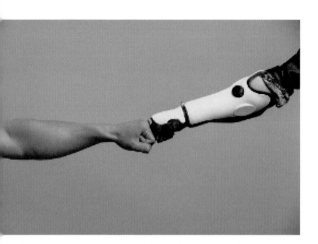

〈미래 사회 직업-노동과 노동하지 않을 권리의 만남〉

더 늘어나는 경향이 있다. 즉, 높은 숙련된 기술과 창의적 자세 등이 요구되는 후기산업사회와 지식정보사회로 전환되면서 오히려 청소년이 받아야 하는 기술과 지식, 훈련과 관련된 시간은 더 증가하고 있는 실정이다.

아울러 4차 산업혁명시대에서는 인공지능기술 등의 발달로 인해 직업의 안정성과 지속성이 흔들려 예전처럼 한 사람이 평생 동안 한 직업에 종사하는 일은 보기 힘든 모습이 될 수 있다. 이와 같은 사회 흐름은 예전 같으면 이미 독립했어야 할 나이에도 교육과 구직을 위해 장기간 준비하고 노력을 계속해야 하는 상황을 만들어 내고 있다. 다시 말해서, 청소년에서 청년이 되어 보다 안정되고 성취감을 가질 수 있도록 중장년을 준비해야 함에도 불구하고, 청소년기와 청년기가 불안정한 교육 및 구직 과정으로 연속되고 있으며 길어지고 있다고 볼 수 있다.

이러한 현상은 청소년과 청년의 구분마저 무의미하게 만들고 있으며, 또한 교육과 훈련 및 구직의 기간이 길어짐에 따라서 결혼과 일상생활까지 영향을 미치고 있다. 즉, 이미 결혼이 꼭 필요하지 않다고 생각하는 청소년과 청년들이 늘어나고 있으며 결혼 연령도 늦어지고 있다. 아울러 혼밥과 혼술 그리고 집에 혼자 앉아 하는 온라인 쇼핑몰 구매 등 소위 '홀로족'이 늘어나고 있다.

이처럼 청소년과 청년을 중심으로 형성되고 있는 새로운 생활문화는 직업이 있어야 노동을 하고 그를 통해서 소득을 얻는다는 기존 사고에 대한 도전을 가져오고 있다. 이로 인해 예전 기준에서의 취미와 놀이가 노동이 되고, 그에 따라 소득뿐만 아니라 개인적 성취감으로 이어지는 현상이 현실화되고 있다. 이것은 미래사회에 노동의 가치와 개념에 대해 재인식을 요구하고 있는 커다란 변화로 청소년과 청년 세대가 그 전환점에 있다고 볼 수 있다.

3) 새로운 윤리 문제

이미 인류는 줄기세포와 인간배아복제 등 생명과 관련한 갖가지 문제와 과제에 직면해 있다. 살아 있는 사람의 건강한 생활 또는 생명연장을 위해서 배아를 통한 생명복제를 하는 일은 정당하고 타당한가?

제4차 산업혁명시대를 맞이하여 과학기술이 전혀 새로운 국면으로 발달하고 사회변화도 가속화될 것이다. 사물인터넷(IoT), 인공지능의 발달, 소셜미디어 플랫폼, 자율주행 자동차, 바이오산업 등 획기적인 과학기술의 발달과 이로 인한 사회변화로 숨이 가쁘게 달려가는 시대에 접어들고 있다. 앞서 말한 인간 체세포를 복제하는 기술에 따른 윤리적 쟁점 논란은 이와 같은 사회변화와 무관하지 않다. 새로운 질서와 윤리에 대한 도전은 이미 여러 분야에서 지속되고 있다.

윤리는 가치판단을 넘어서 사회적 관계에서 바람직한 가치를 규정짓는 일이기도 하다. 사회는 변화에 따라서 윤리의식과 기준도 변화한다. 이전에 상식이었던 것이 지금은 몰상식이 되고 예전에 몰상식이었던 일이 이제는 상식이 된다. 이를테면 예전에는 영화관에서 모자를 쓰고 영화를 보는 일은 몰상식한 행동이었지만 지금은 그렇지 않다. 과거 영화관은 시설 및 구조가 오늘 기준으로 보면 열악했다. 즉, 영화관이 평평한 바닥에 의자가 나란히 놓여 있어, 마치 강의실 구조와 비슷했다. 따라서 앞에 앉은 사람이 뒤에 앉은 사람보다 조금만 앉은키가 크거나 모자를 쓰고 있으면 뒤에 있는 사람이 영화를 관람하는 데 많은 지장을 받았다. 하지만 지금은 영화관 좌석을 지그재그로 설치하고 또한 앞뒤 좌석 사이에 경사면을 조성하여 영화를 어느 위치에서든 관람하는 데 불편이 없는 여건으로 되어 있다.

이와 같이 윤리는 기본적으로 개인과 사회의 가치관이 내재되어 형성되지만 사람이 갖는 생각과 가치의 변화 못지않게 사회나 자연 환경 변화에서도 윤리가 변하고 달라지는 부분을 지나쳐서는 안 될 것이다.

다른 한편, 이전에는 볼 수 없었던 새로운 윤리 문제가 지속적으로 제기되

〈살아 있는 사람과 태어날 사람 중 소중한 생명은?〉

고 있다. 인터넷으로 촉발된 다양한 매체에서 나타나는 윤리문제는 많은 논란이 되고 있다. 개인 인터넷방송에서 무분별하게 수많은 개인 정보가 노출되고 있는 시대에 공공이익을 위한 개인 정보 활용의 한계는 어디까지인가? 그리고 새로운 인터넷 환경을 활용한 참여민주주의 방식은 정확하고 윤리적으로 타당한가? 이와 같이 이전에는 볼 수 없었던 새로운 윤리 문제가 나타나고 있다. 더욱이 가상공간과 관련한 매체와 소프트웨어의 혁신적인 발달은 기존 쟁점에 대한 윤리기준이 정립되기 이전에 또 다른 문제에 직면하도록 만든다. 따라서 윤리의 기준과 내용은 물론 그것을 구성하는 방식도 새롭게 고민해야 한다.

결론적으로 새로운 윤리 문제는 기성세대가 갖고 있는 윤리관으로 해결하는 데 한계를 가질 수밖에 없다. 따라서 청소년 등 미래세대가 그들이 살아가야 할 사회에서 가져야 할 다양한 부문에 대한 윤리형태를 고민해야 한다. 그리고 새로운 환경에서 대안윤리를 마련하기 위해 지금부터 기성세대와 함께 적극적인 노력을 기울여야 한다. 그럼에도 불구하고 미래 윤리를 형성해 나갈 때 사람의 생명에 대한 재해석(생명, 삶, 생활) 그리고 타인과 사회와 함께 잘 살아가는 연대의식을 늘 우선순위에 놓아야 할 것이다.

4) 선택적 가족형태의 결정과 적응

결혼하지 않고 혼자 살아가는 독신 또는 비혼족이 늘어나고 있다. 또한 동성 간에 함께 사는 가정과 동거가정이 많이 나타나고 있다. 한편, 결혼생활이 중도에 종료되면서 한부모 가족이 증가하는 한편, 다양한 가족형태[무자녀가정, 졸혼(卒婚)가정 등]가 등장하고 있다.

〈지겹도록 매일 하는 부부싸움이 칼로 물 베기인가 – 가족은 없다〉

농경사회 특성에 적합한 대가족 형태에서 산업사회에 맞는 핵가족 모습으로 변한 지 그리 오래되지 않았지만, 이처럼 다양한 선택적 가족형태가 생기고 있다. 여전히 부부와 자녀가 중심이 되는 가족이 보편적이지만 선택적 가족형태가 폭발적으로 증가하는 것이 현실이다. 이러한 사회문화의 변화 속에서 청소년에게 앞으로 어떤 가족형태를 선택할 것인가의 문제와 함께 청소년을 둘러싼 현재 가족형태가 바뀔 경우, 어떤 태도로 자신의 삶을 살아가고 가족과 어우러져 살 것인가에 대한 고민도 해야 한다.

또한 가족 내에서 청소년, 즉 구성원으로서 개인의 위치와 역할 변화에 대한 논의도 미래사회를 조망할 때 청소년들에게 진지한 쟁점이 될 수 있다.

5) 불평등의 심화

청소년 입장에서는 만일 가족 또는 개인 소득이 현재 없거나 부족하다면 이것은 현재뿐만 아니라 미래 소득까지 좌우하는 문제가 될 수 있다. 일부 청소년 앞에 놓여 있는 심각한 도전은 노동환경의 변화와 이로 인한 불평등의 심화이다. 자본주의 사회에서 소득의 불평등은 많은 문제를 나타낸다. 특히 청소년에게 가족 또는 개인 소득의 열악성은 미래 소득까지 좌우하는 문제이다. 다시 말해서, 현재 낮은 소득은 미래에도 계속될 가능성이 높다는

〈유산 물려주지 않기 운동/ 혼자만 잘 살믄 무슨 재민겨〉

것이다.

이러한 불평등의 심화는 빈곤 가정이나 그 안에 있는 청소년만의 문제가 아닌 사회 전체의 문제이다. 왜냐하면 불평등의 심화는 사회 전체의 활력을 떨어뜨릴 뿐만 아니라 나아가 사회의 안정성도 해칠 수 있다.

따라서 청소년이 살아갈 세계에 대해 사회가 모두 깊은 고민과 성찰을 해야 한다. 개인의 행복을 지향하고 이와 함께 사회 전체의 행복의 양과 질을 깊고 넓게 만들어야 하는 지점에서 끝없이 토론과 합의를 도출해야 할 것이다. 또한 미래에 대한 책임과 권리 모두 현재 청소년들에게도 있다는 사실을 인식시켜야 한다. 그리고 행복은 끊임없는 탐욕으로 이루어질 수 없다는 공감대를 형성하며 또한 비정상적 방법으로 부(wealth)를 축적하고 대물림하는 고리를 끊는 방법을 탐색해야 한다.

6) 자연환경 문제

대기의 질이 나빠지고 지구 온난화로 기온이 상승하는 등 점차 나빠지는 자연환경 속에서 인류는 현명하게 대처해야 하는 과제에 직면해 있다. 지구 온난화, 이상 재해 발생 등은 예측 불가능해서 지구를 살리기 위한 각성은 세계 곳곳에서 일어나고 있다. 하나의 예로서 탄소가스 배출량을 줄여서 지구 온난화를 완화시켜 보려는 노력이 지속되고 있지만 각 나라 형편에 따라서 입장이 다르기 때문에 쉽지 않아 보인다.

자연환경 파괴는 사람이 빚어낸 결과이다. 그런데 자연환경이 황폐화되고 열악해지는 현상은 또한 현 세대 문제이기보다는 다가올 세대, 즉 지금 어린

이와 청소년들이 살아갈 세상에서 고스란히 떠안아야 할 문제이다. 즉, 앞으로 태어날 세대가 이어 갈 세상에서 해결해야 하는 문제라는 데 심각성이 더하다.

지금 세대가 각종 자연재해나 기후악화 등에 적절히 대응하지 못한다면 그 피해는 결국 청소년을 비롯한 다가오는 세대가 짊어져야 할 몫으로 남는다. 따라서 우리 사회도 기후 및 자연환경의 급격한 악화에 대해 급속한 노령화와 저출산으로 청소년 등의 젊은 세대에게 사회경제적 부담이 가중되는 문제 이상으로 더 관심을 기울여야 한다. 그렇지 않는다면 아무리 개별 청소년에게 행복한 삶을 위한 갖가지 대책과 지원 그리고 개입이 적절히 이루어지더라도 모래 위에 집을 짓는 행위와 같을 것이다.

〈하늘 색은 '회색' 아닌가요? 미래 청소년이 바라보는 하늘〉

2장

사춘기

아이는 시간이 흐르면 어른이 된다. 사람으로 태어난 이상 거스를 수 없는 숙명이다. 그래서 세상에 모든 사람은 아이 아니면 어른이다. 이런 이분법적 구분에 대해서 달리 시비할 방법은 없을 것이다.

그런데 아이에서 어른이 되는 일은 간단하지 않다. 물론 생명을 잉태할 수 있는 힘이 생기는 시기로 어른을 이해하고 이에 따른 생리현상에 주목한다면 사춘기 찰나에 나타나는 명확한 징후로 기점을 삼을 수 있을 것이다. 그러나 사람이 함께 사는 세상에서 어른이 되는 과정은 그리 만만치 않다. 어른이 되기 위해서는 일정한 신체적 성장뿐만 아니라 정신, 심리, 정서, 사회, 문화 등 다방면에서 성숙의 과정을 거쳐야 한다. 더욱이 사회를 형성하고 사는 사람들에게 이 과정은 복합적인 의미와 의식에 대한 이해를 전제로 한다. 즉, 하루아침에 아이에서 어른이 되지 않는다는 뜻이다. 앞서 말했듯이 아이와 어른의 경계를 신체적 현상으로 구분하면 소위 생리현상이 나타나는 순간부터 아이에서 어른으로 전환된다고 할 수 있다. 그러나 사람은 상당히 복잡한 동물이다. 신체적으로는 어른 구실을 할 수 있는 시기라도 심리, 사회, 정서, 경제, 문화 등 다방면의 발달과정을 겪어야 한다. 그럼에도 불구하고 어른이 되는 데 있어 생리적·신체적 변화는 가장 강력하고 중요한 과정이다. 물론 개인차는 있지만 일반적으로 이러한 아이와 어른 사이 발달과정의 경계를 일컬어 '청소년'이라 지칭한다. 그리고 그러한 청소년기의 출발은 바로 생리현상이 나타나기 시작하는 사춘기라고 할 수 있다.

따라서 사춘기는 청소년기 시작일 뿐만 아니라 사람의 생애에서 어른으로서 자신을 만들어 나가는 결정적 시기라고 볼 수 있겠다.

〈아이에서 어른까지 발달 중에 사춘기는 누구?〉

1. 사춘기를 본다

사춘기는 성적 성숙을 통해서 새로운 생명을 가질 수 있는 역량이 주어지는 시기이다. 남성아이는 정액의 분비를 통해서, 여성아이의 경우는 생리를 통해서 생식능력이 갖추어졌다는 사실을 발견할 수 있다. 이와 같은 생리적 변화는 신체적 성숙으로 이어진다. 특히 신체의 급격한 바뀜은 여러 측면에서 볼 수 있다.

미국 플로리다 주립대학교의 한 연구에 의하면 10대 소년들은 아동이나 성인과는 달리 감정과 관련되는 뇌(腦)의 부위가 매우 활성화된다고 보고하고 있다(모이자뉴스, 2014.08.31.). 이에 따라서 행동에 따른 처벌에 위협을 느끼지 않는 반면, 도발적 행동으로부터 얻게 될 이득에 대해서는 많이 흥분하는 반응을 보였다.

이처럼 사춘기는 단순히 신체 변화, 즉 성적 변화만을 뜻하지는 않는다. 다시 말해, 성적 변화는 단순한 생리현상이 발생하는 것으로 그치지 않는다. 이에 따른 심리사회·정서적 변화가 급격하게 일어난다. 그렇지만 가장 중요한 사실은 생명과 관련한 성적 성숙이다. 사춘기는 생명을 갖고 태어나서 인생이라는 삶을 살아가는 수동적 인간에서 스스로 생명을 잉태할 수 있는 능동적 인간으로 변하는 시기라는 것이다.

역설적으로 이러한 엄청난 변화를 예고하는 징후는 하루아침에 찰나로 일어난다.

2. 청소년의 시작과 과정

마법 같은 일이다. 시간은 멈칫한 적이 한 번도 없이 그대로 끊임없이 흐르는데 굳이 달력에 일 년 열두 달을 표시해 놓고 정해진 기간이 지나면 한 살을 더 먹는다. 누구나 나이를 해마다 더한다. 어떤 사람은 여덟 살에서 아홉 살이 된다. 즉, 어린이에서 청소년으로 바뀌는 것이다. 작년 12월 31일까지는 어린이였는데 올해 1월 1일부터는 청소년이다. 이 상황을 그리 새삼스럽거나 신기한 일이라고 보는 사람은 많지 않을 것이다. 하지만 곰곰이 생각하면 참 당황스러운 일이다.

이렇게 청소년기 아닌 청소년은 우리 곁에 찾아온다. 왜 그런가 묻는다면 사람의 삶이 그렇다고 할 수밖에 없다.

아홉 살이 청소년인가? 적어도 「청소년기본법」에 따르면 그렇다. 1991년 「청소년기본법」 제정 당시에는 아홉 살 연령이 청소년이 될 수 있는가에 대한 논란이 꽤 있었다. 그러나 법이 제정된 30년이 되어 가는 지금은 별로 어색하지도 않다. 왜냐하면 청소년기 시작의 징표라고 하는 사춘기의 시작이 빨라졌기 때문이다. 더욱이 여성청소년에게 아홉 살은 빠르다고만 할 수 없는 상황에 이르렀다.

물론 사람은 끊임없이 변한다. 생물학적으로 우리는 태어나서 성장하다가 소멸한다. 이러한 과정의 하나로서 사춘기가 있다.

분명히 어제와 똑같은 몸인데 갑자기 변한다. 스스로 어리다고 생각하고 가족과 다른 사람 눈에도 그렇게 보이던 여아가 아침에 일어나서 어제와 같은 하루를 지내는데 몸이 이상해지면서 첫 생리를 한다. 반면, 남아는 어제와 다른 것 없이 잠을 자고 일어났는데 침대시트를 젖게 할 만큼 팬티에 정액을 쏟아 낸다. 사춘기는 이렇게 시작된다.

'무척 당황스럽다. 하지만 나만 그런 것도 아니라고 생각하니 호들갑 떨 일도 아니다. 우리 부모님도, 드라마 주인공도, 외국의 유명 가수도 모두 경험한 일이다. 왜냐하면 성장하면서 겪어야 하는 과정이기 때문이다. 그런데 이 순간만큼은 매우 혼란스럽다. 도대체 나는 누구이고 내가 왜 이런 일을 겪어야 하나? 사람이기 때문에 그런 줄은 알지만 그래도 모르겠다.'

'혼자 있고 싶다. 옆에서 누가 말은 거는 것도 귀찮고 화난다. 왜? 나도 모른다. 그것을 알면 이러지 않겠지.'

'이제 나는 한 인간으로서 우뚝 설 수 있다. 마음만 먹으면 나를 닮은 2세를 탄생시킬 수 있는 능력도 가지고 있다. 나는 이제부터 무엇을 해야 하나? 어떻게 살아야 하고 어떤 인생으로 흔적을 남겨야 하는가? 수많은 상념들이 머릿속을 돌아다닌다.'

'생식능력은 있지만 아직 원숙하지 않다. 그렇지만 이성에 대해 호기심이 생긴다. 아동 때 가졌던 호기심과는 다르다.'

'이렇게 우왕좌왕하면서도 때로는 아무렇지 않게 생활하는 나는 도대체 누구인가.'

'내가 사는 삶과 생은 어떤 것일까? 죽음은 무엇일까? 나도 죽는 것일까? 그러면 왜 사는 걸까?'

그 답은 쉽게 찾기 어렵다. 다만, 원하든 그렇지 않든 더 이상 어리광부리면서 살 수는 없다. 애써 안정을 찾아본다. 시간이 약이어서 그런지 점차 생리와 신체 변화에 몸도 익숙해지면서 크게 당황하고 동요했던 마음도 사라지고 있다.

〈갑작스레 찾아온 성장의 시간〉

3. 사춘기는 왜 혼란스럽고 그리 시끄러울까 _____

연어는 수천 킬로미터 되는 강물을 헤엄쳐서 힘겹게 거슬러 올라와서 산란하고 죽는다. 왜 그럴까? 그것은 종족보존 본능의 유전자가 작동하기 때문이라고 본다. 정확한 설명이 될 수 있을지는 모르지만 거친 비유를 하자면 사람의 생로병사(生老病死)를 순간적으로 보여 주는 모습이 아닐까 한다. 연어는 태어나서 다른 곳에서 살다가 알을 낳을 준비가 되면 자신이 태어난 곳을 기억하고 수많은 역경을 무릅쓰고서 그곳을 찾는다. 그리고 알을 낳은 순간 온 힘이 빠져서 죽는 것이다. 이처럼 사람의 일생도 단순히 보면 생명을 부여받고 살아가다가 생명보존을 위한 행위를 하고 늙어서 죽는다고 볼 수 있지 않은가!

사람은 생식능력이 생기는 순간부터 이미 '나'라는 존재는 유전적으로 변하는 것이 아닐까? 생식능력을 갖기 전에 '나'와 이후의 '나'는 같지만 전혀 다른 존재가 아닐까라는 말이다. 여전히 나의 생명(운명)은 내 스스로 쉽게 어떻게 할 수 없는 존재이다. 그렇지만 동시에 새로운 생명을 탄생시킬 수 있다. 사춘기는 이처럼 수동적이면서도 능동적인 존재로서 이중적 삶을 살아야 하는 숙명을 갖기 시작하는 때이다. 이제는 나를 위한 삶이라고 말은 하지만 결국 또 다른 수많은 나를 생각하면서 살아야 하는, 즉 나와 다음 세대를 염두에 두어야 하는 복잡한 생각까지 이르면 내 삶은 송두리째 당혹스러워진다.

그렇다고 하루아침에 특별한 삶을 살지는 않는다. 어제와 같은 오늘을 살지만 내면에는 그러한 미묘한 감정이 잠재되어 있다는 것이다.

4. 살펴보아야 할 몇 가지 용어: 성, 추상적 사고 그리고 자아정체성

성적 발달, 추상적 사고, 자아정체성은 사춘기 특징을 나타내는 주요한 용어들이다.

성적 발달은 생식능력이 생기고 골격이 커지고 신체 장기와 호르몬의 변화 등이 이루어지는 것을 뜻한다. 즉, 생리적인 성이 성숙해지고 나아가 남성성과 여성성이 발현하는 데 주목한다.

추상적 사고는 지능 등 인지발달로 인해 구체적 사물을 보지 않더라도 관념적이고 복잡한 개념 등을 이해하는 인지능력을 말한다.

자아정체성은 '내'가 누구인가를 살핌으로써 나의 존재를 규정짓는 심리사회적 개념이다.

1) 성

사춘기와 청소년기라는 용어는 구분하여 사용하기도 하고 혼용해서 사용하기도 한다. 사춘기는 영어로 'puberty'라고 하며 라틴어의 'puberas', 즉 '성장한다' '발모(發毛)하다' '꽃피우다'에서 유래되었다. 이 말은 다분히 신체적 성장과 2차 성징의 출현으로 인한 치모(恥毛)의 발생을 뜻한다.

한편, 성(sex)은 한자로 性(성)이다. 性은 마음 心(심)과 살 生(생)이 합쳐진 글자이다. 따라서 마음이 살아 움직이는 것을 성이라고 말할 수 있다. 아마도 동양에서는 신체적인 성, 즉 생식작용에 앞서 마음이 움직이는 의미를 부각시켜 성이 단순히 신체적인 현상만이 아님을 말하고 있는 듯하다. 동물의 세계를 완전히 안다고 할 수 없으나 아직까지 사람이 아닌 다른 동물의 세계에서 성은 마음이 움직인다는 의지의 표현이기보다는 본능적 행위로 보는 경우가 많다(물론 사람이 아닌 다른 동물의 의사소통과 마음을 모르는 편견일 수도 있다).

한편, 사람의 성에서 지나칠 수 없는 요소가 바로 성에 대한 자기정체성이다. 사람에게 성(sex)이라는 용어는 생물학적으로 남녀를 구분하는 용어만은 아니다. 사람은 성장하면서 다른 사람과 대인관계를 맺고 사회화 과정을 거치면서 살아간다. 이러한 과정에서 사회와 문화 환경의 영향과 교육 등을 통해서 남성성과 여성성의 기질이 생긴다. 이 성(gender)은 생물학적 성과 구별이 되는 사회문화적 성으로서 자신이 갖고 있는 성적 정체성을 나타낸다. 즉, 생물학적이고 신체적으로 남녀를 구분하는 것뿐만 아니라 사회문화의 영향에 따라서 남성다움과 여성다움이 생긴다는 것이다. 마치 프랑스와 스페인 언어에서 명사가 성별로 분류되어 활용되는 모습과 비슷하다. 일반적으로 프랑스어나 스페인어에서 사람이나 동물을 분명히 나타내는 명사의 성은 자연의 성별을 따른다. 예를 들어, 엄마(la mere)는 여성이고 아빠(le pere)는 남성이다. 그러나 다른 단어들은 규칙이 모호하다. 오랫동안 사회문화적 관습에 의해서 자연스럽게 남성과 여성으로 구분해서 임의로 붙여진 것이다. 이처럼 사회문화적 성(gender)은 성이라는 단어가 갖고 있는 생물적 · 신체적 속성 이외에 사회적 속성도 갖고 있다는 뜻을 강조하는 것이다.

그럼에도 불구하고 성은 기본적으로 생식과 불가분의 관련을 갖는다. 즉, 남성과 여성의 성적 행위를 통해서 새로운 생명을 잉태할 수 있는 가능성이 있다는 말이고, 중요한 성적 기능의 하나라고 볼 수 있다. 그러기에 성적 행위는 새로운 생명을 탄생시켜 종족을 보존하려는 인간 삶의 연속성을 뜻한다.

사람은 생명을 갖고 태어난다. 아니 생명으로 태어난다. 그런 다음, 생명을 가지고 삶을 살아간다. 삶은 생활로 구체화된다. 이렇게 생명과 삶 그리고 생활 과정을 중층적으로 이어 가며 사람은 스스로 갖가지 생각과 감정 그리고 행동에 대해 고민하고 선택한다.

사실 생명 자체는 순수하고 가치중립적이다. 생명은 가장 소중하면서도 무가치하다. 가치가 볼품없어서가 아니라 가치를 따질 수 없어서 무가치하다. 그래서 생명이 가치가 되려면 삶으로 연결되어야 한다. 즉, 생명은 같지만 생명을 갖고 사는 삶은 사람마다 다를 수 있다. 이러한 삶에서 비로소 사람이 유한생명 속에서 나름대로 자신의 가치를 발견하고 정립해 나간다. 생명이 삶이 되는 일은 너무 자연스러워 보이지만 실제로는 엄청난 고통과 갈등 그리고 고뇌가 뒤따른다.

아직 내 생명을 돌보고 가꾸기도 버겁고 심지어 돌봄을 받아야 하는데 갑자기 사춘기가 되어서 아직 명확하지는 않지만 내가 또 다른 생명을 책임져야 할지 모르는 불안감이 생기는 것이다. 이제 아직도 미숙한 나와 성숙해야 하는 나 사이 어느 지점에 정체성이라는 방점을 찍어야 하는지 헷갈린다.

춘정(春情)은 남녀 간의 정욕을 말한다. 한자 봄 '春'자는 식물이 땅을 어렵게 뚫고 햇빛을 받아서 성장하는 모습을 그린 글자이다. 뜻은 사계절 중 봄이라는 의미 말고도 '꿈틀거림' '남여의 연정' '젊은 때'를 말한다. 정(情)의 뜻은 태어날 때 그대로 순수한 성질과 사람의 마음이라고 한다. 정서(情緖)라고 할 수도 있겠다. 그렇다면 춘정은 남녀의 연정이 순수하게 자연 그대로 꿈틀거리는 형태를 뜻한다. 사춘기의 끝자락에서 느낄 수 있는 현상일 것이다.

사춘기는 생식능력을 갖게 되는 시초가 되는 시기이며 그 끝자락에 생식능력, 소위 종족보존의 본능을 추구하기 위한 이성 상대를 찾는 활동이 이루어지는 때이다.

프로이트는 사람의 심리적 발달과정을 설명하면서 성을 핵심적인 용어로 제시하였다. 그에 따르면 성적 갈등을 통해서 사람은 심리적으로 발달해 나간다. 성적 에너지인 리비도(libido)가 어디에 집중되느냐에 따라서 차례대로 발달단계를 묘사했다.

프로이트는 각 단계에서 성적 에너지인 리비도가 적절히 충족될 때에는 정상적인 발달을 이룬다고 보았다. 예를 들어, 구강기에 유아가 제때 부모로부터 보살핌을 받지 못해서 엄마의 젖 등을 충분히 빨지 못할 때 왜곡된 성격이 나타날 수 있으며, 또한 항문기에 적절한 배변훈련이 이루어지지 않으면 아동은 커서 고집스럽고 의심이 많은 성격으로 변할 수 있다는 것이다. 왜냐하면 항문기에 리비도가 집중될 때에는 항문으로부터 비롯되는 배설물을 매우 소중한 것으로 여기는데 일반적으로 보살펴 주는 부모 외에는 그렇게 생각하지 않음으로써 부모 아닌 다른 이에게 보살핌을 받을 때 아이는 상당한 배신감(이중구속)을 느낄 수 있다는 것이다.

그 이후 성적 에너지는 성기에 집중된다고 보았는데, 바로 이때가 사춘기에 인접한 10세 안팎 연령으로 볼 수 있다. 성적 에너지가 생식기에 집중되면서 자연스럽게 성적 관심이 부모를 향한 욕망으로 구체화된다고 보았다. 그동안 남아의 경우 거세불안이 다시 한번 나타나면서 자아(원초자, 자아, 초자아) 사이에 서로 충돌하고 혼란에 휩싸인다고 보았다.

이처럼 사춘기의 성은 생리와 신체에 대한 집중을 넘어서 성적 대상에 대한 관심, 즉 이성에까지 확장되는 핵심적인 요소라 볼 수 있다.

〈언제부터 우리는 이 그림만 보고 화장실에 갈 수 있게 되었을까?〉

2) 추상적 사고

비 오는 모습을 보면서 아이가 하늘이 슬퍼서 눈물을 흘린다고 말한다. 추상적 사고가 발달하지 않은 아이는 비가 하늘이 슬퍼서 우는 눈물이라고 생각하기도 한다.

사람은 사고능력이 있다. 그 사고능력이 사람들이 규정해 놓은 범위 안에서 이해되고 인정되지만 적어도 아직은 사람을 동물의 영장이라고 말하는 데 이의를 갖는(다른 동물과는 소통이 안 되기 때문에 갖는 인간의 편견일 수도 있겠지만 말이다) 동물은 없다.

사고능력은 생애발달과정에 따라서 점차 발달한다.

피아제에 따르면 출생 후 2세까지는 자신의 감각을 사용해서 세상을 탐색하려 노력하는 감각운동기(sensori-motor stage) 시기이다. 간단한 지각과 운동능력이 생기기 시작하는 시기로 이 시기 끝 무렵에는 자신을 다른 사람과 분리시켜 이해하는 능력이 조금씩 생긴다.

이후 전 조작기(preoperational stage)로 이름 붙인 시기는 보통 2~7세까지 연령에 해당한다. 이 시기에는 다양한 언어와 신체활동 경험을 통해서 개념을 습득한다. 다른 사람의 관점, 즉 객관적 시각으로 사물을 이해하지 않고 자기중심적이고 주관적인 시각으로 사물을 보며, 한 가지 사실에 기초해서 사물을 분류한다.

또한 사물을 단계별로 배열할 수 있다. 즉, 끈의 길이가 긴 순서로 배열이 가능하다. 그러나 (가) 끈이 (나) 끈보다는 길고 (나) 끈보다는 (다) 끈이 길다고 할 때 (가) 끈보다는 (다) 끈이 길다는 추리는 할 수 없다. 특히 이 시기는 직관적인 사고를 하는 시기이다. 언어가 개입되지 않은 지각적인 판단에 의존한다. 따라서 선생님이 교탁 앞에서 오른손을 들면서 "다 같이 오른손을 들어 보세요."라고 말하면 왼손을 든다. 왜냐하면 아이 관점에서는 선생님의 오른손이 자신의 왼손과 같은 위치에 있기 때문이다. 이 시기 끝 무렵에는 보존성 원리를 희미하게 이해한다. 물체의 모양이 바뀌어도 그 부피와 숫자가 바뀌지 않았음을 인지하는 능력이 생긴다는 뜻이다.

7~11세에 해당하는 시기는 구체적 조작기(concrete operational stage)로 부른다. 구체적인 사안과 문제에 대한 논리적 사고가 가능한 시기라는 것이다. 즉, 항목별·분야별 분류를 할 수 있는 능력을 갖게 된다. 예를 들면, 천 원과 오천 원 그리고 만 원짜리 지폐를 액수에 맞추어 분류할 수 있다. 그러나 실제 돈이 있어야 가능하지 돈(실물)이 없을 때 머릿속으로만 조작하는 데는 제한이 있다. 그리고 전 조작기에 가졌던 자기중심적 사고가 탈중심적(탈 자기중심) 사고로 바뀐다.

11세 이후 사춘기에 들어서면 형식적 조작기(formal operational stage)에 들어선다. 추상적 사고(abstract thinking)가 가능해진다. 추상적 사고란 융통성 있고 효율적으로 사고하며 또한 복잡한 추리능력이 있어 가설을 세울 수 있고 체계적으로 검증이 가능한 것을 뜻한다. 아울러 문제가 발생할 때 모든 상황을 종합적으로 고려하는 능력 등을 말한다.

한편, 이 시기가 되면 도덕적·정치적·철학적 가치와 사고의 문제 등을 고민하고 이해하려 한다. 그리고 타인의 사고과정을 이해하고, 다른 사람들은 문제를 어떻게 보고, 어떻게 생각할까 등의 문제에도 관심을 갖는다.

> "순수이성 자체가 피할 수 없는 과제들은 신(神), 자유(自由), 그리고 영혼의 불멸성(不滅性)이다. 그러나 모든 준비를 갖추고 오로지 이와 같은 것들을 해결하는 것을 궁극 목적으로 삼고 있는 학문은 형이상학이라 불린다."(김석수 역, 2019)

즉, 신, 자유, 영혼, 정의 등 추상적 개념을 이해하고 자신과 사회 맥락 안에서 판단하고 확장하는 능력을 갖는다. 드디어 청소년기를 지나면서 사람이 갖고 있는 위대한 정신적 풍요를 마음껏 구사할 수 있는 역량과 능력이 생긴다.

이렇게 사춘기에 형성되는 추상적 사고역량은 풍부한 생각을 자극시켜 창의적 산물을 생산하는 데 기초가 되었다. 또한 추상적 사고를 논리적이고 정

〈단순히 미소를 지었냐는 의미일까/오늘 하루가 행복했냐는 의미일까〉

교하게 일반화시키는 과정을 통해서 인류의 문명 발달을 획기적으로 혁신해
온 원동력이 되었다.

3) 자아정체성

아이 때에는 '자아'를 생각하지 않아도 되었고 생각할 필요도 없었다. 그냥
나는 내 마음대로 자유로웠고 있는 그대로 표현해도 부모나 타인 그리고 사
회가 알아서 필터링하고 조절해서 인식했다.

그런데 사춘기에 들어서면 자아를 찾을 수 있도록 준비해야 한다. 그 뜻은
이미 내가 수동적 인간에서 능동적 인간으로 바뀐다는 말이다. 즉, 삶을 타인
이 정해 준 이정표대로 사는 방식에서 내가 좌표를 설정하고 의미를 부여해
서 삶을 조율해야 한다는 것이다.

이미 부모는 징그러워한다. "우리 아이지만 수염이 나고 성숙한 신체를 볼
때마다 섬뜩 놀라요. 어느새 이렇게 컸나 하지만 이제는 내 마음대로 안 되겠
구나 생각도 합니다." 이런 부모가 하는 고백처럼 나는 이미 귀속적 존재가
아니라 자의적 존재가 된 것이다.

수없이 펼쳐진 선험적 자아의 다양한 형태에서 내가 하나를 고르고 나아가
새로운 자아상(self-image)을 스스로 만들어서 이전에도 없었고 이후에도 없

을지도 모르는 한 인간을 창출해야 한다.

자아를 고른다. 자아를 만든다. 그렇게 가르친다. 그리고 이렇게 배운다.

'사람은 존엄하고 유일무이한 존재라고…… 나도 그렇고 당신도 그렇다. 그렇지만 세상은 종종 '당신도'라는 부분에 방점을 찍는다. 다 '나'만큼 소중하고 특별한 존재이니 인간의 존엄성이라는 선언적 표현에 너무 흥분하지 말라고 말이다.' 사춘기는 내가 유일무이한 존재로 남을지 아니면 다른 사람과 똑같은 보편적 존재로 살아갈지 결정해야 하는 시기이다. 원래 유일무이한 존재로 남으려면 아이 때 가졌던 창의성과 자유를 잃지 말아야 한다. 그런데 사춘기는 내가 나를 타자로서 보는 안타까움을 가져야 한다. 보편성과 독창성의 교차점이다. 이것은 현실로 다가오는 숙명이다. 왜냐하면 나는 누군가와 더불어 살아야 하는 존재이기 때문이다.

부모들은 아이가 3~4세 무렵에 한 번쯤 우리 아이가 특별하고 나아가 어떤 분야에 천재적 소질이 있지는 않을까 희망 섞인 고민을 한다. 그러다가 이후 1년 정도 지나면 우리 아이도 다른 아이들처럼 그저 평범한 아이라고 판단해 버린다.

그래서 이 시기 부모들이 우리 아이는 특별하다고 말하면 그 말을 듣는 다른 이들은 건성으로 끄떡이면서 속으로는 우리가 아이 키울 때도 그런 느낌을 가진 적이 있었지라고 돌이켜 보고 웃는다.

실제 천재든 그렇지 않든 간에 모든 아이는 특별하다. 천재는 지적 또는 신체적 능력을 중심으로 다른 사람들보다 월등한 역량을 가진 것을 뜻한다. 백과사전에서 정의한 내용을 보면 천재(天才, genius)는 보통 사람에 비해 선천적으로 뛰어난 정신능력을 가지고 있는 사람을 말하는데, 이들은 한 분야 혹은 여러 분야에서 두각을 나타낸다. 주로 지적 능력의 탁월성을 뜻한다. 그렇다면 관계능력과 집중력 또는 소위 잘 놀 수 있는 태도와 능력이 뛰어난 사람도 천재이다. 천재는 사람이 갖는 선천적 기능의 탁월성이지 다른 사람과 비교한 우월성을 말하지 않는다. 즉, 사람은 다르다. 천재일 수도 때로는 평범하거나 열등할 수도 있지만 기준이 바뀌면 달라진다. 세상이 변하듯이 기준은 언제든지 바뀔 수 있다. 다시 말하면, 사람이 갖는 기능이 천재일 수는 있어도 사람 자체가 천재일 수는 없다. 그렇다면 모든 사람이 천재이다.

'나'와 '내가 되지 않은 것' 사이에 있는 희미하지만 분명 존재하는 경계를 알고 그 경계 위에서 내가 자유롭게 흔들리면서 환경변화에 따라 탄력적으로 적응할 수 있는 인식과 형태를 만들어 내는 것이 자아정체성이다. 즉, 사춘기 이전까지 순수한 '나'에서 생애과정(순환적 과정)에서 서로 다른 모양으로 반전하는 모습 안에 '나'를 자유롭고 스스로 통제할 수 있는 역량을 나타내는 것이다. 이는 내가 나로서, 또는 타인으로서 그리고 제3의 경계인으로서 위치와 역할 그리고 심리사회적인 이해를 변경해 가면서 삶을 조율하는 자율적인 존재자가 되는 것을 뜻한다.

〈끊임없이 자아를 확립해 가는 길/지금도, 앞으로도〉

5. 사춘기는 어떻게 흐르나

1) 초기

'열정이'는 중학교 1학년 남학생이다. 태어날 때부터 자신은 지극히 평범하다고 믿고 있는 아이이다. 다른 아이들처럼 어린이집과 유치원을 거쳐서 초등학교에 입학했고 부모님의 따뜻한 보살핌 속에서 큰 어려움 없이 자라 왔다.

중학교에 입학한 열정이는 각오가 남달랐다. 이제는 어엿한 중학생이니 아침에도 스스로 일어나고 편식도 고쳐 볼 생각이고 새로운 친구도 초등학교 때보다 좀 더 사귀어 볼 생각이다.

중학교에 입학한 후 3월에 어느 아침.

일어나서 보니 어제 신었던 신발이 안 맞는다. 중학교에 입학한 기념으로 아버지가 사 주신 나름 유명메이커의 신발이다. 발이 부어서 그런가 보다 생각하고 조금 큰 신발을 신고 학교에 간다. 학교에서 돌아와 다시 아침에 신었던 신발을 신는다. 여전히 발이 들어가지 않는다. 이상하다. 어제까지만 해도 멀쩡히 신고 다니던 신발이었는데⋯⋯ 그럴 수도 있지, 대수롭지 않게 생각하고 저녁을 먹고 책을 잠깐 보다가 스마트폰을 들고 친구와 통화를 했다. 그리고 아침에 일어난 일에 대해서 말했다. 친구도 별일 아니라는 듯 발에 때가 많아서 그럴 것이라며 발을 잘 닦고 다니라는 썰렁한 농담을 던졌다.

친구와 잠시 더 수다를 떨다가 불을 끄고 침대에 누웠다. 피곤했는지 곧바로 잠든 열정이는 꿈을 꾸었다.

"큰 산이 끝없이 흘러가는 나를 가로막고 있다. 저 산을 넘어야 한다. 어떻게 넘지 생각하는 순간 산이 눈앞에서 무너지면서 동시에 폭풍우와 함께 강줄기가 무너지는 산에서 쏟아져 나온다. 눈앞이 아득하다. 피해야지 하는 순간 이미 강물 깊숙이 나는 들어가 있다. 죽었다 생각하는 순간" 잠에서 깼다. 온몸이 축축했다. 너무 긴장을 했나 보다. 그런데 악몽을 꾸었을 때 축축

함과는 다른 느낌이었다. 아랫도리가 심하게 젖은 느낌이었다. 불을 켜고 팬
티를 보았다. 흥건히 젖어 있다. 아…… 올 것이 왔나 보다. 열정이는 체념 아
닌 체념을 했다. 누구하고 상의할 것도 없다. 나도 이제 여기저기에서 보았던
것처럼 몽정을 했다. 기분이 아주 나쁘다고 할 수는 없지만 썩 좋은 느낌은
아니었다.

이 시기 청소년은 갑자기 변하는 신체 변화에 당황한다. 특히 성기와 관련
한 신체 변화에 두려움을 갖기까지 한다. 그러면서 자신이 남성과 여성으로
서 생명을 잉태할 수 있는 역할과 기능을 한다는 것을 이해하고 인지하면서
점차 이성에 대한 관심도 싹트기 시작한다. 이때부터 청소년은 여성과 남성
이 갖는 사회적 역할도 어느 정도 알아 가면서 성역할에 대한 정체성을 생성
하기 시작한다. 그런데 아직 신체적·심리적으로 아이의 모습에서 완벽하게
바뀌지 못한 이 시기에는 나의 짝으로서 구체적 이성에 대한 호기심보다는
나와 다른 성을 가진 사람을 궁금해하는 경향이 강하다.

2) 중기

생각을 해 보자. 내가 왜 이렇게 되었나? 사람이라면 다 겪는 과정인가?
갑자기 내 주변의 사람들이 새롭게 보였다. 부모님도 친구도 선생님도 그
리고 이웃집 사람들도 말이다. 기분 좋은 마음으로 새롭게 보이기보다는 뭔
가 쑥스럽고 부끄럽고 야릇한 느낌이다. 특히 이성 앞에 서면 괜히 도둑질하
다가 들킨 사람처럼 눈을 어디에 둘지 몰랐다. 이런 감정이 일어날 때면 매우
기분 나쁘고 짜증까지 났다. 그런데 감정은 속일 수 없나 보다. 주변에서 나
에 대해서 과하게 관심 갖는 사람이 생기고, 반면에 나를 슬슬 피하는 사람도
생겼다.
특별히 비슷한 또래의 이성을 보면 괜히 가슴이 두근거리고 이성과 함께
잠을 자는 상상까지 하게 된다. 그럴 때마다 '내가 완전히 미쳤지'라고 생각해

보지만 내 의지대로 그런 마음이 지워지지 않는다. 그렇지만 괜히 누가 뭐라고 하는 것도 아닌데 괜히 눈치 보이고 설레면서 살짝 흥분도 된다.

부모와의 의존관계로부터 분리되는 동시에 신체와 심리 발달의 불균형으로 인해 심한 갈등을 겪게 되고, 아울러 사회적 압력에 대한 적응이 새로운 과제로 나타난다. 이 시기에 청소년은 어른들이 보면 소위 '이유 없는 반항'과 저항을 하게 되고 성적인 관심 대상이 구체화되면서 주변의 이성 친구에게 온갖 관심을 쏟게 된다.

모든 것이 궁금하다. 나와 동년배 또는 비슷한 연령 또래의 이성은 어떤 생각을 하고 있는지, 더 궁금한 것은 그가 내게 관심이 있는지, 어떻게 하면 나에게 관심을 갖게 할 수 있을지 등이다. 어쩌면 남녀의 세계에서 선택받기 위해 최선의 노력을 기울이는 것은 본능적이며 너무 자연스럽다. 따라서 외모에 신경을 쓰고 특히 또래 이성을 만나거나 생각하면 부끄러움과 함께 당혹스러움 그리고 호기심 혹은 유혹하고 싶고 당하고 싶은 마음 등이 복합적으로 일어난다.

아마 사람의 생애에 있어서 가장 구체적이며 강력한 감정으로 이성을 바라보고 생각하고 탐닉하는 시기가 아닌가 싶다. 사춘기 초기에 이성에 대한 관심은 나와 다른 성에 대한 호기심 정도의 수준에 머문다. 그러나 사춘기 중기에는 나에게 적합한 성적 대상으로서 이성을 상정하고 또 현실에서 그 이성과 접촉할 수 있는 방법과 기술 그리고 태도에 대한 관심으로 확장된다.

3) 후기

갑자기 모든 것이 시들하다고 느낀다. 세상 모든 것이 다 쓸모없게 보인다. 이성에게도 이전과 같은 열정적인 관심이 없어진다. 때로는 모든 사람들이 왜 사는지, 다른 사람들이 살아가는 삶은 재미가 있고 의미가 있는 것인지 회

의가 든다. 굳이 죽어야 하는 삶을 애써 살아야 하는 이유가 무엇인지, 또 이
념 때문에 목숨을 거는 사람들이 이해되지 않는다. 왜 그리 사소해 보이는 일
로 서로 싸우고 시비를 하며 사는지, 달콤한 말 뒤에 오는 공허함을 알고 사
람들이 말하고 행동하는지, 어쨌든 모든 것이 허망하고 허무하다. 이렇게 복
잡하고 사나운 마음이 일어나는 게 어른이 되려는 징조일까? 궁금하기도 하
고 정답을 찾고 싶기도 하지만 답이 없다. 아무도 답을 가르쳐 주지 않고 피
식 웃기만 한다.

　사춘기에 이성(異性)과 성(性)에 관련해서 생기는 신체와 심리 문제는 쉽게
해결되기 어렵다. 예를 들면, 대다수의 청소년들은 아직 가정을 벗어나 독립
적 생활이 힘들고 또한 경제와 사회 또는 법률적 이유로 인해 결혼을 통한 이
성과 성 문제를 사회규범 안에서 합법적이고 규범적으로 해결하기 어렵다.
그래서 사춘기에 성과 관련한 문제는 적지 않은 경우에 사회의 사각지대에서
음성적으로 해결되거나 잠재되어서 흘러간다.
　사람은 시간에 따라 성장하고 발달한다. 즉, 사춘기 초반에 강렬하게 떠오
른 이성과 성에 관련한 발달상의 갖가지 문제가 해결되었든 그렇지 않든 간
에 '진정한 자아발견'의 과정에 들어선다. 이제 성숙한 사람(개체)으로서 사회
에서 일정한 역할을 맡고 위치를 찾아야 하므로 자아에 대한 통찰과 성찰은
너무 자연스러운 섭리이다.
　'나는 누구인가?' '삶과 죽음이란 무엇인가?' '진실과 거짓의 차이는 무엇인
가?' '이 세상은 살 가치가 있는 것일까?' '신은 존재하는가?' 등 자아의 정체성
을 확립하기 위해 끊임없이 스스로 묻는다.
　이미 그동안 살아온 시간 속에서 나를 찾는 물음에 정답이 없다는 것은 어
느 정도 인지하고 있다. 이제는 내 삶은 내가 살아야 한다. 그렇기 때문에 삶
의 방향성을 찾기 위한 몸부림은 계속된다.
　자신과 타인 그리고 세계에 대한 끊임없는 질문 속에서 나름의 가치관과
인생관을 정립하고 성인으로서 '서는' 준비를 마치게 된다.

자아정체성을 찾는 과정을 통해서 우리는 성숙한 사람으로 변한다. 아이 때에는 모든 세상의 중심은 '나'였다. 나를 통해 전 우주가 움직이고 있다고 믿었다. 그런 확신은 나의 자존을 지키는 일도 되었다. 그렇지만 이 시기에는 유아독존(唯我獨尊)으로서 내가 아닌 타인과 유사한 한 개체로서 나를 인식한다. '나'라는 사람을 극히 독특하고 주관적이면서 하나의 수많은 사람 중에 하나인 대상으로서 동시에 인식하는 것이다. 내가 위대하게도 보이고 볼품없게도 보이는 내적 성찰을 통해서 사춘기 청소년은 성장한다.

〈나 자신을 찾는 것에 빠른 길은 없을까〉

6. 사춘기에 대한 재인식

사람은 생명을 갖고 태어나서 삶을 영위해 나간다. 또한 삶은 생활로 전환되어 구체적으로 실현되고 이어지다가 죽음에 이른다.

생명은 스스로 존재하지 않고 부모로부터 부여받는다. 사람의 생명은 극히 수동적이다. 하지만 생명에서 시작되는 삶은 자신의 의지와 환경의 변화에 따라서 능동적일 수도 있고 수동적일 수도 있다.

실제 사춘기 이전의 삶은 수동적이지만 부모와 가정 그리고 사회의 보호 안에서 자유로울 수 있다. 사춘기에 다다르면 능동적인 삶을 선택할 수 있는 기회가 주어진다. 그렇지만 때로는 나 스스로 또는 타인(사회)에 의해서 속박당하고 더 피동적인 삶으로 변할 수 있다.

존재가 본질을 결정한다는 샤르트르의 말은 지금까지 사춘기를 지나는 청소년에게 좌표가 되는 말이 아니었을까? 새로운 삶의 방향을 모색하는 결정적 시기인 사춘기에 '나'의 존재, 즉 실존의 모습을 명확히 한다면 이후 삶 전체를 움직이는 진정한 '나'의 정체를 알 수 있다고 본 것이다.

그러나 이제는 다른 시각에서 바라보아야 한다.

산업화시대에는 존재의 의미가 컸다. 그 존재를 탐색해야 직업과 진로가 결정되었다. 이를 통해서 사회적 역할을 할 수 있고 사회에서 내 삶을 자율적으로 영위하는 데 필요할 수 있는 소득을 얻게 되었다. 흔히 영업사원, 의사, 변호사, 일용직 노동자, 교사, 약사, 교수, 환경미화원, 과학자, 경영인 등 수많은 사회적 지위와 이름 붙임은 나의 본질을 나타내는 실존적 이름이 되기도 했다.

산업화 이후 시대에 이와 같은 명칭이 여전히 유효할 수 있는지는 의문이다. 한 사람이 다수의 직업을 갖고 다양한 역할을 하고 또는 해내야만 행복한 삶을 조율하고 일상을 살 수 있는 시대에 존재가 본질을 규정한다는 말은 구시대적 발상이 되는 것은 아닐까?

어쩌면 본질이 드러날 수 있는 바탕을 스스로 창조하는 시대가 된 것이다. 즉, 내가 결정한 하나의 모습으로 삶과 생활을 이어 가는 것이 아니라 수시로 가변성을 갖게 된다는 의미이다. 따라서 사춘기에 직업선택만큼 중요한 것이 '나'라는 사람에 대해 본질을 탐색하면서 스스로 타인의 관점에서 객관화하고 변화하는 '나'의 가치 지향점을 함께 추구해야 할 것이다.

다음의 말은 미래사회를 시사하는 의미 있는 문장이다.

"자본주의와 4차 산업혁명으로 대변되는 과학기술의 발달은 더 이상 필요 이상의 노동 없이 안전한 체제 속에서 풍족한 삶을 살아갈 수 있는 환경을 만들어 가고 있다. 코제브(Kojeve)가 언급한 것처럼 인간의 행위, 철학, 세계인식, 자기 인식의 토대로서 원칙 등을 제외한 그 밖의 것들은 계속 존속할 수 있다고 보는데, 그것이 바로 예술, 사랑, 놀이이다."(오승현, 2018) "4차 산업혁명 시대에는 주어진 질서에 순응하며 살아가는 '신실성의 주체'를 만들거나, 지배규범에 저항하는 '진정성의 주체'을 탄생시키는 것을 넘어서 창조와 혁신의 '유희, 즉 놀이하는 주체'를 요구하는 시대라고 본다."(김홍중, 2009; 오

승현, 2018)

내가 어떤 사람으로 살 것인가가 중요하기보다는 나는 누구이고, 삶을 어떤 에너지를 갖고 어느 방향으로 움직이려 하며, 내 삶을 어떻게 축적할 것인가에 초점을 맞추어야 한다. 즉, 결과지향적 삶에서 과정지향적 삶으로 살아가는 데 있어 생애 중요한 전환점으로서 사춘기에 대한 인식과 사회적 개입도 바뀌어야 한다는 것이다.

사춘기를 새롭게 보아야 한다.

하이데거의 표현대로 절벽에 나의 의지와는 상관없이 '던져진' 생명에서 절벽에서 스스로 '던지는' 삶으로 숙명적인 전환을 해야 한다. 즉, '피투(被投: Geworfenheit)'에서 '기투(企投: Entwurf)'로 바뀌는 시기가 사춘기이다. 여기서 기투의 성격을 재조명해야 한다.

'나'의 본질을 이해하는 일은 구조주의에서 지적하는 것과 같이 나의 독특성을 아는 일이며 이것은 다른 사람(타인)에 대한 다원성을 수용하고 인정하는 것이다. 내가 어떤 사람이 될 것인가 하는 실존의 문제는 얼핏 들여다보면 다양한 선택지가 있는 것으로 보이지만 실제 우리가 사는 삶과 생활에서 있어서는 상당히 이항적이다. 즉, 선과 악, 빈과 부, 바름과 그름, 윤리와 반윤리 등에서 택해야 한다. 삶의 방향과 조건은 다양해 보이지만 실제 선택은 이분법적이라는 말이다. 우리는 가족과 친구 그리고 사회의 관점에서 볼 때 좋은 사람이 될 것인지 아니면 불필요하고 나쁜 사람이 될 것인지, 또한 열심히 일해서 부유한 삶을 살 것인지 반대로 가난한 삶을 선택할 것인지(가난은 선택일 수만은 없겠지만 말이다) 위치를 정해야 한다. 그동안 사춘기 교육은 이 범주에서 크게 벗어나지 않았다고 본다.

여전히 이러한 교육이 유효할까? 예단하기는 어렵지만 아닐 가능성도 염두에 두어야 한다. 기존에 정해진 이분법적 틀에서 좌우의 길을 찾기보다는 오히려 스스로 던지는 삶의 과정 속에서 선택지를 만들어 가야 할 수도 있다. 즉, 남성과 여성이라는 이분법에서 출발해서 기존의 사고 구조에 머물러 있다면, 또 다른 유사한 인간(로봇이나 발달한 인공지능 등)이 생활 깊숙이 함께

〈나는 누구/여긴 어디/너는 무엇〉

삶에 자리 잡을 때 살아가야 하는 방식과 가치에 대해서는 기존의 틀에서 찾을 수 없다.

따라서 사춘기는 내 삶의 조건을 사회환경의 맥락 속에서 살필 수 있는 상식을 내재화하는 교육과 문화 형성이 선행되어야 한다. 그리고 그 맥락과 환경을 통해서 나만의 독특한 조건을 만들어 삶을 생활로 전환하는 기쁨을 추구해야 한다. 물론 다른 사람과 함께 살아가는 '나'라는 존재로서 인간다움을 잃지 않으려는 끊임없는 배려와 성찰을 함께한다는 전제는 아직도 늘 옳다.

II

청소년복지의 기초

3장

청소년과 청소년복지

1. 청소년복지의 위치와 정의

1) 청소년복지의 위치

(1) 사회복지학에서 청소년복지

청소년복지는 사회복지학 대상별 복지의 하나이다. 사회복지에서는 아동 연령을 18세까지로 규정하고 청소년까지 포괄해 왔다. 1990년대 후반부터 아동복지의 연장선상에서 따로 청소년복지를 논의하기도 하였다.

(2) 청소년 관련학에서 청소년복지

청소년복지는 청소년학의 주요 하위분야이다. 1991년 「청소년기본법」이 제정되면서 청소년 시설과 기관이 많이 증가하고 교육받은 청소년지도자의 필요성이 제기됨에 따라 청소년지도사 국가자격증이 생겼다. 이와 같은 맥락에서 청소년학을 공부하는 학과가 자연스럽게 늘어났으며 청소년학과에서 청소년복지를 주요 교과목 중 하나로 편성하였다.

이런 관점에서 청소년복지는 사회복지학에서는 대상별 교과목으로, 청소년학에서는 주요 교과목으로 논의되고 있다.

우선, 청소년학에서는 청소년(활동)지도와 함께 청소년심리, 청소년문제, 청소년복지, 청소년상담, 청소년정책 등을 주요 교과목으로 편성한다. 따라서 청소년복지는 사회복지에서 말하는 복지와 넓은 범주에서는 동일한 뜻으로 사용한다고 볼 수 있다. 하지만 청소년학에서 말하는 복지는 청소년 행복을 지향하는 제반 활동 분야를 포괄한다. 반면, 사회복지학에서는 취약계층 청소년에 대한 서비스와 지원 등에 대한 제도(정책과 행정 포함)와 방법에 관한 논의를 주로 다룬다. 그럼에도 불구하고 두 학문 모두 동일한 명칭의 교과목을 교육과정에 편성하고 있으며 같은 교재를 사용하기도 한다.

이처럼 청소년복지에 대한 사회복지학과 청소년관련학에서의 관점은 차이가 있음에도 불구하고 역사적 맥락에서 볼 때 청소년복지의 성격을 구성하는 내용과 특성은 사회복지의 개념 틀에서 이해하는 것이 자연스럽고 청소년관련학에도 시사점을 줄 수 있을 것이다.

사회복지가 인간의 행복을 실천적으로 추구하는 활동이라는 점에서 볼 때 청소년복지는 청소년이 행복하게 잘 살아갈 수 있도록 돕는 제도와 실천적 활동이라고 정의될 수 있다. 그러나 청소년복지와 관련한 이론과 체계가 명확히 정립되어 있지 않은 형편에서는 우선 아동복지 체계를 살펴봄으로써 청소년복지의 지향점과 개념을 파악할 수 있을 것이다.

2) 청소년복지의 정의

청소년복지의 정의를 살펴보기에 앞서 사회복지에서 아동복지의 개념을 알아볼 필요가 있다. 아동복지의 연장에서 청소년복지를 논의했다면 그 개념을 바탕으로 확장된 청소년복지의 모습을 탐색하는 데 도움이 될 수 있다.

아동복지는 아동의 요구나 문제를 해결하기 위한 서비스이다. 카두신(Kadushin, 1980)은 광의의 아동복지를 모든 아동이 행복 및 사회적응을 위해 심리적 · 사회적 · 생물학적 잠재력을 개발시켜 주기 위한 각종의 방법으로 보며, 협의의 아동복지를 특수한 문제, 즉 요구가 있는 아동과 그의 가족에 관련되어 있다고 본다. 또한 프리들랜더와 압테(Friendlander & Apte, 1980)는 아동복지는 단지 빈곤, 방치, 유기, 질병, 결함 등을 지닌 아동 또는 환경에 적응하지 못하는 비행아동들에만 관심을 두는 것이 아니며, 모든 아동이 신체적·지적·정서적 발달에 있어서 안전하고 행복할 수 있도록 위험으로부터 지키고 보호할 수 있도록 공공과 민간의 여러 기관에서 실시하는 사회적·경제적·보건적 제 활동이라고 한다. 아동복지는 가정의 정상적 기능을 전제로 한다. 가정에서 부모의 보호가 없거나 그 기능을 다하지 못할 때, 가정의 기능을 다할 수 있도록 지원하거나 위탁가정이나 시설적 보호를 지원한다. 이와 함께 아동의 건강과 교육 그리고 유해환경으로부터의 보호 등은 국가의 책임이다. 특히 카두신(1980)은 아동복지를 주로 부모와 자녀 간의 사회적 역할 수행에서 찾으려고 했다. 역할 수행이 이루어지지 못할 때 그리고 개인의 역할이 지역사회의 기대에 어긋났을 때 아동복지의 대상이 된다고 보았다. 이처럼 아동복지는 아동에 대한 무조건적 보호의 이념을 바탕으로 그들의 일차적인 보호집단인 가정의 기능이 약화되었거나 파괴되었을 때 가정을 중심으로 아동의 행복과 정상적인 발달에 목표를 두고 있다. 이러한 점에서 보면 청소년복지도 아동복지의 연장선상에서 이해할 수 있겠지만, 아동과는 달리 청소년은 가정의 역할과 영향이 비교적 적고, 청소년 스스로 생산과 소비 그리고 문화 등 다양한 사회분야에 영향을 미칠 수 있다는 점에서 아동복지와 구분해서 청소년복지의 개념이 새롭게 정립되어야 한다.

아동과 청소년은 기성세대로부터 보호를 받아야 하는 시기이다. 그러나 아동과 청소년 보호에 있어서는 차이를 두어야 한다. 아동은 보호를 받을 권리가 어른들에 의해서 수동적으로 주어지는 반면, 청소년은 보호를 받을 주체적인 권리를 가진다. 아동은 부수적인 책임이 지워지지 않는 보호의 권리를 누리는 반면에 청소년은 일정한 사회적 책임이 주어진 보호를 누린다. 따라서 청소년들의 사회적 책임과 요구로 인해 발생되는 갈등은 사회참여와 협력의 수준에서 정확히 파악되고 해결 방안이 강구되어야 한다. 사실 청소년도 아동과 마찬가지로 일차적으로는 가정을 중심으로 복지적 모색이 이루어져야 한다. 그러나 아동보다는 훨씬 일찍 가정으로부터 분리되는 시기적 특성으로 볼 때, 가정과 사회에 아동과는 달리 독자적인 영향을 미칠 수 있다. 다시 말해, 청소년은 독립된 하위문화를 갖고 있으며 소비와 생산에 있어 아동에 비해 더욱 적극적으로 사회구성원으로서의 역할까지 수행하는 특성을 가진다고 볼 수 있다.

이와 같은 시각을 바탕으로 아동복지와 구분하여 청소년복지를 사회복지의 독립된 분야로 인식하고 그에 대한 독특한 접근방법과 분야를 발전시키려는 노력을 하고 있다.

메이어(Meyer, 1985)는 청소년복지가 하나의 사회제도이며 전문직이어야 한다고 주장하고 있다. 또한 김성이(1993)는, 청소년복지는 가정이나 사회로부터 버려지거나 적응하지 못하는 청소년뿐만 아니라, 모든 청소년들의 안녕에 관심을 가진다고 하였다. 청소년복지 활동은 청소년들의 기본적 욕구를 충족케 하고 정신적 · 정서적 · 신체적으로 최상의 발달을 기하기 위해서 청소년 자신들에게 직접적으로 또는 가정이나 사회를 통해서 간접적으로 제공되는 모든 사회제도적 · 전문적 활동을 말한다.

이러한 개념에 더하여 보다 적극적인 의미에서 청소년복지를 개념화하면 다음과 같다.

"청소년복지는 청소년의 올바른 성장과 발달에 목적을 두고, 이를 위해서 공동의 노력과 참여를 전제로 이루어져야 한다. 지식정보화사회에서 청소년들에게 일정의 사회적 역할과 책임을 부과하며 동시에 현재 청소년의 삶을 이해하여 보다 나은 여건을 마련해 주고 미래에 보다 좋은 환경에서 생활할 수 있도록 복지를 통해 자립기반과 자기개발을 할 수 있는 능력과 기회를 마련해 주는 제반의 복지활동이다."

> ▶ 소극적인 측면에서 청소년복지
> 사회적으로 소외되거나 적응에 실패한 청소년들에게 사회복지정책과 개별 및 집단
> 서비스의 전달을 통해 사회구성원으로서 떳떳하게 생활하고 나아가 신체적 · 심리
> 적 · 사회적 자립능력을 갖도록 돕는 복지
>
> ▶ 적극적인 측면에서 청소년복지
> 성과 능력, 신체 및 정신과 사회적 조건에 관계없이 인간답게 생활하는 데 필요한 권
> 리와 책임을 갖게 하여 청소년으로서의 삶을 풍요롭게 누릴 수 있고 잠재적 능력을
> 개발하도록 돕는 복지

2. 청소년복지의 원칙

1) 보호

청소년은 여전히 아동과의 경계선 연령에 있고 청소년 초기에는 아동기의
특징도 그대로 갖고 있는 부분이 많다. 그렇지 않더라도 청소년 또한 사회적
관점에서 볼 때는 중요한 인력자원이며 미래 우리 사회 가치와 모습을 결정
할 핵심세대이다.

보호는 단순히 울타리 속에 가두어 놓고 안전한 공간과 상황이 주어진 가
운데 생활하도록 한다고 해서 끝나는 일이 아니다. 보호는 청소년들이 자신
의 개성과 역량을 현재와 미래에 펼쳐 나갈 수 있도록 물적 · 재정적 · 심리
적 · 사회적 지원을 하는 일이다.

특히 보호는 일차적으로 자본주의 사회에서 나타나는 불평등 구조에서 고
통받고 있는 빈곤 · 장애 · 소수 집단 등 취약계층 청소년에게 집중되어야 한
다. 취약계층 청소년은 자신의 의지와 선택에 관계없이 열악한 환경의 대물
림이나 불평등의 악순환 고리 속에서 살아갈 수밖에 없다. 실제로 부가 세습

되고 있는 자본주의 사회의 불평등 구조가 교육을 통한 계층 이동의 기회제공 노력으로 완화되거나 없어지는 것은 불가능에 가깝다. 따라서 교육 이외에 적극적인 복지 지원을 통해서 보호의 안전망이 강화되어야 한다.

〈새장 속 보호만이 진정한 보호인가〉

2) 참여와 책임

참여는 청소년에게 아동과는 다른 수준에서 사회참여의 기회를 갖도록 하는 것이다. 청소년 참여에는 그들이 미래와 동시에 현재 사회에 중심이 되는 중요한 구성원이라는 관점이 강조되어야 한다. 또한 낮은 출산율로 인해 사회에서 청소년의 역할이 점차 커지고 있다는 점에도 주목해야 한다. 참여에는 당연히 책임이 뒤따른다. 이러한 책임은 크게 두 가지로 나눌 수 있다. 하나는 개인을 둘러싼 환경이 개인에 대해서 갖는 책임이고, 다른 하나는 한 개체가 자신을 둘러싼 다른 사람과 환경에 대해서 갖는 책임이다. 청소년에 대한 사회의 책임은 보호의 원칙에서 살펴보았기 때문에 여기서는 청소년이 다른 청소년과 성인 그리고 사회에 대해 갖는 책임을 논의하려 한다.

청소년은 이미 정치, 경제, 사회, 문화, 예술 각 분야에서 다양한 방법과 경로를 통해서 참여하고 있다. 청소년기의 발달특성상 사회의 여러 분야에 참여함으로써 바람직한 성장으로 이끌 수 있다. 그러나 이러한 참여는 청소년이라는 발달시기상 사회적 제약이 따른다. 따라서 여기서 청소년 참여는 기득권을 갖고 있는 성인들이 청소년에 대해 제공하는 기회를 강조하고자 한다. 소외된 청소년에게 더 많은 기회를 제공하는 일은 청소년 참여의 첫걸음이 될 수 있다. 다만, 성인의 이익과 입장에 따라서 청소년에게 기회가 제공되어서는 안 된다.

이와 함께 청소년 참여는 소외된 자신의 회복과 사회와의 기본적 관계의 형성에도 초점을 맞추어야 한다. 이러한 참여는 자신과 다른 사람에 대한 애정으로부터 시작되어야 한다. 기회는 다른 누구에게서 주어질 수도 있지만, 더 좋은 기회를 마련하기 위해서는 자신 스스로 기회를 만들어 내야 한다. 청소년의 참여는 생활의 기회를 창출하는 과정이다. 참여를 통한 기회는 새로운 힘을 부여한다. 그를 통해 청소년 자신과 사회에 대한 권리의식을 갖게 되며, 권리로서의 생활에 대한 자유로움과 소망에 대한 자신감을 갖게 된다. 이러한 '의식화'는 자신의 역량을 강화할 뿐만 아니라 나아가 미래의 자신에게도 영향을 미칠 수 있다. 또한 가정과 또래 청소년 그리고 사회에 긍정적인 영향을 미쳐 함께 능력을 증진하는 촉매가 될 것이다.

이러한 청소년의 참여는 궁극적으로 성인과 동반자 관계를 형성하여 청소년뿐만 아니라 사회에도 유익한 권익과 발달을 성취하는 것을 목적으로 한다.

한편, 책임은 자유로운 인격적 행위로 자신과 사회에서의 행위에 귀속시키는 것을 의미한다. 일반적으로 책임은 역할에 부과된다. 연령의 구분에서도 책임은 자유로운 인격적 행위를 수행할 수 있는 역할을 준거로 그 소재를 따진다. 그래서 아동은 매우 제한적인 책임만을 가진다. 청소년과 아동은 다르다. 청소년은 아동과 성인의 중간 발달단계로서 일반적으로 아동보다는 많이, 성인보다는 적게 사회환경의 영향을 받는다. 생태체계 관점에서 보면 어느 한 체계가 일방적인 영향을 주는 상태란 있을 수 없다. 따라서 청소년들은 아동에 비해서 훨씬 많이 사회환경에 영향을 주고받기 때문에 아동에 비해 보다 많은 책임을 질 수밖에 없다. 그런데 책임이 반드시 청소년이 가족이나 사회에 대해서 갖는 의무만을 의미하지는 않는다. 오히려 청소년이라는 발달시기의 특성상 청소년이 자신에 대해서 갖는 책임이 더욱 강조되어야 한다. 청소년은 건강하게 성장해야 한다. 그러한 성장을 위해서 적절한 영양과 안전 등의 사회적 환경 지원이 필요하지만, 그보다 청소년 스스로 자신의 성장에 긍정적이고 바람직한 사고와 행동을 할 수 있어야 한다. 아무리 좋은 환경을 조성해 주어도 당사자인 청소년의 의지가 없으면 사회가 바라는 성숙한 인간으로서 성장이 힘들며, 청소년의 주체적인 삶을 영위하는 데도 장애가 된다. '청소년헌장'에서도 청소년의 책임에 대해 다음과 같이 명시하고 있다.

> "청소년은 자신의 삶을 소중히 여기며 자신이 선택한 삶에 책임을 진다. 청소년은 가정·학교·사회·국가·인류공동체의 성원으로서 자기와 다른 삶의 방식도 존중할 줄 알아야 한다. 청소년은 삶의 터전인 자연을 소중히 여기고 모든 생명과 더불어 살아간다. 청소년은 자신의 삶과 관련된 정책결정 과정에 민주적 절차에 따라 참여할 권리를 가진다."

〈손 들고 참여하고 참여한 이유를 알고 책임지고 즐겁게~〉

또한 이러한 참여에는 청소년들이 반드시 책임이 뒤따른다는 것을 인식함으로써 처음부터 결과와 평가를 고려한 책임 있는 참여의 자세를 확립해야 한다. 이를 통해서 더불어 사는 연대의식과 자기 스스로를 책임지는 자립의 기초를 닦아야 할 것이다.

3) 자립

자립(self-help)은 신체적 · 정신적 · 사회적 발달에 필요한 힘을 확보하는 일이다. 즉, 자신의 삶을 주체적으로 통제하며 살아간다는 뜻이다. 한편, 자립은 '다른 사람의 힘에 의하지 않고 자신의 힘으로 서는 것'을 말한다. 일상적으로는 자신이 원하는 방향으로 행동을 이끌고 조절할 수 있는 능력이다. 이 의미는 간혹 자율과 혼동이 되는데 자립이 보다 포괄적인 의미로 사용된다. 자립은 생활을 해 나가는 데 있어서 필요한 소득을 스스로 확보하는 경제적 자립이 기초가 된다. 그리고 이를 토대로 사회 안에서 어울려 살아가면서 자기의 입장을 확고히 갖고 다른 사람과 관계를 잘 맺고 살 수 있는 사회적 자립, 궁극적으로 자율적인 태도와 생활방식을 갖고 만족스럽고 질 높은 삶을 추구하는 정신적 자립의 세 가지 요소를 포함하는 개념이라고 볼 수 있다.

정신적 자립에는 자주성, 자발성, 자기결정력이 있다. 또한 기본적인 생활습관과 사회생활기술의 습득은 사회적 자립의 측면이고, 취업과 사회규범의 학습은 경제적 자립을 전제로 한 정신적 자립이며, 노동에 있어서 수입을 얻는 것은 경제적 자립이다. 이와 같은 경제적 · 사회적 · 정신적 자립은 병렬적인 위치에 있는 것이 아니라 상호 연결되어 있는 중층구조의 관계로 표현할 수 있다.

인간이 자립하기 위한 전제는 경제적으로 온전히 설 수 있어야 한다. 자본주의 사회에서 경제적 자립을 위한 보편적인 방법은 취업을 통한 소득의 획득이다. 이러한 경제적 자립을 기반으로 원만한 인간관계의 발전과 사회인

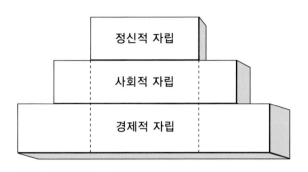

[그림 3-1] 일반적인 '자립'의 개념구조

출처: 望月彰(2004).

으로서의 자립, 즉 사회적 자립이 촉진될 수 있다. 또한 이를 토대로 나아가 정신적 자립을 성취함으로써 다른 사람의 힘에 의해서가 아닌 자신의 힘으로 삶을 구성하고 앞으로 나갈 수 있다. 이러한 세 가지 요소를 통해서 자립의 전체적인 상(像)이 달성된다. 이 세 가지 요소는 상호 깊이 연관된다. 물론 반드시 단계적 진행이 이루어지는 것은 아니다. 한편, 자발성과 자립심을 포함한 정신적 자립은 전체를 관통하는 것으로서 이해해야 한다(望月彰, 2004).

또한 자립을 다른 사람에게 의존하지 않고 자신이 원하는 대로 살아갈 수 있다는 측면에서 본다면, 자신의 목표를 설정하여 과제 및 목표의 방향으로 살아가는, 즉 삶을 원하는 방향으로 살아가는 데에 따른 자유라고 할 수 있다. 자립은 인간적인 자유를 확보하기 위한 것이라고 볼 수 있다. 한편, 다른 사람에게 의존하지 않는 상태의 측면에서 보면 전통적으로 빈곤과 차별, 장애 등 세 가지 억압적 요소가 있다. 이러한 세 가지 억압적 요소로부터 사람이 해방될 수 있는 과제로서 평화, 자립, 발달을 제시할 수 있다(小川利夫, 高橋正教 편, 2001).

그런데 청소년에게 있어서 자립은 세 가지 요소가 더 제시되어야 한다. 창의성과 자율성 그리고 협동성이다. 그런데 이 세 가지 요소는 독립적이라기보다는 상호 유기적으로 연관성을 맺고 있다. 자율이 없이 쉽게 창의성을 나타날 수 없으며, 협동성이 없는 창의성은 의미가 반감되고, 자율을 기반으로 하지 않은 협동성은 인간의 상상력과 행동을 구속할 뿐이다. 따라서 창의성과 자율성, 그리고 협동성은 상호 불가분의 관계를 맺는다.

'자립'의 핵심은 개인의 자립으로서 '일'과 사회적으로 협력하는 마음을 갖는 '의식'이다. 일을 통해 사람들은 사회적 관계를 유지·발전시키며 상호 협동과 참여의 기초를 만든다. 또한 이를 바탕으로 생활의 안정을 이루며 문화와 여가 생활을 누릴 수 있다. 궁극적으로 일은 자아실현의 기회를 제공할 수 있다. 그동안 자립을 경제적인 관점과 개념으로만 이해했기 때문에 자립의 원초적 수단으로서 일의 본연의 의미를 강조하지 못했다. 이러한 일은 개인적인 수준의 요소로 그치지 않는다. 사회의식도 내포되어 있다. 사회의식은 함께 살아가는 데 필요한 도덕과 윤리 그리고 연대정신이라고 볼 수 있다. 함께 잘 살 수 있는 환경과 질서를 구성하는 기초가 된다. 대등한 위치에서 사람들이 서로 기대는 의존성은 신분과 연령에 관계없이 요구된다. 이러한 의존성이 잘 형성되어 있는 사회일수록 상호 간의 평등의식을 발전시킬 수 있다. 다원화 사회에서 사람들의 의식은 획일화된 형태로 나타나지 않을 수 있다. 그러나 자립과 관련한 다른 사람과의 관계가 중요하다는 인식은 인간관계에서는 물론 인간과 환경 그리고 환경과 환경을 바라보는 인간의 시각형성에도 중요하다. 결국 자립은 함께 사는 삶을 통하여 만족을 느껴 나가는 정신

〈주체적인 삶의 자세-내가 그리는 삶〉

인 동시에 실천적 활동이라고 볼 수 있다.

4) 연대

연대는 사회구성원들이 상호 간 또는 사회환경과 상호의존하고 있다는 의식을 말한다. 즉, 같은 세대와 공간에 살고 있는 사회구성원으로 공통적으로 갖는 소속감을 말한다.

미래사회에 어떻게 살 것인가? 물론 이것이 오늘날만의 과제는 아니었겠지만, 문명사적 대전환기를 맞이하여 빠른 속도로 변화하는 세계에서 살아가고 있는 우리에게는 이전 어느 때보다도 심각한 도전이라 할 수 있다. 개인주의 문화와 노동의 대가가 강조되면서 극도의 자본주의 사회로 몰아가고, 그 속에서 인류는 엄청난 물질적 풍요를 누리고 있는 동안 부의 양극화와 개인의 소외는 가속화되고 있다. 한편, 개인화 현상이 발전의 원동력이 된 측면도 없지 않지만, 극단의 개인적 세계의 구축은 새로운 문제를 나타낼 수 있다. 겉으로는 침범하기 힘들어 보이는 사적 영역의 견고한 구축은 개인의 자유와 비밀을 철저히 보장하고 있는 듯하다. 그러나 실상은 거대한 세계(구조)에 통제를 받는 '공개된 개인'으로 살 가능성이 점차 높아진다. 즉, 사적 비밀의 유지와 보장으로 인식해서 스스로 만족감은 크지만 역설적으로 자신만이 비밀이라고 생각하는 것이 공공의 필요에 따라서 전체에 공개되고 있는 세계에서 살아가고 있다는 것이다. 그럼에도 불구하고 개인의 입장에서 보면 허울 좋은 사적 세계의 보장에 대한 물리적·심리적 강화는 개인과 개인, 개인과 집단 간의 단절을 가져와 개인의 입장에서는 주어진 정보와 사실 외에는 접근하기 어렵게 한다.

이런 상황을 벗어나는 하나의 통로로 사회적 상호 연대에 주목해야 한다.

사회적 상호 연대는 개인의 자유를 침범하는 것이 아니라 개인에게 더 큰 자유와 자율 그리고 선택을 주는 결과를 가져올 수 있다.

또한 '우리는 왜 연대해서 살아야 하는가'에 대한 최소한의 논리는 역설적으로 이기주의적 사고에서 비롯된다. 사회정의는 타인에 대한 불안과 공포에서 필요성이 강조될 수도 있기 때문이다. 사회정의의 실현이 가진 자들에게는 자신의 부(경제, 문화, 정치 등 사회 제반 요소)를 지킬 수 있고, 갖지 못한 자들에게는 사회적 불만과 가진 자에 대한 시기심을 완화시켜 줄 수 있고, 이를 통해 사회 안정을 추구할 수 있다는 면에서 지지될 수 있다. 비록 이와 같은 인식이 가장 기초적인 사회적 관계의 전형이라 하더라도 이런 관점에서만 연대의 필요성을 강조하는 것은 가치 지향적 인간의 생활과 행복의 관점에서 볼 때 별 큰 매력이 없다.

자기의 안정과 이익을 유지하기 위해 남을 돕는다는 생각은 너무 소극적이며 자신의 행복에도 그렇게 크게 도움이 되지 않는다고 보기 때문이다. 만일 우리가 기왕에 남을 위해서 봉사를 하고 돕는 것이 우리의 것을 안전하게 지키기 위한 행동이라고 생각하는 대신, 타인에 대한 연민과 타인의 행복을 위한 인간적인 행동이라고 생각한다면 어떻게 될까? 이기적인 동기든 이타적인 동기든 지불하는 비용은 동일하다고 볼 수 있다. 어떤 것이 기부자의 행복에 더 기여할 수 있을까? 예를 들어, 내가 구걸하는 사람에게 약간의 돈을 준다고 했을 때 그 사람이 귀찮게 해서 돈을 주는 경우와 그 사람의 처지가 가여워서 돈을 주는 경우에 어떤 것이 더 좋을까? 당연히 동정심 때문에 기부하는 것이 훨씬 큰 행복감을 가져다줄 것이다.

동일한 결과를 가져오는 행위라 하더라도 그 행위에 수반된 동기와 의도의 차이는 행위자의 행복에 적지 않은 영향을 미친다(김비환, 2002).

이제껏 우리는 사회복지의 가장 큰 문제인 빈곤에 대해서 가진 자와 못 가진 자의 이분법적 사고가 기본 바탕이 된다고 생각해 왔다. 이를 토대로 부자의 도덕률과 가난한 사람의 신성한 노동동기를 결합하여 부(소득)의 이전을 통해 평등을 구현하려는 시도로 이어졌다. 앞으로도 이를 통해서 자본주의 사회는 더욱 공고해질 수 있으며 사회 안정을 유지할 수 있을지 모른다. 그리고 경제적 생산성을 제고할 수도 있다. 그러나 여전히 부의 편중 문제는 계속 제기될 것이고 이는 심리적인 문제를 수반한다. 거대한 사회에서 점차 부

유해지는 부자는 그들이 원하는 좋은 세상에서 더욱 풍요롭고 오래 생활하고
싶겠지만, 그렇지 못한 사람들에게 세상은 종말적일 수밖에 없다. 겉으로 보
기엔 가진 자와 못 가진 자가 서로 조화롭게 살면서 사회가 발전하는 것처럼
보이지만 이는 엄청난 파괴력을 갖고 언제 터질지 모르는 폭발물 위에서 살
아가는 것과 다름이 없다.

이제는 우리가 부유한 사람이든 가난한 사람이든 모두가 삶이 행복하다고
느낄 수 있도록 서로의 아픔과 행복을 나누어야 한다. '연대'는 여기에서 시
작되어야 한다. 다원화 사회에서는 '평등'을 넘어서 '평화'의 윤리를 개발하고
이를 바탕으로 사회와 국가 연대의 통제적 질서를 바탕으로 사람들 간의 연
대를 통해서 '함께' 살아가는 복지를 실현해야 한다. 지금까지 우리는 사회복
지를 논의할 때 개인의 존엄성과 개인주의 신념을 견지하기 위해서 끊임없이
개인의 사회적응과 복지를 강조해 왔으며, 사회복지 실천의 궁극적인 초점을

〈모아서 한 모양/다른 맛 같은 달콤함〉

거기에 맞추어 왔다. 그러나 다원화되고 창의성이 중요시되며 언어가 사고를 자극하는 사회에서 어쩌면 부자의 시혜와 가난한 사람들의 복지 사이에서 노동의 윤리를 통한 복지의 균형적 노력은 더 이상 설 자리가 없을 것이다. 그보다는 자본적 창의성과 개별성을 유지하면서 개인과 사회 발전에 지속적으로 기여하기 위해서는 개인의 복지와 함께 공동체의 정신과 유대를 통한 복지 실현에도 힘을 쏟아야 한다(노혁, 2012). 이는 자본주의 정신을 바탕으로 다원화된 사회에서 철저한 자기성찰을 통해 공동체적 삶을 추구하는 일이고, 청소년복지의 원칙과 이상점을 여기에서 찾아야 한다.

종합하면, 청소년복지의 원칙은 청소년에게 안전한 사회환경을 제공하여 기본적인 성장 기반을 마련하고(보호), 성숙을 위한 다양한 사회적 기회를 제공하고 사회적 책임감을 높이며(책임), 이를 토대로 스스로 사회적 기능을 하고 생활능력을 향상시켜 자기만족을 하는 인간으로서 설 수 있도록 하여(자립), 사회적 역할과 기여를 함으로써 궁극적으로 다른 사람들과 더불어 행복을 느끼고 살아갈 수 있는 기초(연대)를 마련하는 데 있다. 이를 통해서 청소년은 안전감과 소속감을 갖게 되어 그것이 자존감으로 연결되고 궁극적으로 자아실현을 구현하는 기초가 될 수 있다(노혁, 2012).

■ 표 3-1 ■ 청소년복지의 기본 원칙

원칙	지향점	관점	사회와의 관계	목표
자립	청소년의 역량 전개	청소년	사회역할	자아실현
연대	세대 내, 세대 간 협동과 바람직한 관계 형성을 위한 사회통합 역할	청소년	사회기여	자긍심과 자존감
참여와 책임	청소년에게 사회적 기회제공	사회	기회제공	소속과 책임감
보호	청소년의 성장 동기부여	사회	사회안정	안전감

3. 청소년복지의 개입방법

1) 예방적 접근

예방적 접근은 청소년과 가정의 문제 또는 장애를 가져올 수 있는 요소를 사전에 제거하거나 완화시키는 데 목적이 있다. 대다수의 문제는 치료보다는 예방이 경제적으로 더욱 이익이다. 자동차를 몰다가 길거리 한가운데 차가 서게 되면 당황한다. 간단한 응급처치를 알고 있다면 몰라도, 그렇지 않다면 견인차를 불러서 정비소까지 이동을 해야 한다. 미리 냉각수를 점검하면 별문제가 생기지 않았을지도 모를 일이었지만 견인차 임대비용과 수리비용 등 경제적인 부담뿐만 아니라 시간 낭비까지 감수해야 한다. 이처럼 문제는 발생한 다음에 처리하는 것보다는 예방이 여러 측면에서 더욱 바람직할 수 있다. 그런데 예방은 자원투자에 대한 결과가 비가시적(invisible)이기 때문에 정확성이 의심되고 낭비가 될지도 모른다는 인식을 상당히 갖고 있다. 예를 들어, 겨울에 감기를 예방하기 위해서 독감예방주사를 맞았을 때, 감기에 걸리지 않고 겨울을 보냈다면 독감예방주사의 효과성을 평가하기보다는 괜히 예방주사를 맞았다고 생각하는 경우가 적지 않다. 미시적인 관점에서 예방적 접근은 문제가 발생하지 않았을 경우 낭비라는 시각을 가질 수 있다. 게다가 청소년의 경우처럼 여러 가지 다른 예방적 접근방법이 필요하지만 그에 대한 결과는 당장이 아니라 그들이 성인이 되어서 나타날 수밖에 없기에 더욱 그렇게 느낄 수 있다. 그러나 청소년비행은 현재에도 심각한 사회문제가 될 수 있지만 문제청소년이 성인이 되어서 더 큰 범죄를 저지를 수 있다는 점 때문에 더욱 관심을 가져야 한다. 이런 관점에서 청소년비행 예방을 위한 적극적인 방법으로 각 지역마다 농구장을 설치해서 운용한다고 했을 때, 지역마다 농구장을 설치하여 운용하는 것이 과연 청소년비행을 예방하는 데 효과적일 수 있는지에 대한 판단은 쉬운 일이 아니다. 더욱이 사회가 청소년에게 건강한 성장의 기회를 제공한 결과를 어른이 되어 바람직한 사회적 삶과 연계하여 측정하여 상관관계를 밝히는 일은 쉽지 않다. 그렇지만 예방적 접근은 청소년에게 제공되는 환경이든, 청소년과의 관계든 어떤 것이든지 청소년의 현재 생활을 향상시키고, 보다 나은 조건에서 청소년이 성장할 수 있는 기회를 만든다.

또한 성인이 되어서도 나약하고 의존적인 삶을 영위하지 않기 위해서는 청소년기에 적당한 어려움이 요구되지만 그러한 도전이나 어려움은 청소년이 감당할 수 있는 수준의 것이어야 한다. 다시 말해서, 청소년을 보호하되, 과잉보호가 되어서는 안 되고, 방임이 되어서도 안 되는 중간 지점을 탐색하는 일은 끊임없는 관심과 기술적인 능력이라 볼 수 있다.

따라서 예방적 접근은 제도와 환경 면에서 청소년에게 적당한 성장의 기회를 제공하고 능력을 향상시킬 수 있는 일반적인 방안을 추구해야 하며, 이와 더불어 청소년과 그들을 둘러싼 가족과 또래집단, 지역사회에는 청소년의 특성을 고려하여 적절한 사회수용과 기술, 능력을 심어 주는 데 힘써야 한다.

2) 치료적 접근

예방을 아무리 잘해도 문제는 발생한다. 이에 대한 신속한 개입과 치료가 이루어진다면 빨리 회복될 수 있지만, 그 속도나 양과 질이 충분하지 않다면 또 다른 문제를 야기할 수 있다. 여전히 치료적 또는 문제해결적 접근방법은 청소년복지 개입의 핵심이 된다.

청소년은 발달과정에서 많은 문제를 유발할 수밖에 없다. 그것이 잠재되어 있는 문제든지, 표출되는 문제든지, 해결함으로써 청소년을 안정시켜야 한다. 그렇게 되어야만 가정과 사회의 안정도 뒤따를 것이다.

일반적으로 치료적 접근은 직접적 개입의 중요한 수단으로 인식된다. 비행청소년에게는 직접 상담을 하여 현재 문제행동을 완화 또는 제거하고 유사한 일과 행동이 발생하지 않도록 돕는다. 그러나 청소년이 일으키는 문제는 매우 복합적이어서 청소년을 통한 직접적인 개입으로 충분하지 않을 때가 많다. 따라서 청소년을 둘러싼 가정, 학교, 지역사회를 하나의 체계들(systems)로 이해하여 체계 상호 간의 관계를 조정하고 개입하는 데 주안점을 두어야 할 것이다.

한편, 흔히 사회복지 문제해결과정이나 치료에 대해서 논의할 때 정상화(normalization)를 언급한다. 간혹 문제청소년의 사회적 해결 목표를 정상화에 두기도 한다. 정상화에 대해서는 사회 주류에 편입되는 과정이라고 볼 수 있다. 청소년의 문제는 해결되거나 완화되어야 한다. 그러나 정상화란 논란의 여지가 많다. 청소년이 문제를 갖고 있다는 것은 현재 문제로 인해 정상적인 발달과업을 성취하기 힘들며, 자신뿐만 아니라 다른 사람들에게 바람직하지 못한 결과를 나타내는 것이라고 볼 수 있다. 그런데 우리는 문제를 해결할 때 이전의 상태 또는 청소년의 미래를 고려하여 더 나은 상황으로의 변화에 목표를 두기보다는 은연중에 청소년이 사회 주류에서 이탈하지 않는 범위의 정도까지만 목표를 설정한다. 자칫 이러한 치료적 접근은 청소년과 그들이 갖고 있는 문제를 획일화시킴으로써 진정한 문제해결에 장애를 가져올 수도 있다.

3) 개발적 접근

사회복지의 일차적 목표는 복지 소외계층을 돕는 데 있다. 즉, 구호 또는 치료적 목적 달성을 위한 노력이라고 볼 수 있다. 이에 더하여 현대사회로 진입하면서 사회복지는 국민 전체의 행복을 도모하여 사회적으로 행복할 수 있는 여건을 마련하는 동시에 사회의 다양한 문제를 예방하는 데도 초점을 맞추고 있다.

이제는 사회복지가 구호적 · 예방적 역할을 초월하여 국가의 발전 목표를 달성함에 있어 구체적인 개발목표를 달성하도록 요청하고 있다. 다시 말하면, 사회복지를 발전과정에 직접적으로 기여하도록 그 개념과 활동을 정립하

고 있다. 이런 경우 사회복지활동은 하나의 변화촉진 담당자(change agent)로
서 기능하게 된다. 정보화, 국제화, 세계화 등을 수용할 수 있는 사회구조의
전환 촉진을 지원하면 변화과정에서 발생되는 사회적 불만이나 충격을 흡수
하여 사회 안정과 개인생활의 안정을 도모하는 방파제(safeguard) 또는 충격
흡수장치(shock absorbing mechanism)의 기능을 담당한다. 뿐만 아니라 사회
복지는 산업화와 기술혁신의 발전과정에 소요되는 인력양성의 온상 역할을
수행하게 된다(어윤배, 1996).

사회복지가 사회 개발적 기능 또는 역할을 한다면 그 중심 대상은 오히려
청소년이 될 수 있을 것이다. 청소년복지에 있어서 개발적 접근은 복지영역
안에서 상호보완성을 찾는 가능성을 탐색하게 될 것이다. 이러한 개발적 접
근은 현재 및 미래의 주요한 인적 자원인 청소년의 역량을 증진시켜 사회적
부(wealth)를 확대하고 발전에 기여하는 데 목표를 갖고 있다. 따라서 이러한
청소년복지의 개발적 접근의 성취는, 결국 고령화 사회에서 점증하는 노인인
구가 사회경제적으로 안정되고 질 높은 삶을 영위할 수 있는 지점과 맞닿을
수 있다. 이것은 청소년복지의 개발적 접근의 의미와 영향을 더욱 뚜렷하게
보여 주는 방향이 될 것이다.

청소년복지의 개발적 접근과 노인복지의 안정성과의 상호관계를 모색함
으로써 개발적 접근은 앞으로 사회복지가 가져야 할 사회적 기여에 대한 논
의를 촉발시키는 요소가 될 수 있다.

개발적 접근은 구호와 예방적 접근의 토대 위에서 이루어져야 한다. 이를
기반으로 청소년은 나름대로 갖고 있는 자질과 특성 그리고 능력의 범위에서
스스로 행복을 추구하고 기초적인 경제와 사회생활 능력을 갖도록 도와주어
야 한다. 아울러 사회복지가 갖고 있는 정의를 적용함으로써 가정과 사회 여
건이 불충분하여 정상적인 직업교육과 생활능력을 갖출 수 있는 소양과 기술
을 습득하지 못한 청소년에게 더 비중 있는 서비스가 제공되어야 한다. 이는
성인과의 경쟁에서 적응할 수 있는 기회여야 할 뿐만 아니라, 장차 성인이 되
어서 자신의 현재 처지에 만족하지 못한다면 이를 극복하는 계층이동의 수단

이 되어야 한다. 궁극적으로 개발적 접근은 청소년에게 현재와 미래를 동시에 고려한 자립 환경 조성 프로그램이 그 내용이 되어야 한다. 이러한 개발적 접근은 청소년 개인의 성장과 발전을 목표로 할 뿐만 아니라 사회적 총량의 행복을 위한 미래지향적 방향을 담아내야 한다. 예를 들어, AI 시대에 사람이 할 수 있는 일과 그에 대한 윤리와 직업적 준비뿐만 아니라 생활양식의 변화까지도 예측하고 이해하도록 노력해야 한다.

이를 위한 프로그램과 서비스로는 직업교육과 직업보호뿐만 아니라 다음의 내용도 강조되어야 한다.

(1) 인간 자원 개발

사회복지의 의도가 어떠하든, 소외 또는 일반 청소년에 대한 복지지원은 자연스럽게 건실한 사회자원을 보호하고 개발하는 기능을 하게 된다. 청소년의 능력과 기회를 개발함으로써 청소년의 현재 삶을 풍요롭게 하고 미래지향적 삶의 의미를 추구할 수 있는 방향으로의 인적 자원 개발은 청소년을 위한 개발적인 복지의 중심으로 볼 수 있다.

(2) 올바른 시민의식 정립

개발복지는 문명의 혁신을 뒷받침하는 문화에 더 많은 초점을 맞추어야 한다. 더욱이 청소년에게 있어 바람직한 공공의 시민의식은 문명사적 대전환기에 있어서 가장 필요한 덕목이 될 수 있다. 개발을 위한 시민의식은 상호관계에 최우선을 두어야 한다. '나-너'의 관계를 통해 사회적 평등과 행복을 추구하고 그 가운데서 자신의 복지를 증진시키는 방법을 모색해야 하는 방향으로 시민의식이 정립되어야 하며, 다른 사람과의 바람직한 삶의 관계를 기본적인 가치로 삼아야 한다.

(3) 문화적 지원 확대

청소년에 대한 문화적 지원은 청소년에게 올바른 여가선용의 기회를 확대함으로써 사회의 중요한 자원으로서 재생산을 위한 휴식을 갖게 한다. 또한 이를 토대로 자신과 사회에서 조화로운 기능을 모색하는 데 기여한다. 이와 더불어 문화적 지원은 청소년에게 그들이 살아갈 사회에서 올바른 가치와 규범을 내면화시키고 바람직한 사회적 관계를 형성함으로써 건전한 사회인으로서 자신의 미래를 긍정적으로 설계하고 기획할 수 있는 기회를 제공한다.

특히 문화적으로 소외되어 있는 빈곤계층 청소년들에게는 어려운 경제적 여건으로 자신의 취향과 능력을 발견할 수 있는 여유와 기회를 제공하는 측면에서 더 소중한 지원방안이 될 수 있을 것이다.

(4) 미래지향적 윤리와 생활태도

사람이 기계문명을 활용하여 사회발전을 이루는 단계를 넘어서 사람과 기계(로봇 등)가 함께 대등한 위치까지 공존할 수 있는 미래가 다가올 수 있다. 그렇지 않아도 사람의 체세포 복제 등 의학기술의 발달은 어디까지 확장될지 가늠하기 어렵다. 분명 이전과 다른 사회환경에 점점 더 부딪히게 될 수 있다.

이런 과정에서 과학과 사회 발전 못지않게 지나쳐서는 안 될 것이 그를 수

〈보호, 치료, 개발 등 여러 방면으로 이루어져야 하는 청소년복지/
같이 메모지를 떼어 줄 수 없을까?〉

용하는 태도이다. 즉, 미래에 대한 감수성이다. 이러한 감수성은 포괄적인 윤리 또는 나와 타인의 삶 그리고 사회를 대하는 생활태도에 대해 새로운 눈을 가지는 핵심 요소가 될 것이다.

4. 청소년복지의 기초: 권리로서의 복지 _____

복지권(welfare rights)은 사회적 권리이지만 권리에 대한 소극적 의무의 범위에는 포함하지 않는 편이다. 그러나 인권이 단순히 자유와 평등에 대한 보장 등 사법적 의무로 명시될 수 없다면 명확하지 않다는 것이다. 즉, 구속으로부터의 자유, 각종 차별로부터의 평등처럼 국가가 다른 사람의 권리를 침해하지 못하게 하는 회피와 보호의무와는 달리 국가가 욕구에 따라서 자원과 서비스를 하는 사회적 권리는 명료하지 않고 또한 보편적이지 않을 수 있다.

실제 동성애를 차별하지 않는 일을 실현하는 법적 규정(동성애자 결혼의 법적 허용)은 가치의 문제로 귀결될 수 있다. 그러나 사회구성원의 빈곤과 결핍에 대한 대응은 불가피하게 자원과 서비스가 제공되어야 마땅하기 때문에 사회가치의 문제와 함께 자원의 한계와 배분의 정의까지 포함된다.

그럼에도 불구하고 오늘에 와서 복지권은 인권의 한 부문으로 자리매김하는 추세이다. 역설적으로 복지권은 가장 명확한 인권의 표현이 될 수 있다. 사람은 생명을 가진 존재이고 살아가는 존재이다. 만일 실존에 필요한 최소한의 욕구가 충족되지 않는다면 자유, 평등, 차별금지 등의 가치들이 갖는 의미는 모호해진다.

19세기 이후 복지권은 국가 존재의 이유 중 하나로 이해되고 있다. 특히 빈곤에 관해서 빈곤이 한 개인의 문제가 아니라 복잡해진 사회적 관계 속에서 일어날 수 있는 사회경제적 문제이며 그에 따라 국가와 사회는 복지에 적극적인 의무를 가져야 한다는 분위기가 이어져 오고 있다. 이러한 사회권으로서 복지에 대한 국가의 의무 실현은 개인보다 가족 위주이며 노동력이 있는 성인들이 대상이 되었다. 따라서 아동은 가정을 중심으로 한 보호의 대상으로서 복지권의 그물 안에 있었다.

그런데 아동과는 다른 조건과 상황을 안고 있는 청소년이 하나의 계층으로 등장하면서 이에 대한 복지적 권리 논의는 여전히 아동과 가정에서 복지망으로 담보될 수 있다고 본다. 하지만 청소년복지의 위상과 권리에 대한 진지한 논의가 있었던 것은 아닌 듯하다.

그동안 청소년은 정책 또는 보호의 대상으로서 명확한 실체가 없는 상징적인 의미를 가진 존재로 인식되어 왔거나, 사회성원으로서 기본 자격과 권한이 주어져 있지 않았기 때문에 원천적으로 사회적 권리를 주장하기 어려웠다. 따라서 그간의 청소년을 위한 복지적 관심은 사회성원으로서의 권리의 박탈 또는 소외에 대한 반응이라기보다는 기성세대의 도덕적 책무라고 보아 왔다. 그런데 이러한 관점은 성인들의 상황 변화에 따라 자의적으로 해석되어 왔으며, 청소년을 조금 소홀히 한다고 해도 사회체제를 운용하고, 유지하고, 지속시키는 데는 별다른 지장이 없다는 생각에서 비롯되었다. 다시 말해, 청소년의 권리는 온전한 권리로서 이해되지 않고 기성세대의 시혜적 태도 안에서 제한된 수동적 권리로서만 받아들여져 왔다. 이제는 사회적 권리를 청소년에게 부여하고 그에 따른 일정한 책임을 부과함으로써 청소년의 창의성이 중요시되는 사회에서 그들 스스로 생활경험을 학습하고, 성인이 될 때까지 삶의 과정을 유보하는 시기가 아니라 삶의 주인으로서 청소년기의 삶을 향유할 수 있는 의식을 고양시켜야 한다.

5. 청소년복지의 발달과정

청소년 또는 청소년기에 대한 독자성을 인정한 역사는 그리 오래되지 않았다. 1900년대에 들어오면서, 자본주의와 민주주의의 발전이 가속되고, 산업화와 이에 따른 교육이 대중화됨으로써 청소년과 청소년기를 생애 발달에서 독자성을 가져야 하는 때로 깨닫게 되었다. 이와 더불어 청소년이 갖는 사회적인 힘도 점차 커져 갔다. 특히 다원화·지식중심의 사회로 전환되는 오늘날에 있어 개인과 사회의 창의적 역량은 그 어느 때보다도 강조되고 있다. 창의성은 산업사회에서 중요시되어 온 숙련에 따른 사회적 힘의 분배를 점차 무의미하게 만들고 있으며 이에 따라 청소년의 사회적 위상도 점점 높아지고 있다.

한편, 사회복지에서 청소년은 대상 연령 구분에 대한 논란으로 아동복지와의 뚜렷한 구분이 어려워 독립적인 분야로 형성되기 쉽지 않았다. 아직도 사회복지에서 청소년은 「아동복지법」과 아동복지제도 안에서 다루어지고 있다. 이러한 흐름 속에서 청소년복지의 필요성과 독자성은 사회복지보다 국가청소년정책의 수립과 시행과정으로부터 제기되었다. 1988년 당시 체육청소년부(현 문화관광부)가 생기면서 그동안 흩어져 있던 청소년 관련 정책이 일관된 정책으로 추진될 수 있는 전환기를 맞이한다. 이어 1990년 「청소년기본법」이 제정되고, 뒤이어 「청소년보호법」이 마련되었는데, 「청소년기본법」에는 충분하지는 않지만 청소년을 위한 복지지원의 범위와 내용이 수록되었다. 이처럼 청소년복지는 사회복지에서 대상별 영역 중 하나의 영역으로 연구·발전되었다기보다는 국가청소년정책의 한 부문으로 제시되면서 사회복지분야의 관심을 촉발하게 되었다. 그 시작이야 어떻든 청소년을 위한 법과 제도 그리고 정책의 형성과 시행은 사회복지에서 청소년복지의 필요성을 인식시키고 하나의 분야로 정립할 수 있는 가능성을 열어 주었다.

사회복지 관점에서 이 과정을 좀 더 구체적으로 살펴보면 우리나라의 청소년복지 발전은 크게 다음과 같이 구분할 수 있다.

1) 청소년복지를 위한 태동기(1987년 이전): 사회복지학 관점

이 시기는 「아동복지법」의 테두리 내에서 청소년에 대한 보호와 지원이 이루어진 시기이다. 특히 근로청소년, 비행청소년, 장애청소년 등 요보호청소년(아동)에 대한 복지지원에 초점이 맞추어졌다. 근로청소년과 장애청소년 등에게 경제적인 지원뿐만 아니라 교육적인 지원을 시작하여 청소년복지의 잠재적인 기반을 마련하였다. 그러나 장애청소년의 경우 청소년 후기 연령층 장애청소년에 대한 교육기회와 여건은 여전히 열악했다. 근로청소년도 산업체 부설학교를 통해 학업기회를 확보하고, 근로청소년회관과 임대아파트를 건립하는 등 많은 지원이 있었지만, 지속적인 산업화에 필요한 노동력 확보를 위해 최소한의 복지를 지원하는 데 그쳐, 근로청소년의 행복한 생활과 복지권을 고려한 충분한 지원은 되지 못했다. 또한 비행청소년에 대한 보호와 선도가 이루어졌지만 그 주된 목적은 비행을 예방하기 위해 청소년을 통제하고 처벌하는 데 두었다. 그 대표적인 사례가 「미성년자보호법」(1990년 폐지)이라고 볼 수 있다. 이 법은 미성년자의 보호를 목적으로 제정되었으나 통제와 처벌을 위주로 한 법 집행의 강화 등으로 여전히 청소년을 문제를 일으키는 대상으로 인식하고 있다. 따라서 청소년이 사회로부터 받는 불이익에 대해서는 적극적으로 옹호해 주지 못하였다.

이처럼 이 시기에는 청소년의 권리와 복지라는 인식보다는 긴급구호의 방편이나 사회 안정이라는 목표에 더 많은 초점이 맞추어졌다(이용교, 1999). 그러나 일정 연령(18세 미만) 청소년 노동에 대한 보호가 이루어지고 청소년비행의 사회적 선도방안이 확대되는 등 청소년의 생활을 둘러싼 새로운 관심들이 생겨남으로써 청소년복지를 태동시킬 수 있는 긍정적인 기틀을 제공했다고 평가할 수 있다.

2) 청소년복지의 포괄적인 관심기(1987년부터 1992년까지): 청소년학 관점 등장

이 시기에 들어서면서 청소년복지는 새로운 전기를 맞는다.

1987년 11월에 「청소년육성법」이 제정되고, 이어 1991년에 이 법을 폐지하고 개정한 「청소년기본법」이 제정됨으로써 청소년정책은 기본 법제를 갖

게 된다. 더욱이「청소년기본법」을 모태로 2003년 제정된「청소년복지지원
법」은 비록 청소년관련 복지의 제한적인 규정이 제시되어 있지만, 청소년복
지를 위한 별도의 법률이라는 의미를 갖는다. 이렇듯 청소년정책을 추진할
수 있는 제도가 마련되는 과정에서 청소년복지는 청소년정책의 한 부문으로
서 제시된다. 이처럼 사회복지분야가 아닌 청소년정책을 수립하고 시행하는
지점에서부터 청소년복지에 관심이 일어나기 시작했다. 이러한 관심은 사회
복지분야에서 청소년복지에 대해 활발하게 논의할 수 있는 환경을 촉발시키
는 계기가 되었다.

그런데 이 시기에 실제 청소년정책에 나타난 청소년복지에 대한 규정은 사
회복지의 시각에서 보면 매우 포괄적이고 미흡해, 구색을 맞추기 위한 선언
적 성격을 벗어나지 못한다고 평가될 수 있다. 다만, 청소년쉼터 확충과 비행
청소년을 위한 사회봉사명령제도의 활성화 그리고 청소년상담시설의 확대
등 청소년복지와 관련된 다양한 사업과 정책이 이루어져 청소년복지에 대한
포괄적인 관심을 가진 시기로 볼 수 있다.

3) 청소년복지 정립기(1993년부터 2005년까지): 사회복지학과 청소년관련 학문의 분리

1993년부터 시행된 청소년지도사 자격시험에 '청소년복지론'이 독립교과
목으로 등장하면서 청소년지도자 자격시험교과목인 청소년복지론 교재가
1993년에 한국청소년개발원(현 한국청소년정책연구원)에서 발간되었다. 이에
따라 사회복지에서도 청소년복지의 방향과 성격, 내용에 대한 논의가 진행되
었다. 그 결과, 사회복지(사업)대학교육협의회에서 1998년도에 정리한 사회
복지학 교과목에 청소년복지가 독립교과목으로 채택되었다. 이로써 본격적
으로 청소년복지의 정체성과 방향에 관심을 기울이기 시작했다.

그렇지만 아직도 청소년복지가 사회복지에서 어떤 위상으로 정립되어야
하는지에 대한 충분한 논의는 이루어지지 않고 있다. 이제 청소년복지는 사

회복지의 새로운 분야로서 성격과 방법 그리고 내용에 대한 경험이 축적되고, 깊이 있게 연구되어야 할 시점에 와 있다.

이와 함께 청소년복지를 주요 교과목으로 가르치는 청소년학과 아동 관련 학과의 협력과 소통을 통하여 통섭적 관점에서 청소년복지의 내용과 방법을 표준화하는 작업도 필요하게 될 것이다. 또한 「아동복지법」과 연계하는 작업도 거시적인 복지 안목에서는 진행되어야 할 일이다.

4) 청소년복지의 발전과 확장(2005년 이후~)

「청소년복지지원법」이 제정되면서 청소년복지와 관련한 법과 제도가 수립되었다. 「청소년복지지원법」은 「아동복지법」과 「청소년기본법」에 근거한 연령, 즉 9~18세까지 청소년을 주된 대상으로 삼고 있다. 이들에게 위기 상황과 교육적 관점의 복지지원을 명시함으로써 형식이나 일부 내용에 있어 우리나라 청소년복지정책과 현실적 방안을 담고 있다고 평가할 수 있겠다.

향후 청소년복지는 법과 제도적 측면에서 아동복지와의 연계성뿐만 아니라 나아가 청소년을 포함하는 청년복지에 대한 사회적 논의를 연계해야 하는 숙제를 안고 있다.

아울러 청소년의 특성과 사회를 조망할 때 청소년복지의 핵심 성격에 대한 정체성을 찾는 데 힘써야 할 것이다.

4장 청소년복지 관련 이론

1. 강점관점

강점(strength)은 궁극적으로 힘으로 전환되기 때문에 강력하다. 임파워먼트(empowerment)를 성취하는 데 기초가 되는 요소이다.

다음 어느 문장에 동의하는가?

첫째, 강점은 다름이다. 둘째, 다름은 약점이다. 셋째, 다름은 강점이 될 수도 있고 약점이 되기도 한다.

우선, 셋째 문장에 동의하려는 유혹을 느낄 수 있다. 왜냐하면 현실에서 당연히 나타나는 현상이라고 볼 수 있기 때문이다.

그런데 '나는 잘생겼다.' 이렇게 자신감에 가득 차서 자기를 평가하는 사람에게 남들과 다르게 생긴 것이 때로는 약점이 되기도 한다고 말하면 납득할 수 있을까? 물론 현실에서 보면 잘생긴 사람은 많은 사람에게 유혹을 받을 수 있기 때문에 간혹 잘생긴 모습이 자신을 바람직하지 못한 방향으로 이끌어 가는 경우도 있다. 또한 이러한 이유로 인해 잘생겼다고 보이는 사람을 사귀기를 꺼려 하는 사람도 있다. 그럼에도 불구하고 셋째 문장은 다름 자체에 대한 관심보다는 그 다름이 사회나 세계에 받아들이는 형식과 방식에 너무 몰입되어 있어 다름이 갖고 있는 본질적인 아름다움을 표피적으로 또는 경박스럽게 수용하는 자세라고 지적할 수 있다.

그렇다면 둘째 문장은 어떨까? 다름은 약점일까? 맞다. 신체 조건이 열악하고 성격이 지나치게 소극적이고 말이 어눌하다면 분명 생활하는 데 어려움이 많다. 실제 다름은 약점일 때가 많다. 또한 내가 다른 사람과는 달리 특이한 성격과 행동양식을 갖고 있다면 약점이 될 때가 있다.

첫째 문장은 어떨까? 둘째와 셋째 문장에 비해서 선뜻 동의가 쉽지 않을 수도 있다. 강점은 다름이다. 다른 사람보다 힘이 세고 똑똑하고 잘생겼다면 다름이기 때문에 '강점은 다름이다'라는 문장에 동의할 수 있다. 그런데 곰곰이 생각하면 그것은 다름이 아니라 평균보다 더 높은 수준의 능력이기 때문에 강점이 되었다. 그렇다면 다름 자체가 강점이 될 수는 없지 않은가? 남들에 비해 현저히 떨어지는 운동신경을 갖고 있거나 낮은 지능을 갖고 있는 것이 도대체 왜 강점이 될 수 있는가?

앞서 세 개 문장은 깊이 따지고 들면 오류가 많은 문장이다. 질문의 전제와 대상에 따라서 전혀 다른 문장을 갖고 따지려 드는 것부터 허점 투성이인 문장이다. 그럼에도 불구하고 강조하고 싶은 것은 강점은 다름이고, 다름에서부터 강점이 나올 수 있다는 것이다.

불행인지 다행인지 모르나 사람은 다르게 태어난다. 다름과 생명 때문에 존엄하다. 그래서 사람 생명 자체는 존경스럽고 고귀한 것이다. 칸트(Kant)에 따르면 존엄은 가치(value)를 따질 수 없는 것이라고 했다. 가치는 사람들에 의해서 인정받고 평가받는 가격이다. 높거나 낮거나 상대적일 수 있다. 그렇지만 사람 자체가 목적인 것이다. 따라서 사람은 평가받지 않고 그 자체가 목적으로서 마땅한 존중을 받아야 한다. 그래서 사람(생명)은 존엄(dignity)한 의미가 내재되어 있는 것이다.

사람은 다르다. 그래서 존엄하다. 그 다름이 나타내는 형태가 바로 가치가 될 수 있다. 강점은 가치 지향적 개념이다. '철수보다 영훈이가 더 잘생겼다'라는 것은 가치평가이다. 이 가치평가는 상황과 시대 그리고 문화에 따라서 달라진다.

한편, '마음먹기 달렸다'라는 말이 아니라 신체(얼굴 생김새, 몸무게, 키, 체형 등) 다름이 우열이 되는 이유는 그 다름을 일반적으로 수용하는 사회문화의 수용태도 때문이다. 즉, '참 잘생긴 얼굴을 가졌다'라는 평가를 받는다면 내 얼굴이 잘생긴 얼굴이라고 판단하는 사회에서 살고 있다는 말이다. 예를 들어, 오늘날 여성 외형은 날씬하고 키 큰 서구형의 여성을 멋지다고 말한다. 그런데 서구형이라는 말 자체는 지금 잘생긴 얼굴은 서구 여성들의 체형과 비슷한 모습이 이상적이라는 것이다. 그러나 조선시대까지는 흰 피부와 후덕한 엉덩이를 가져서 후세를 잘 생산할 수 있는 조건을 갖추었느냐의 판단이 미의 기준이었다.

이처럼 강점이 외부로 표현되고 인정받고 실제 강력한 힘이 되려면 어느 시대와 공간 속에서 노출되느냐가 관건일 수 있다. 다시 말해, 강점은 다른 데 있고, 그 다름이 어디에서 어떤 환경과 어떤 시간에 노출되느냐에 따라서 강점이 되기도 하고 그렇지 않기도 한다. 낚시터에 가는 이유는 고기를 잘 낚기 위해서이다. 그렇기 때문에 낚시터에서는 고기를 잘 잡는 사람이 가장 강력한 사람이다. 때로는 그가 외모가 볼품이 없다 하더라도 고기를 잘 잡는다면 다른 모습과 행위도 멋있어 보일 때가 많다.

사람이 다르기 때문에 사람마다 독특한 면이 있다.

1970년대 전까지만 해도 영화배우의 우선 조건은 잘생긴 얼굴이어야 했다. 그렇지 않고 소위 개성 있는 얼굴은 주연보다는 조연 배역을 담당하는 것이 일반적이었다. 그런데 1980년대 이후 개성 있는 얼굴을 가진 영화배우들이 연기력을 바탕으로 주인공을 맡기 시작했고 대중들의 강한 호응도 얻었다. 당시 몇 십 년 전까지만 해도 상상하지 못했던 일들이 일어난 것이다. 가수도 마찬가지이다. 예전에는 정확한 음정과 박자 그리고 밝고 깨끗한 음색을 가진 것이 가수의 기본 조건이었다면 오늘날 가수의 형태는 다양하다. 노래 실력이 좀 뒤처지더라도 춤을 잘 춘다든가, 아니면 아주 개성 있는 목소리를 가졌다거나 그렇지 않더라도 멋진 공연 구성과 무대 매너를 보이면 인기 있는 가수로 인정한다.

1) 개요

강점은 내가 갖고 있는 내면과 외형 그리고 조건 등 남들과 다르다는 데서 출발한다. 즉, 강점은 남들이 많이 갖고 있지 않은 나만의 독특한 면에서 발견해야 한다. 그것이 성격, 태도, 가치, 윤리, 외모, 신체능력, 예술적 소양, 인사성 등 무엇이든 누구나 다르기 때문에 남과 달리 나만이 갖고 있는 독특한 부분이 있다.

내가 갖고 있는 이러한 독특한 점을 어떻게 다른 사람과 사회에 노출시키느냐에 따라서 강점이 되기도 하고 그렇지 않기도 하다.

그리고 내가 갖고 있는 남과 다른 '무엇'이 강점이 되기 위한 전제조건이다. 이것은 기본 가치와 자세라고도 볼 수 있다.

내 강점이 존중받기 위해서는 상대의 강점도 인정해야 한다. 이것은 인간의 기본적인 존엄 가치로부터 출발한다. 즉, 다른 사람에 대한 존엄과 애정을 가져야 나도 사랑할 수 있으며 이를 통해서 상대의 다름, 즉 강점을 수용하고 이해하고 존중할 수 있을 것이다.

더 나아가 이를 토대로 실제 내가 다른 사람과 다른 것이 강점이 되기 위해서는 다른 사람에 비해 독특한 성향이나 외모, 성격, 재능, 태도 등에 대해서 긍정적인 마음을 갖고 행동하는 것이 필요하다. 즉, 자기효능감을 촉진시키는 생각과 활동에 스스로 몰입해야 다름이 강점으로 드러나고 개발될 수 있다. "저 친구는 좋은 면이 많아. 그리고 참 얼굴표정이 좋아."라고 주변에서 자꾸 말해 주면 자신도 모르게 다시 한번 거울을 보고 긍정적인 표정을 하려고 애쓰며 그것이 반복되면 은연중에 좋은 모습과 긍정적 자세를 갖게 된다.

2) 청소년복지에서 의미

• 청소년복지에서 강점관점은 무한한 가능성이 있는 청소년들이 자신과

타인을 사랑하고 적극적으로 자신을 개발하려는 동기를 갖게 한다.

- 청소년복지 개입은 청소년들이 갖고 있는 잠재력과 다름을 긍정적으로 인식시켜서 이를 현실화하도록 하는 사회복지의 가치를 실현해야 한다.
- 궁극적으로 강점관점은 청소년들에게 자존감을 높이고 이를 통해서 의식을 향상시켜 힘을 부여

〈서로 다른 지문〉

하거나 스스로 힘을 갖는 데 기반으로 활용되어야 한다. 또한 이를 통해서 다른 사람들의 강점을 인정하고 적극 지지하는 태도를 형성함으로써 연대적 정신을 함양하는 데 기초인식으로서도 의미를 갖는다.

2. 적응유연성

영철이와 기문이가 있다. 어느 날 두 친구는 음식점에 가서 식사를 하다가 음식점에 불이 나면서 화상을 입었다. 생명에는 지장이 없었지만 큰 흉터와 아픔이 지속적으로 남았다.

영철은 이미 일어난 일에 대해서 곰곰이 생각했다. '안 일어났으면 좋았겠지만 어디 그게 사람 마음대로 되나? 그리고 내 잘못 때문에 생긴 일도 아니잖아? 그나마 다행이야. 상처가 예쁘게 번져서 좀 더 시간이 지나면 멋진 문신처럼 보이길 바라며 생활하면 돼.'

기문은 영철과 똑같은 일을 당하면서 이런 생각이 들었다. '왜 하필이면 그 시간에 그 음식점에서 식사를 하다 이런 봉변을 당했지? 이제 나는 어떻게 해야 하지? 창피해서 여름에 반팔도 입지 못할 거고, 의사선생님은 가끔씩 가벼운 통증이 커서도 이어진다고 하네. 어떻게 살아야 하지? 나는 뭘 해도 잘 안 될 팔자인가 봐. 우울해. 친구들도 안 만나고 집 밖으로 나가지 않을 거야.'

1) 개요

사람이 갖고 있는 근본적 가치, 예를 들어 인간생명의 존엄과 자유, 평등 등의 가치는 변하면 안 된다. 하지만 삶을 살아가는 생활 속에서 우리는 상황에 따라서 태도와 행동을 바꿔야 할 때가 있다.

누구나 일생을 살면서 우여곡절을 겪는다. 특히 청소년기는 급격한 신체(뇌, 골격, 신장, 내장기관)의 확장과 변화로 인해 위험한 상황에 직면할 가능성이 높은 시기이다. 자아통제력에 곤란을 느껴서 내적인 위험에 부딪힐 수 있으며 충동적이며 즉흥적인 행동이 나타나 외부환경과 갈등을 일으킬 수 있다. 이처럼 청소년을 둘러싼 위험요인들은 청소년의 성장에 큰 어려움을 일으킨다.

그래서 청소년기는 질풍노도의 시기, 변화무쌍한 시기로 사회에 문제행동을 유발시키며 이로 인해 스스로 피폐하고 곤란한 상황에 노출된다고 본 연구들이 많았다. 그럼에도 불구하고 청소년에 대한 또 다른 관심은 위험이 만연한 어려운 상황에서도 어떤 청소년들은 신체적·정신적으로 건강하게 성장하고 위험에 맞닥뜨리더라도 그것을 이겨 내는 모습을 지니느냐 하는 것이었다.

이러한 사례를 설명하는 이론 중의 하나가 적응유연성(resilience)이다.

적응유연성은 갖가지 위험한 상황과 역경 속에서도 실패를 딛고 일어서서 더 높은 곳으로 뛰어오를 수 있는 인식 또는 정신적 힘을 말한다. 부드러운 가지는 꺾기 힘들다. 강한 나뭇가지는 큰 힘을 가하면 꺾이지만 부드러운 가지는 그렇지 않다. '유능제강(柔能制剛)'이라는 사자성어가 있다. 부드러움이 강함을 이긴다는 말이다.

적응유연성은 자아탄력성, 회복력, 회복탄력성, 탄성 등으로 불리기도 하는데 '다시 돌아오는 경향성'을 뜻한다. 우리의 삶과 생활이 항상 평탄하지만은 않다. 때로는 살면서 다가오는 위험(risk) 상황을 피하기 어려울 때가 있다. 적응유연성은 이러한 스트레스와 위험 상황을 극복하고, 바뀐 환경에 적응하는 능력이다. 그런데 이것은 타고나는 능력이라기보다는 살아가면서 향상될 수 있는 것이라고 본다. 이와 같은 적응유연성이 높으면 공감과 문제를 해결하는 능력이 커져 스트레스와 위험 상황에 유연하게 대처할 수 있을 뿐만 아니라 해결과정을 통해서 자신감과 성취감이 증가될 수 있다.

이러한 적응유연성 개념에서 중요한 두 가지 요인이 있다. 위험요인과 보호요인이다. 위험요인은 개인의 심리에 부정적 영향을 주거나 학교, 가정, 지역사회의 일상생활에서 스트레스를 주는 사건을 말한다. 이러한 위험요인에 노출되면 생활 균형이 깨져서 취약성을 갖게 된다. 보호요인은 위험한 상황에서 위험요인의 부정적 영향을 완화시킴으로써 적응유연성을 향상시키는 역할을 한다(정규석, 김영미, 김지연, 2017).

결국 적응유연성을 통한 접근은 위험한 환경이나 생활사건 속에서도 어려움을 잘 극복하고 긍정적으로 성장하는 청소년을 이해하고 청소년의 변화가능성과 긍정성에 대한 믿음을 확대시키는 데 유용하다(좌현숙, 2010a).

2) 청소년복지에서 의미

첫째, 청소년을 무한한 가소성과 탄력성을 가진 존재로 이해한다. 청소년은 발달과정에서 많은 일을 겪는다. 특히 발달에 부정적이고 위험한 요인이 있음에도 불구하고 적응유연성은 청소년을 긍정적으로 변화하고 성장할 수 있는 존재로 인정한다. 즉, 위험을 기회로 만들 수 있는 역량이 충분히 있다는 점을 강조한다.

둘째, 청소년의 특질 및 환경과 관련하여 위험요인과 보호요인에 대한 이해를 토대로 선제적 대응 방법과 방향을 제시한다. 보호요인과 그에 대한 대처방법을 확인하는 일은 개인 차원과 환경 차원에서 위기 상황에 처해 있는 청소년의 적응유연성을 발견하고 강화하는 데 유용하다. 또한 위험요인과 그 대처의 취약성에 대한 확인은 조기개입이 필요한 청소년을 미리 파악하는 데 효과적이다. 적응유연성은 빈곤뿐만 아니라 비행, 장애, 가출 등 어려움

을 겪고 있는 청소년의 긍정적 발달을 촉진하는 보호요인과 자원을 확인하고
적응과정을 지원하는 데 유용한 개념 틀로 활용된다(정규석, 김영미, 김지연,
2017).

셋째, 청소년 적응유연성과 관련하여 청소년의 다양한 특징과 행동 그리고
인식과 태도에 따른 선별적 적응방안을 도출하여 활성화한다. 청소년은 다
르고 다양하다. 따라서 그들의 특성과 행동양식 그리고 자신과 사회에 대한
인식도 다르다. 그렇기 때문에 청소년이 갖고 있는 조건과 상황(빈곤, 장애, 차
별 등) 그리고 그것을 이해하고 받아들이는 정도에 따라서 개별적이고 선별
적으로 접근하여 긍정적 적응 방향과 방법 등을 지원해야 한다.

넷째, 사회환경 맥락 속에서 청소년의 적응유연성은 시공간적으로 변화하
는 것으로 이해한다. 청소년은 변한다. 매우 가변적이고 가소성이 강하다.

〈아파트 단지에 어울리는 나뭇가지를 보여 주겠어?
– 잘 어울리면 적응유연, 그렇지 않으면 그저 그런 가상한 노력〉

따라서 적응유연성에서 보호요인과 위험요인은 청소년발달과 함께 사회환경의 맥락적 발달에 영향을 받는다. 그러므로 적응유연성은 청소년의 성장과 환경변화에 의해서 항상 움직일 수 있다.

3. 생태체계적 관점

'영훈이는 가출을 했다.'

이 문장을 보면 무슨 생각이 떠오르는가? 영훈이가 가출한 까닭보다도 혹시 영훈이는 비행청소년 성향이 있는 것이 아닐까 하는 생각이 앞서지 않는가?

영훈이는 아버지의 폭력을 더 이상 견디지 못해서 가출했다. 영훈이는 아버지의 폭력에 무기력하기만 한 어머니가 끝내 못마땅하고 안쓰러워서 가출했다. 영훈이는 일탈행동을 해서 가족에게 충격을 주기로 결심하고 가출했다.

영훈이의 가출은 영훈이만의 문제로 끝나지 않는다.

생태체계적 관점은 사람이 하는 행동과 태도는 타인(가족 포함) 또는 사회환경과 상호교류에서 나타난 결과물이고, 지속적으로 변화하고 발달하는 과정에서 '나'답게 살고자 하는 움직임이라고 본다.

내가 하는 행동이 나의 정신과 마음 그리고 머리로부터 나오는 결정이지만 그 결정을 하는 데 있어서 최종적으로는 이 행동이 사회환경에 끼칠 영향과 결과도 고려하고 움직인다는 것이다. 그렇기 때문에 사람은 다른 사람과 환경과 교류를 통해서 안정을 추구하고 지속하려고 한다.

1) 개요

생태체계적 관점은 인간을 환경과의 끊임없는 상호작용 속에서 이해해야 한다는 것이다. 사회복지의 주요한 패러다임의 하나인 '환경 속에 인간'의 시각을 역동적으로 확장한 이론체계라고 보아도 좋겠다.

사실 인간도 변하고 환경도 변한다. 이 상호 변화 속에서 인간은 환경과의 관계 속에서 자신의 적극성과 능동성을 나타내면서 적응하고 가장 적합한 행동과 태도를 취하려 한다. 따라서 한 인간의 문제와 행동은 단선적이지 않으며 순환적 고리 속에서 이해되어야 한다는 것이다.

체계이론과 생태학을 결합한 관점으로, 체계이론은 유기체인 사람은 서로 떼려야 뗄 수 없는 다양한 요소들이 결합하여 전체(사람)를 이룬 것이며 그 전체는 부분 요소들의 물리적 합보다 큰 특징을 보인다는 것이다. 다시 말해서, 한 사람 안에 있는 다양한 장기와 근육, 뼈, 피부를 합한다고 해서 '홍길동' '장길산' '임꺽정' 같은 개성 있는 사람이 되지는 않는다. 그렇지만 모든 요소들이 체계 안에서 화학적으로 묶이면 유일무이한 특징을 가진 사람이 된다는 것이다. 3인 이상의 사람들이 모였다고 집단(group)이라고 할 수 없고 그 모인 사람들이 규칙과 역할 그리고 상호작용 등을 하는 수준에서만 역동적인 집단이라고 이름 붙일 수 있으며 그 집단은 다른 집단과는 다른 형태와 특징을 지닌다.

생태학은 사람의 발달을 개인과 환경(가족, 지역사회, 전체 사회) 간의 끊임없는 상호작용의 결과로 이해한다. 따라서 사람뿐만 아니라 사람을 둘러싼 환경의 변화와 역학관계도 고려하여 현상 해결에 개입해야 한다.

생태체계적 관점은 사회복지의 핵심관점인 '상황 속에 인간(person-in-situation)'을 잘 드러낸다. 즉, 청소년뿐만 아니라 청소년을 둘러싼 환경과 상황을 하나의 짝으로 보고 이해해야 하며 또한 이 짝은 끊임없이 다른 환경과 상호 교류하고 있다. 따라서 청소년을 효과적으로 돕기 위해서는 '환경 속에 청소년'과 '환경' 간의 상호 교류 속에서 적합성을 높일 수 있는 방안이 모색되어야 한다.

2) 청소년복지에서 의미

첫째, 청소년이 겪고 있는 상황과 문제에 대해 사정(assessment)을 하는 데 매우 유용하다. 청소년과 가족 그리고 청소년을 둘러싼 다양한 체계들 간의 역학관계와 연관성을 포괄적이고 자세히 사정하는 데 좋은 관점이 된다.

둘째, 청소년이 갖고 있는 문제를 해결하거나 청소년이 긍정적인 발달과정을 이행하는 데 있어 문제나 현상을 총체적으로 이해하고 복합적인 개입방안과 개입의 순서 그리고 실마리를 찾는 데 도움을 주어 체계적인 변화를 가져옴으로써 도움을 준다.

셋째, 청소년을 참여자와 동반자로서 인식하여 생활 관련 문제해결이나 욕구충족 전 과정에 참여하도록 한다.

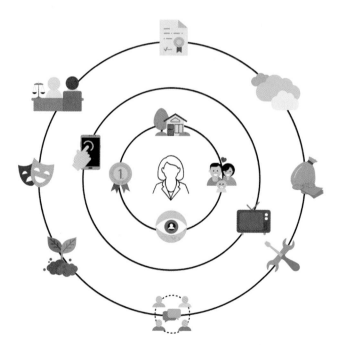

〈나를 둘러싸고 있는 수많은 사람, 사물, 행동, 마음—모두 나와 뗄 수 없는 하나로 이해〉

4. 긍정적 청소년개발 관점 _____

『칭찬은 고래도 춤추게 한다』라는 책이 있다. 이 책의 줄거리는 다음과 같다. 회사와 가정에서 인간관계 때문에 고민이 많은 기업의 간부가 출장을 갔다가 우연히 고래 쇼를 구경한다. 무게가 3톤이 넘은 고래가 조련사의 지시에 따라 어떻게 그 육중한 몸을 솟구쳐 다채로운 곡예를 펼칠 수 있는지 궁금해져서 조련사에게 묻자, 조련사는 "조련사인 인간과 고래와의 관계는 인간 간의 관계와 다르지 않다. 멋진 공중곡예의 비결은 고래에 대한 긍정적인 관심과 칭찬이다. 멋진 쇼를 펼칠 때는 즉시 칭찬하고 실수했을 때는 질책하지 않고 고래의 관심을 다른 곳으로 돌리게 하며 지속적으로 격려하는 것이 좋은 쇼를 하는 핵심이다."라고 답하는 말을 듣고 출장에서 돌아와 실생활에 활용해서 사랑받고 존경받는 가장과 상사가 되었다는 내용이다.

관심과 기대가 긍정적인 성과를 나타낸다는 '피그말리온 효과(Pygmalion effect)'와 유사하다. 이처럼 인간관계에서 타인을 관심과 애정을 갖고 긍정적으로 보는 눈은 대상에게 큰 변화를 이끈다. 특히 어른과 사회가 정서적으로 민감한 청소년들을 어떤 방식으로 대하는지에 따라서 청소년의 삶 자체가 바뀌기도 한다. 다만, 칭찬과 관심 그리고 애정은 무턱대고 표현하는 것이 아니라 효과적으로 드러낼 때 청소년의 성장에 더 큰 도움이 될 수 있다.

1) 개요

긍정적 청소년개발(positive youth development)은 그동안 가져 왔던 청소년에 대한 부정적 시각(비행, 폭력, 약물남용, 성왜곡 등)에서 벗어나 청소년을 긍정적이고 적극적으로 개발하려는 인식이다.

긍정적 청소년개발은 정교한 이론체계이기보다는 실천전략과 청소년에 대한 관점의 정리이다. 청소년들이 참여할 수 있는 기회와 관계 그리고 지지를 제공해서 긍정적인 결과를 만들어 내려는 의도적 과정(개발)이다. 집단, 학교, 지역사회 어디에서든 발생할 수 있다(National 4-H Leadership Trust, 2003). 이러한 긍정적 청소년개발은 청소년들의 역량(사회적 · 신체적 · 정신적 · 직업적 · 민주시민 등)을 수립하려는 욕구와 청소년들이 자기인식과 책임감, 소속감, 자아존중감, 안정감을 가지려는 욕구를 충족하는 데 있다고 본다. 즉, 청소년기에서 성인기로 옮겨 가는 데 있어 건강한 발달을 다양한 개입을 통해 보장해서 앞서 언급한 두 가지 욕구를 찾는 데 목표를 두고 있다(Pittman, 1996).

이러한 긍정적 청소년개발은 세 가지를 기본 전략으로 상정한다(Pittman, 1996).

첫째, 서비스(service)이다. 교육과 건강, 고용, 비행예방과 같은 서비스를 말한다. 적절한 교육과 정보제공, 자유로운 자기표현에 기여하고 새로운 역할을 수행하고 집단 구성원의 하나가 되는 도전적 기회에 대한 서비스를 말한다. 또한 다른 사람에 대한 존중, 모범, 기대 그리고 어른과 또래 친구들의 긍정적인 지지를 포함한다.

둘째, 지원(supports)이다. 일상생활에서 성공을 위한 동기, 정서, 전략 지원을 말한다. 지원은 다양한 형태로 이루어지지만 긍정과 존중 그리고 지속성이 있어야 한다. 또한 지원은 부모와 친척, 지역사회, 교사, 청소년지도자, 친구 등 청소년의 생활과 관련한 다양한 사람들에 의해 제공될 때 강력한 힘을 발휘한다.

셋째, 기회(opportunities)이다. 청소년에게 기회는 탐구하고 자신을 표현하며 또한 소속을 갖고, 일을 하고 일을 통해 소득을 얻고 다른 사람에게 영향을 주는 여러 방법들을 학습할 수 있는 기회를 뜻한다. 이런 기회는 청소년이 스스로 생각하며 행동을 점검하고 갖가지 다른 역할을 지속적으로 시도할 수 있게 해 주는 것이다. 즉, 청소년이 실수할 수 있는 기회도 중요하다. 또한 제도적이고 형식적인 교육이 아닌 비정형화된 학습과 양질의 훈련을 받아야 한다는 부분도 강조되어야 한다.

■ 표 4-1 ■ 긍정적 청소년개발의 기본 전략의 내용

기본 전략	내용
서비스	가르침, 보살핌과 안정적 장소의 제공 −휴먼 서비스, 인프라스트럭처(infrastructure), 안정적 장소
지원	동기적 · 정서적 · 전략적 지원 −건전한 관계, 역할모델, 자원과 네트워크, 높은 기대와 명확한 준거
기회	학습, 실수, 기여할 기회의 제공 −양질의 교수, 훈련, 비형식적 학습 및 도전적 역할과 책무성

(1) 서비스, 지원, 기회의 상호 관계

긍정적 청소년개발의 기본 전략으로서 서비스, 지원, 기회들 등은 청소년이 발달과제를 성취하는 데 요구되는 것이기도 하다. 그런데 이 세 가지는 항상 부족하거나 상호 경쟁적인 데 문제가 있다. 서비스는 종종 성인이 청소년에게, 그리고 청소년을 위해 무엇인가를 제공하고 의사소통하는 것을 지나치게 강조하는 경향이 있고, 이것만으로는 충분하지 못하다. 서비스도 중요하지만, 기회와 지원을 더욱 강조해야 한다. 기회와 지원은 서비스를 보완하고, 청소년이 체험활동에 참여함으로써 이루어진다. 이 중 기회는 청소년에게 행동하고 탐구하고 표현하며, 일하며 벌고, 소속되고 영향을 주는 방법을 학습하는 기회를 의미한다. 기회는 청소년에게 자신의 생각과 행동을 점검하고 다른 역할을 시도하는 기회를 준다. 청소년은 성인과 함께 참여를 통해 가장 잘 학습할 수 있고, 학습은 모든 형태와 상황에서 일어난다는 사실을 강조할 필요가 있다. 따라서 긍정적 청소년개발 논의에서는 청소년개발과 관련하여 다음과 같은 지원과 기회를 더욱 중요시하는 경향이 있다(이광호, 2000; Zeldin & Charter, 1996). 첫째, 활동적이고 자기주도적인 학습기회, 둘째, 새로운 역할과 책임을 수행할 기회, 셋째, 성인과 친구로부터 지속적인 정서적 지원 및 동기부여 지원과 높은 기대 수준, 넷째, 전략적 지원과 사회적 네트워크에 의한 지속적인 접근이다. 특히 청소년들은 자신이나 부모가 사회적 네트워크에 관계를 맺고 있을 때 바람직한 결과를 성취할 수 있다. 그러므로 긍

정적 청소년개발에서는 전략적 지원과 확대된 사회적 네트워크를 중요시하는 것이다. 또한 이러한 기회는 도전과 책임, 역할과 아울러 실수할 수 있는 기회까지 포함한다.

이와 함께 긍정적 청소년개발에서는 특히 청소년개발에 영향을 미치는 환경적 맥락 요소로서 지역사회의 역할을 강조한다. 모든 청소년 발달단계에서 핵심 요소로 작용하는 지역사회는 매력적이고 안전하며 청소년의 성장을 돕는 다양한 장과 기회를 제공하며, 생활, 진로, 각종 장소에 대한 정보를 제공하는 등 지역사회의 역할을 청소년과 함께 강화하는 것이 긍정적 청소년개발에 중요한 관건이 되는 것이다. 이런 의미에서 긍정적 청소년개발에서는 청소년을 단순한 문제발생자로 보기보다는 지역사회를 함께 변화시키고 강화시켜 가는 변화의 주체이자 문제해결자로서의 관점이 요구된다(Pittman, 2000). 특히 긍정적 청소년개발을 위한 건전한 지역사회 요소는 경제개발, 인간개발 및 지역사회의 자기관리를 포함한다. 경제개발은 주로 직업과 복지 창출을 요구하며, 인간개발은 효과적인 학교, 신뢰할 수 있는 지역사회, 청소년 서비스와 다른 사회적 지원 등을 포함하며, 특히 청소년의 인적 자원 개발이 핵심을 이룬다. 지역사회의 자기관리는 좋은 이웃을 위한 비전, 조직, 리더십, 영향력 및 행동을 지역 주민에게 제공하는 것이다.

(2) 청소년복지에서 의미

청소년복지가 아동복지와는 구분되어, 잔여적 복지의 관점에서 보편적 복지의 확대에 중점을 두는 것이 청소년복지의 정체성을 모색하고 실천하는 데 중요하다는 것에 동의한다면 긍정적 청소년개발 관점이 주는 시사점은 크다.

생애발달단계에서 청소년이 갖는 신체적·심리정서적 급격한 변화를 불안과 분별 없는 격정으로 인식하여 청소년을 잠재적 문제자로 취급하는 경향이 있었다. 청소년기가 하나의 학문적 또는 실천적 필요에 의한 구분이기는 하지만 실제 청소년들의 성장과정에서 청소년기가 갖는 의미는 하나의 생애 과정일 뿐이다. 이런 관점에서 긍정적 청소년개발은 그동안의 '청소년문제해결=청소년복지의 성취'라는 등식을 새로운 시각에서 바라보게 한다. 또한 청소년이 성장을 향해 나아갈 수 있는 사회적 환경과 친사회적인 성인으로의 긍정적 결과를 이끌어 내는 데 시사점을 준다.

이와 같이 긍정적 청소년개발 관점과 전략은 기존의 문제 예방적 접근에서 탈피하여 청소년을 그 사회의 자원으로 인식하고, 청소년을 책임 있는 성인으로서 성공적으로 이해하기 위해 필요한 종합적이고 포괄적인 접근을 시도한다. 청소년개발에 대한 포괄적 접근은 이미 발생하고 난 후 특정 문제에 초점을 맞춘 범주적 혹은 목표 지향적 접근과 구별된다. 그보다는 청소년기의 긍정적 가능성에 초점을 맞추어 인간관계나 의사결정 기량 등 책임 있는 성인에게 요구되는 정체성과 기량 향상 등을 통해 충분히 준비된 청소년으로서의 성장을 궁극적인 목적으로 삼는다. 그리고 이러한 포괄적 접근은 청소년의 고용, 직업이나 일 및 진로탐색 등과 같은 청소년관련 정책이나 프로그램과 연계될 때 더욱 바람직하고 효과적인 결과를 가져올 수 있다.

그럼에도 불구하고 긍정적 청소년개발 관점은, 작동과 실천체계가 미흡한

〈양파도 좋은 말과 칭찬을 들으면 성장한다. 욕먹고 비난당하면 썩는다〉

하나의 청소년을 바라보는 총체적 관점으로서의 한계를 지닌다. 이러한 긍정적 청소년개발 관점은 생태체계이론과 발달적 맥락주의 이론 등을 부분적으로 발전시킨 관점으로 이해할 수 있다. 이를 통해서 청소년기를 하나의 과정(flow)으로서 이해하고 적극적이고 긍정적인 개발의 대상인 동시에 주체로 보았다는 데 청소년복지에 주는 의미가 있다.

5. 사회구성주의

변명이다. 분명히 변명이다.

이혼을 발표하는 어느 영화배우 부부의 유명한 말이다.

"우리는 오늘 너무 사랑하기 때문에 헤어지기로 합니다."

결혼식에서 주례는 검은 머리가 파뿌리, 즉 하얗게 변할 때까지 사랑하면서 함께 살라고 한다. 흔히 왜 결혼하냐고 물으면 사랑해서라고 서슴없이 말하는 사람이 많고 이를 당연하다고 여긴다.

그런데 사랑해서 헤어진다는 것은 궤변이다.

왜 사람들은 사랑해서 헤어지는 것이 궤변이라고 할까? 흔히 너무나 사랑해서 함께하기 위해 결혼한다는 말에 많은 사람이 동의한다. 다른 한편, 이혼을 발표하는 영화배우들의 삶의 궤적을 잘 이해하는 사람들은 이렇게 말한다. "그들은 여전히 사랑한다. 하지만 서로 생활 형태와 의식이 다르고 둘 다 영화배우로서 세간의 이목을 견디기에는 성격적으로 너무 연약하다. 그래서 그들의 말을 이해한다."

비록 일반적 인식에서 벗어나는 생각과 말도 그 사람과 행동을 이해하기 위해서는 그대로 받아들여야 한다. 물론 그 행위가 도덕적이고 사회 관심에 합당한 것이냐 하는 문제는 별개이다.

1) 개요

구성주의(constructivism)는 우리가 알고 있는 지식, 즉 앎은 무엇이고 삶과 생활에서 어떻게 구성되는가를 설명하는 이론이다. 구성주의는 사람들은 자신의 주관적인 체험을 바탕으로 사회와 다른 사람 그리고 사물에 대한 지식과 의미를 구성한다고 본다. 이는 교육학에서 많이 논의되는 이론이며, 그 핵심은 학습을 하거나 교육을 받을 때 이전의 개념과 경험을 토대로 학습과 교육이 이루어진다는 것이다.

사회구성주의(social constructionism)는 구성주의에서 한 걸음 더 나아가 사회적 현상이나 의식이 사회적 맥락에 있어서 어떻게 발전되어 오는지를 연구하는 사회학의 이론이다. 어떤 현상 자체가 객관적으로 존재하지 않고, 다만 그것을 보는 사람이 어떻게 규정하고 정의하느냐에 따라서 의미가 부여된다고 본다. 즉, 앎이란 사람의 내면에서 구성된다는 주장은 구성주의와 같으나, 구성과정에서 사회문화적 요인의 영향을 강조하기 위해 사회라는 말을 덧붙였다.

이 관점에 따르면 사회와 문화적 흐름에 민감할 수밖에 없는 청소년이 하거나 또는 하고 싶어 하는 자신의 이야기를 잘 듣고 이해해야 한다. 즉, 청소년의 문제와 욕구 그리고 상황을 이해하거나 해결하기 위해서는 우선 청소년 자신이 보는 관점에서 떠오르고 구성되는 이야기에 초점을 맞추어야 한다.

어떤 사람이 몽둥이를 들고 나오는 모습을 보고 누군가는 좋지 않은 일이 있어서 누군가에게 매질을 하려 하는가라고 생각하지만, 또 다른 사람은 비가 올 것 같은 날씨라서 밀가루 반죽을 해서 칼국수를 해 먹으려고 밀대로 사용하려나라고 생각하기도 한다.

개인의 주관적 경험 등이 남녀 간의 인식과 나라와 지역, 계층마다 문화적 차이와 결합되면 때로 상대가 이해하기 어려운 정보와 지식이 되어 버린다.

앞서 말한 '몽둥이' 이야기와 비슷한 경우가 될지도 모르겠다. 이와 유사하게 한국 시(詩)를 서양에 소개하는 경우, 그 나라의 문화 차이에 따라 달리 받아들이리라는 것을 예상해야만 한다. 즉, 청소년이 말하는 것이 다른 사람들이 보는 현실과 동떨어지거나 실제와 맞지 않더라도 (비록 허구이고 거짓이라도) 그 꾸며 낸 이야기가 청소년이 처한 상황과 생각을 아는 데 중요하다는 것이다. 왜냐하면 청소년이 갖는 인식은 때로는 어른에 비해서 훨씬 빨리 변하기 때문이다. 처음부터 청소년이 하는 이야기를 차단하고 이미 우리가 다 알고 있는 말이라고 예단하면 청소년을 진정으로 알고자 하는 데 한계에 부딪힐 것이다.

2) 청소년복지에서 의미

첫째, 청소년이 자유롭게 자신이 경험(내적·외적)한 이야기를 하도록 한다. 비록 그 이야기가 사실과 논리에 맞지 않더라도 어쩌면 지금−현재에서는 청소년이 하는 이야기로 꾸민 세상이 전부라고 보아야 한다. 기존에 청소년을 돕는 일은 일정한 구조와 과정을 가진 구성 속에서 이루어졌다. 사회구성주의 접근방법을 응용하면 청소년을 돕는 사회복지사와 청소년복지 관련

〈생각이 다르면 관점이 다르고, 그리고 달리 나타나지 않는가? 한 장면에 여러 모습 −
누가 가장 정확히 보고 있다고 할 수 있을까?〉

지도자들은 백지상태에서 출발한다. 그 상태에서 청소년이 자신의 이야기를 다 쏟아 내도록 적극적으로 도우며 사실을 찾아내고 나아가 문제와 욕구 해결에 도움이 되는 인식과 생각을 발견하도록 도울 수 있다.

둘째, 청소년이 느낌, 표현, 생각 등에 대해서 꾸밈없이 있는 그대로 들을 수 있어 청소년에게 다가가는 데 도움이 될 수 있다. 어쩌면 청소년은 자신이 느끼고 생각하는 것에 대해서 자유롭게 말할 수 있는 기회가 없었을지도 모른다. 특히 소위 비행청소년들은 어른들이 잘못되었다고 생각하는 행동에만 관심이 있지만 그 행동이 일어난 이유에 대해서는 알려 하지 않는다고 말한다. 더욱이 청소년도 때로는 자신이 왜 그런 행동을 했는지 모르기 때문에 그들의 이야기를 듣는 것만으로도 소통과 문제해결을 위한 첫걸음이 될 수 있고 그 자체가 청소년에게 큰 위안이 된다.

III

청소년복지의 미시적 실천

1. 청소년 상담 ──────────────────────────

1) 상담의 재인식

중국에는 탁자를 두고 두 사람이 마주 앉는 형태가 아닌 두 사람이 정면을 보고 나란히 앉는 좌석배치가 있다. 즉, 두 사람이 어깨를 나란히 하면서 대화할 수 있는 횡적인 좌석배치이다. 이러한 중국식 좌석배치는 중국의 전국시대부터 시작되었다고 한다. 서로 얼굴을 보고 마주 앉아 대화하면 상대에게 해를 가할 수 있기 때문에 옆으로 비스듬히 앉게 되었다고 한다. 서구 문화의 영향으로 마주 보는 형식의 좌석배치에 익숙한 우리에게는 낯선 모습으로 보인다.

상담의 기술 중 경청의 자세를 언급할 때 눈을 마주 보면서 대화하지 않으면 예의에 어긋날 뿐만 아니라 올바르게 듣는 태도가 아니라고 지적한다. 또한 눈은 마음의 창이라고 해서 거짓을 말하지 못하는 강력한 비언어적 의사소통 도구라고 이해하는 경우도 많다.

상담은 마주 보며 이야기한다는 뜻이다. 그렇다면 중국식 좌석배치에서 상담은 기본 원칙에서 벗어나는 환경조성인 셈이다.

중국식 좌석배치를 상담과 관련해서 강조하는 이유는 우리가 갖고 있는 서

구식 상담의 고정관념을 벗어나면 좋겠다는 뜻에서다.

　　그동안 상담은 두 사람이 얼굴을 마주 보면서, 즉 대면하면서 상담자와 피상담자가 되어 특정한 목표를 가진 대화를 통해 피상담자의 문제나 욕구를 해결 또는 완화시키려는 노력으로 알려져 왔다.

　　상담과 관련해서 떠오르는 선입견, 즉 상담실에서 상담자와 내담자가 마주 앉아 서로 목적 있는 대화를 나누는 장면만이 상담이라고 생각하지 않았으면 좋겠다. 특히 청소년과의 상담에 있어서 언제 어디서 어떤 형태로든 함께 할 수 있는 다각적이고 사려 깊은 고려가 있어야 한다. 즉, 실내가 아닌 실외 또는 길거리, 그리고 앉아서가 아닌 서서 대화를 나누든 상관없이 상담이 이루어질 때 청소년에게 편안한 상담문화가 조성될 수 있을 것이다.

2) 청소년 상담의 개념

　　청소년 상담은 자라나는 청소년이 현재 가지고 있는 문제와 욕구를 완화하거나 해결하도록 돕고 아울러 청소년 자신이 갖고 있는 잠재적 역량과 가능성을 최대한 실현하는 데 장애가 되지 않도록 돕는 예방과 치료 그리고 발달을 고려한 포괄적인 전문 활동이다.

　　특히 청소년복지 실천에서 청소년 상담은 청소년의 건강한 성장과 발달을 꾀하는 데 있어서 일어난 문제나 욕구에 대한 대처와 치료적 개입만큼 중요한 것은 청소년의 발달단계에서 수행해야 할 과업을 잘 성취하도록 다각적인 프로그램과 정보 그리고 지원을 제공하는 일이다.

　　따라서 개별상담은 물론 집단상담과 나아가 교육 프로그램과 매체를 활용한 다양한 지원방법이 동원되어야 한다.

2. 청소년 개별상담

1) 청소년 개별상담의 범위

청소년복지 실천과정에서 청소년 개별상담은 청소년이 직면한 문제와 욕구에 대한 심리적 갈등과 태도상의 문제, 즉 심리상담을 넘어서 더 포괄적인 형태로 규정되어야 할 것이다.

왜냐하면 청소년 개별상담이 청소년들이 갖는 내면과 그로 인해 발생한 사회(인간)관계 등의 문제 등을 '의도적인 변화노력'을 바탕으로 해결하거나 지원하고자 한다면 청소년에게 경험을 공유하는 교육적 측면의 조언과 충고뿐만 아니라 청소년을 둘러싸고 있는 사회환경을 조정하는 데까지 적극적 역할도 고려해야 한다. 즉, 조언, 충고, 생활지도, 심리상담과 심리치료적 접근방법까지 청소년의 사정에 맞추어 다양하게 활용해야 한다.

2) 청소년 개별상담의 목표

(1) 문제를 완화 또는 해결하기

대부분 사람들은 문제를 스스로 해결하려고 최선을 다해서 노력한다. 그렇지만 문제의 심각성이나 문제에 직면했을 때 자신의 상태 그리고 주변 상황 때문에 해결하지 못할 경우에는 도움을 받을 수밖에 없다.

상담의 기본 목표는 해결하지 못하는 문제를 갖고 있는 사람들에게 상담을 통해서 문제를 해결할 수 있는 기회와 방향을 알려 주는 데 있다.

(2) 인간관계를 개선하기

사람은 한자어로 인간(人間)으로도 표현한다. 한자의 뜻은 '사람 사이'이다. 즉, 사람과 사람과의 관계가 곧 사람이라는 의미이다. 그만큼 사람이 살아가는 데 관계는 중요하다. 인간관계를 통해서 사람은 사람다워지고 또한 삶의 의미를 찾는다. 그런데 인간관계는 참 어렵다. 한 개인의 독특성을 인정하고 이해한다면 인간관계가 어려운 이유는 쉽게 알 수 있다. 나 말고는 다 나와는 다른 성격, 가치, 태도, 생각 등을 가진 사람과 긍정적인 관계를 맺기는 쉽지 않다. 그렇기 때문에 나와 다른 사람들 중 한 사람이라도 나를 이해하고 나와 친밀한 관계를 갖고 있다면 그보다 행복한 일도 드물 것이다. 특히 청소년에게 또래 친구와 가족 그리고 성인들과 관계 맺기는 자신과도 관계형성을 위해 끊임없이 고민하고 노력하고 있는 상황에서는 더욱이 쉽지 않다. 그래서 상담을 통해서 문제 완화와 해결 못지않게 사람과 관계할 수 있는 능력을 향상시켜 주는 일도 필요하다. 일차적으로 상담자와의 상담관계 속에서 성장할 수 있는 기회를 갖도록 도와야 한다.

(3) 사회환경 변화 조정하기

청소년은 아동보다는 좀 더 주변 환경을 조정하고 통제할 수 있는 위치에 있지만 여전히 성인에 비해 사회 · 경제 · 심리적으로 자기와 사회환경을 조절하는 데는 한계를 갖는다. 예를 들어, 부모님의 불화로 가출한 경우, 스스로 심리적 안정을 찾아서 귀가를 원하지만 여전히 부모님 사이의 문제가 해결되지 않으면 청소년이 집으로 돌아가서 안락한 생활을 하기는 쉽지 않다.

따라서 상담을 통해서 청소년을 위해 적극적으로 그를 둘러싼 환경을 긍정적으로 변화시키거나 조정하는 데도 관심을 두어야 청소년이 상담을 요청한 문제를 해결할 수 있을 것이다.

한편, 청소년 스스로 사회환경의 균형을 깨뜨리거나 일탈 행위와 관련되어 청소년이 할 수 있는 사회환경의 영향력을 친사회적으로 형성시키려는 노력도 함께 이루어져야 한다.

(4) 잠재적 역량 인식 및 개발을 통해 해결 능력 주기

상담은 당장의 문제를 해결하는 데 일차적인 목적이 있지만 그것이 전부여서는 안 된다. 특히 청소년과의 상담에서 상담을 요청한 청소년이 갖고 있는 고통스럽거나 해결하기 힘들어하는 현재 문제를 풀어 가는 데 있어서 또 하나의 측면을 고려해야 한다. 위기는 곧 기회라는 말이 있듯이 사람마다 자신의 문제를 풀어 가는 방법은 다르다. 이러한 다름 안에서 청소년이 갖고 있는 특성, 자질, 역량 그리고 가치 등이 나타날 수 있다. 상담자는 이와 같은 요소를 잘 파악하여 청소년의 잠재적 역량을 스스로 인식하고 발전시켜 나갈 수 있는 방향을 함께 논의해야 한다.

청소년 상담은 하나의 교육과정이라고 볼 수 있다. 이와 같은 측면에서 상담과정을 통해서 청소년 스스로 자신도 미처 인식하지 못했던 독특한 자기의 역량을 발견할 수 있도록 함께 노력해야 한다.

3) 청소년 개별상담의 과정

(1) 귀 기울여서 잘 듣자: 경청

들어야 말을 할 수 있다.

잘 듣는 것은 단순히 말소리를 듣는 일을 넘어서 주의 깊게 듣고 상대가 무슨 말을 하고 있는지, 그 말을 하고 있는 까닭은 무엇인지, 어떤 마음으로 그런 말을 하는지 생각하면서 듣는 것이다. 더 나아가서 상대가 말을 하고 싶어하는 핵심까지 이해하면서 듣는다면 바람직한 경청이 될 것이다.

(2) 잘 말할 수 있도록 격려하고 반응하자: 추임새

내담자가 풍부하고 자유롭게 이야기할 수 있도록 격려해 주는 일이다. 사회복지 실천에서 관계의 원칙 중 자유로운 감정표현을 조장하는 것과 같은 맥락이다.

내담자는 자신이 갖고 있는 욕구와 문제로 인해 자유롭고 거침없이 말하기 힘들 수 있다. 어려운 일이 닥치면 갑작스럽게 말문이 막히는 것과 같이 조리 있게 자신의 이야기를 풀어내기 힘들 수 있다. 더구나 현재 겪고 있는 문제로 인해 상당히 괴롭고 슬프거나 화나는 등의 정서적으로 바람직하지 않은 감정이 생겼을 경우는 문제해결을 할 수 있도록 평정심을 유지한 대화가 무척 어려울 수 있다. 이런 상황들을 고려하여 내담자가 자신의 이야기를 차근히 해 나갈 수 있도록 지지하고 격려하며 적절한 반응을 해야 한다.

(3) 감정의 응어리를 다 풀어내도록 돕자

문제나 욕구가 생겨서 해결되지 않으면 마음이 상한다. 사람은 이성과 감정을 함께 갖고 있는 존재이다. 수업시간에 친구하고 떠들다가 선생님으로부터 꾸중을 듣고 동시에 꿀밤을 한 대 맞았다고 생각하자. 순간 약간 아프지만 몇 분 지나면 꿀밤 맞은 부위는 진정된다. 하지만 적지 않은 경우에 신체적인 아픔보다 더 강렬하게 남아 있는 것은 기분 나쁜 감정이다. '꼭 선생님이 나에게 꿀밤을 주어야 했을까? 비록 친구하고 떠는 건 잘못되었지만 전후사정을 모르면서 무턱대고 꿀밤을 주어야 했을까? 주변의 친구들이 보는 가운데서 지적을 하고 행동을 해야 했을까……' 곱씹으며 지속적으로 기분이 안 좋을 수 있다.

이처럼 문제가 생기면 그 문제를 풀면 모든 것이 끝나는 게 아니라 문제와 함께 있을 수 있는 정서와 감정의 응어리가 남을 수 있다. 그런데 이때 응어리를 적절히 풀어내지 못하면 올바르게 해결해야 하는 문제에 직면하기 어렵다. 따라서 피상담자가 갖고 있는 문제 또는 욕구와 연결되어 있는 감정적인 응어리를 먼저 해소하는 것이 문제해결을 하는 데 지름길이 될 수 있다.

(4) 안정된 상태에서 자신의 현재 모습(문제와 욕구 등)을 직면하자

비행기가 이륙할 때 무서운 상황 중에 하나가 안개가 자욱한 활주로이다. 안개는 영화 장면에서 낭만과 몽환적 분위기를 연출하기도 하지만 실생활에서는 두려운 자연현상이다. 안개가 짙으면 앞에 물체를 구분하기조차 어려울 때가 있다. 이와 마찬가지로 어떤 문제로 인해서 고통을 받게 되면 문제의 본질보다는 지금 눈앞에서 괴롭히는 고통의 무게가 무겁고 크기 때문에 문제 자체를 보지 못할 때가 많다.

많은 클라이언트는 이미 알고 있다. 문제가 무엇이며 어떤 방향으로 해결하는 것이 바람직하다는 것을 경험과 지혜를 통해서 알고 있다. 그런데 내 문제가 되면 문제로 인한 부정적 감정 때문에 문제를 객관화하기 어렵다.

(5) 스스로 해결방법을 깨달을 수 있도록 질문하자

상담에서 질문은 매우 유용한 기술이다. 상담자의 질문은 피상담자에게 많은 생각을 던진다. 지속적인 질문은 자신의 현 상황에 대해서 여러 각도에서 고민하도록 한다. 또한 질문을 통해서 문제의 초점을 좁히면서 궁극적으로 명확히 하도록 돕는다. 나아가 질문은 피상담자의 사고를 자극해서 결국 스스로 문제의 핵심을 이해하고 주변을 고려하여 문제해결을 위해서 취해야할 행동과 방법을 찾도록 도와준다.

(6) 필요하다면 몇 가지 경험과 조언을 첨가하자

아직도 적지 않은 청소년 내담자는 지도와 충고에 익숙하다. 상담 초기부터 일방적 조언은 바람직하지 않지만 청소년이 충분히 자신과 상황(문제와 욕구 등)에 대해서 이야기하면서 감정을 풀어내고 자각할 수 있는 시간을 준 다음에 상담자의 경험과 사례에 비춰서 조언을 한다면 상담의 효과를 더욱 높일 수 있을 것이다. 좋은 조언과 충고는 다시 한번 상담내용과 과정을 정리하고 자각과 행동을 할 수 있는 준거를 만들어 주는 것일 수도 있다. 조언은 하더라도 가급적 짧고 명료하게 해 주어야 한다.

4) 청소년 상담기술

(1) 미러링

미러링(mirroring)은 상담과정에서 내담자가 적극적으로 상담에 참여할 수 있도록 하며 초기 단계에서 신뢰를 형성하는 데 중요한 기술이다. 미러링이란 거울에 상대를 투영시키는 것이다. 상담에서 미러링은 상담자가 내담자의 작은 습관이나 행동을 따라 하는 것을 말한다. 마치 어린 시절에 놀이하듯이 모방언어, 즉 앵무새처럼 말을 따라 하던 모습과 비슷한 것이다. 비교적 쉬운 상담기술이지만 따라 한다는 사실을 상대가 쉽게 알아차린다면 오히려 친밀감과 신뢰감 형성이 어려워지며 상대에게 경계심을 줄 수도 있기 때문에 조심해야 한다. 그러므로 이 기술을 사용할 때는 상대가 알아차리지 못하게 하는 게 중요하다.

이러한 미러링은 마치 스마트폰에서 상대와 대화를 할 때 상대의 말투와 어조 그리고 행동습관을 따라 하는 것처럼 그 사람과 동일한 세계 속에서 비슷한 습관과 의식을 공유한다고 믿어 더 한층 친근해지는 방법이 될 수 있다.

때로는 내담자를 미러링하는 것 못지않게 상담자가 내담자의 미러링 대상이 된다고 생각해야 한다. 청소년 상담에서 교육적 측면을 고려한다면 내담자가 상담자를 통해서 새로운 자아상을 형성해 나가는 데도 도움을 줄 수 있다. 즉, 상담자가 시간에 쫓기는 행동을 하면서 건성으로 응대한다면 내담자는 자신도 모르게 같은 태도를 취하게 되어서 상담을 원활하게 풀어 나가는 데 장애를 가져올 수도 있다.

〈건성으로 흉내 내지 않고 최선을 다한 미러링〉

(2) 경청

경청(listening)은 '잘 듣는 것'이다. 다른 사람, 즉 상담을 요청한 청소년과 가족 등의 이야기와 말을 놓치지 않고 잘 듣는 행위이다.

우리말로 영어의 hearing과 listening은 해석이 같다. 모두 '듣기'이다. 하지만 분명한 의미의 차이가 있다. hearing은 들리는 소리를 가감 없이 듣는 행위이고, listening은 귀 기울여서 잘 듣는 것으로 소리의 의미와 감정까지도 신경 써서 듣는 일이다.

이처럼 바람직한 경청이 되기 위해서는 시간 순서대로 이야기의 흐름을 이해하는 데 그치지 않고 이야기 속에 숨어 있는 또는 강조하고 싶어 하는 맥락(context)을 파악해야 한다.

"친구가 학교 밖에서도 저를 괴롭혀요. 그 친구가 미워요." 이 글, 즉 문장은 맥락으로 보면 친구가 학교 밖에서 괴롭혀서 밉다는 말이 된다. 하지만 문맥을 잘 이해하면 친구가 학교에서뿐만 아니라 학교 밖에서까지 괴롭혀서 무척 힘들고 밉다는 말이 된다. 그만큼 강도나 깊이가 달라진다.

그런데 듣는 것은 쉬운 일이 아니다. 잘 듣는 일은 엄청난 에너지 소비를 필요로 한다. 남의 이야기를 집중해서 맥락을 이해하면서 잘 듣고 나면 맥이 빠지고 때로는 허기가 진다.

승용차를 타고 갈 때 운전하는 사람보다 옆자리에 앉아 함께 가는 사람이 더 힘들다. 과연 그럴까 의심이 든다. 물론 운전하는 동안 전방을 주시하면서 안전을 책임지고 운전에 필요한 갖가지 기능을 조작하는 운전자가 물리적인 힘뿐만 아니라 심리적인 부담도 크다. 그리고 조수석에 앉아서 가는 사람은 운전에 방해되는 행동만 하지 않고 편안히 가면 된다. 하지만 다른 관점에서 보면 운전자는 차를 통제하는 위치에 있기 때문에 옆에 앉아서 가는 사람보다 주도적 권한을 갖는다. 즉, 차를 운전하는 동안은 자신이 통제할 수 있는 것이다. 따라서 수동적으로 통제에 따르는 옆자리 동승자보다 전체적인 상황 예측이 가능하기 때문에 더 편안하다.

운전을 하면서 흔히 만나는 돌발 상황 또는 사고를 방지하기 위해서 마련한 도로 위의 과속방지턱을 지날 때 운전자는 자연스럽고 조심스럽게 넘어가는 것 같은데 동승자는 운전자에게 너무 험하게 운전하지 말라고 꾸지람을 놓는다. 같은 상황에 대해서 입장이 다른 이유는 통제적 힘 여부에 달려 있다.

다른 예는 강연에서 볼 수 있다. 강연을 들을 때 주로 강연하는 사람은 말을 하고 수강하는 사람은 말을 듣는다. 강연은 한 사람이 갖고 있는 경험과 정보 그리고 지식, 나아가 지혜 등을 다수의 청중에게 전달하는 소통 방식이다. 그런데 강연하는 사람은 강연 내용과 흐름을 자신이 주도할 수 있지만 듣는 사람은 강연자가 말하는 흐름을 놓치지 않고 따라가야 내용을 이해할 수 있다. 따라서 강연하는 사람이 말을 하면서 에너지를 많이 소비하는 것은 맞지만 정신적 스트레스는 강연을 듣는 사람이 더할 수 있다. 왜냐하면 상황과 내용을 자기중심으로 통제할 수 있는 힘을 갖고 있지 않고 수동적으로 따라가야 하기 때문이다.

더구나 그냥 들리는 소리만 듣는 것이 아니라 강연자가 말하는 내용과 정서 그리고 행간의 의미까지 신경을 써서 적극적으로 듣는다면 듣는 에너지 소비는 이중적 부담이 될 수밖에 없다.

동양의학(동의보감)에서는 귀는 신장과 연결되어 있고 신장은 정(精), 즉 사람의 에너지 근원 창고라고 한다. 따라서 잘 듣는다는 것은 자신의 에너지를 끊임없이 사용하는 행위이기 때문에 힘들다. 역설적으로 그만큼 듣는 행위는 말하는 사람 입장에서 보면 자신을 이해하고 위로하며 안정된 마음을 주는 것이다.

경청의 비언어적 반응 자세

- **개방적 태도**: 내담자가 편안한 상태에서 말할 수 있도록 잘 들을 준비가 되었다는 반응을 보이는 것이다. 예를 들어, 상담자가 팔짱을 끼거나 불안한 자세를 갖고 있다면 내담자는 편하게 말하기 힘들다. 따라서 상대가 편안하게 느낄 수 있는 태도를 가짐으로써 잘 들을 준비가 되었다는 반응을 보이는 것이 중요하다.

- 적당한 시선처리: 내담자와 눈을 마주하면서 가능한 따뜻한 시선으로 이야기를 잘 듣고 있다고 눈으로 말하는 것이 필요하다. 즉, 시선을 회피하거나 다른 곳을 응시하면서 잘 듣고 있으니 말하라고 하면 내담자는 상담자가 경청을 하고 있다고 느끼지 못할 것이다.
- 몸을 기울이기: 의사소통에서 상대가 나에게 흥미를 끌 만한 표현을 하면 자연스럽게 몸이 상대에게로 기울어지게 된다. 이런 맥락에서 상담자가 내담자의 이야기를 진지하게 따라가면서 듣다 보면 자연스럽게 몸을 기울이게 되지만, 의식적으로도 내담자가 말하는 중요한 이야기에 대해 몸을 기울임으로써 그가 많은 사실과 느낌을 이야기하도록 북돋는다.
- 끄덕거리기: 고개를 끄덕이는 행동은 내담자가 기분 좋게 이야기할 수 있는 비언어적 반응이다. 따라서 몸을 기울이는 행동과 같이 조금은 의식적으로 경청하고 있다는 표현을 하는 기술이 될 수 있다(Egan, 2013).

〈눈, 귀, 입 막고-셋 중 하나라도 막으면 경청이 아니다.
경청은 온몸과 온 마음을 기울여서 하는 행위이다〉

(3) 공감

이런 사람 꼭 있다.

도서관에서

아침에 일찍 와서 열심히 공부하는 사람,

반면에

아침에 일찍 와서 자리만 잡아 놓고 끝까지 돌아오지 않는 사람,

자리에 가방을 놓자마자 어디엔가 가는 사람,

쉴 새 없이 먹는 사람,

계속 자는 사람,

커플로 공부하러 오는 사람.

공감……

'함께한다' 이 말이 갖는 의미는 크다. 왜냐하면 사람은 혼자서는 살아갈 수 없는 존재이기 때문이다. 싫든 좋든 사람은 함께 살아간다. 살아가는 데 꼭 필요한 의식주를 혼자 해결하지 못하고 다른 사람에게 의존하는 것처럼 정서와 감정도 다른 사람과 함께 나누며 살아간다.

따라서 내 감정을 함께한다는 것은 위안이 될 뿐만 아니라 삶의 큰 행복 중 하나이다. 사랑하는 사람이 나와 같은 감정과 정서를 공유할 때 느끼는 행복감은 무척 크다. 내 생각과 똑같지 않아도 내 마음과 상황을 이해해 주는 사람에게는 무한한 신뢰를 보내고 편안해한다.

또한 힘들고 불편하고 괴롭고 외로울 때 감정을 공유하는 일이 더 필요할 수 있다. 흔히 '슬픔은 나누면 반으로 준다.' '힘들 때 돕고 위로해 주는 친구가 진정한 친구다.'라는 말과 맥을 같이한다. 슬프고 힘든 감정을 나누면 왜 위로가 될까?

사람은 늘 심리적으로 안정된 상태로 살아가려 한다. 그런데 문제에 직면해서 스트레스를 받게 되면 안정이 깨진다. 다시 안정된 상태로 돌아가려면

스트레스를 풀어내야 한다. 이러한 스트레스를 바람직하게 풀어내는 방법은 스트레스로 인해 생긴 불쾌하고 불편한 감정을 쏟아 내서 마음을 깨끗하고 안정된 상태로 만드는 것이다. 이와 관련해서 정신분석에서 말하는 정화법(catharsis)이 있다. 이것은 마음속에 갖고 있는 감정의 응어리나 불쾌한 감정 등을 언어 또는 행동을 통해 밖으로 표현함으로써 정신과 정서 안정을 찾는 일이다. 이렇게 정신과 정서 안정을 찾으며 내담자는 자신이 갖고 있는 문제를 보다 명료하고 명확하게 직면할 수 있다.

불안정한 스트레스 상황에서 생기는 부정적인 정서는 문제의 본질을 보기 힘들도록 만든다. 맑은 날에는 너무 잘 보이던 다리와 도로가 안개가 끼면 한 치 앞도 보이지 않아 움직이기 힘든 것과 같다. 안개, 즉 부정적인 정서로 인해 문제의 본질과 해결방법을 찾기 힘들다는 것이다. 일단 안개부터 걷어 내야 도로가 잘 보여서 어디로 내가 걷고 움직일지 결정할 수 있는 것처럼 말이다. 따라서 정신과 정서가 안정된 상태가 되어야 지금 상담을 받는 문제를 해결하는 첫 단추를 끼울 수 있다.

이러한 공감은 잠시 상대 안에 들어가서 그의 생각과 느낌 그리고 정서를 함께하는 것을 말한다. 호건(Hogan, 1964)은 공감이란 상대의 마음 상태 또는 상황에 대해서 지적으로 또는 상상으로 이해하는 힘이라고 했다.

로저스(Rogers)는 공감의 중요성을 강조하면서 공감적 이해라는 말을 사용하고 있다. 공감적 이해는 상담자가 마치 내담자인 것처럼 느껴서 그가 갖고 있는 감정의 줄기(내적 준거틀)를 이해하고 그 주관적 느낌을 돌려주면서 내면세계를 함께 공유하는 것이다. 이를 위해서는 상담자의 민감성이 있어야 한다. 상담과정에서 매 순간마다 내담자의 감정 상태를 이해하고 공감하려는 노력과 함께 상대의 감정과 정서에 대해서 민감한 태도를 늘 지키고 있어야 한다.

이처럼 상담에 있어서 공감은 내담자인 청소년이 감정과 정서 그리고 정신 안정을 찾고 이를 토대로 자기의 문제를 명료하게 바라볼 수 있는 중요한 기법이다.

공감의 방법

사람에게는 감정의 준거틀(frame of reference)이 있다. 사람들은 이 준거틀에 따라서 감정을 분출하고 조절한다. 그런데 사람은 예기치 않은 사실이나 자신이 원하지 않는 상황에 직면하면 준거틀의 균형이 깨질 수 있다. 이렇게 되면 감정표출에 혼란이 생긴다. 이 때문에 때로는 스스로 원하지 않았던 감정의 상태로 들어가서 자기도 이해 못하는 행동과 표현을 한다.

공감은 감정의 준거틀을 이해하는 일이다. 어떤 사람은 슬프면 운다. 그러나 어떤 사람은 슬프면 크게 웃는다. 물론 울기만 하는 사람 또는 웃기만 하는 사람은 흔하지 않다. 그러나 사람마다 성장과정과 경험에서 갖고 있는 감정의 틀은 다르다. 이러한 것을 이해하는 일은 단순히 지금 그 사람이 겪고 있는 아픔이나 어려움, 기쁨을 함께 나누는 동감(同感)의 수준을 넘어서야 한다. 누군가를 돕고 있는 사람이 돕기 위한 목표를 갖는 냉정한 심리적 거리감은 유지하면서 그 사람이 지금 표현하고 체험하는 감정을 보다 적확하게 이해하는 일이다. 즉, 나뭇잎의 모습에 대응하는 것이 아니라 그 줄기에 대응하여 그 나무 전체의 상황과 색깔을 이해하는 것과 같다고 볼 수 있다.

다시 말해서, 공감은 자기를 잠시 비우고 클라이언트의 감정을 자신의 감정의 준거틀에 넣는 일이다. 이것을 위해서는 내담자가 지금 어떤 감정을 가진 상태인지 잘 알아야 한다. 그런 다음, 상담자는 내담자의 감정의 준거틀에 자신을 연결하여 그 감정을 끌어와야 한다. 그리고 상담자가 갖고 있는 출구를 통해서 그 감정을 쏟아 내야 한다. 때에 따라 상담자는 내담자가 새로운 감정을 표출할 수 있도록 '색이 없는 감정'을 넣을 수도 있어야 한다.

이것은 고도의 집중력이 필요하며 또한 많은 에너지가 소비된다. 결국 상담자와 내담자 모두 새로운 감정을 넣을 수 있는 빈 감정의 준거틀을 만들어 나가는 일이 된다.

Siri야 오늘 하루는 너무 힘들구나
편집하려면 탭하기 ➤
그건 잘 모르겠습니다. 제가 도울 수 있는 다른 부분이 있을까요?

〈인공지능에게는 한계가 있는 '공감', 사람만이 할 수 있는 '공감'〉

(4) 질문

공부를 잘하는 사람은 질문을 잘한다. 질문은 관심이 있어야 할 수 있다. 질문은 또 다른 질문과 연결된다. 따라서 하나의 내용에 대해서 집요하게 계속 질문을 하는 일은 더 깊고 정확히 아는 데 큰 도움이 될 수 있다.

상담에서 질문은 내담자를 파악하기 위한 중요한 수단이다. 상담은 비언어적 의사소통방식도 중요하지만 표면적으로는 대부분 언어인 '말'로써 서로 대화를 이어 나간다. 상담에서 '말'로써 하는 의사소통방식은 주로 질문과 대답을 주고받으면서 상대를 이해하고 정서적 교류를 하며 말 가운데 숨겨진 의도와 의미를 찾는다.

나아가 질문은 내담자 스스로 답을 준비하면서 자신을 성찰하는 기회를 주면서 자기 이해를 확장시키며 통찰력을 갖게 하는 중요한 수단이 되기도 한다.

그렇기 때문에 효과적인 질문은 때로는 내담자 스스로 문제해결에 접근할 수 있도록 돕는다.

질문의 형태 중 개방형 질문은 내담자에게 자유롭게 답변할 수 있도록 한다. 반면, 폐쇄형 질문은 내담자에게 특정한 답변만을 하도록 이끄는 질문 형태이다. 개방형 질문은 내담자의 관점과 의견, 사고, 감정까지도 끌어내는 데 비해서 폐쇄형 질문은 오로지 명백한 사실만을 요구하는 경향이 강하다.

다음은 개방형 질문과 폐쇄형 질문의 예시이다.

- 네 친구 철수에 대해서 어떻게 생각해? (개방) /
  네 친구 철수가 좋으니? 싫으니? (폐쇄)
- 점심에는 무엇을 먹을까? (개방) /
  점심에 한식을 먹을까? 중국음식을 먹을까? (폐쇄)

예시에서 보듯이 개방형 질문은 내담자에게 다양하고 자유롭게 답변할 수 있는 기회를 주지만 폐쇄형 질문은 내담자가 제한된 선택적 답변만 할 수 있도록 한다. 일반적으로 개방형 질문은 상담에서 폐쇄형 질문보다 더 효과적인 질문으로 사용되지만 내담자가 유아처럼 자기 의견을 충분히 구체적으로 전달할 수 없는 처지에 있거나 정서적으로 매우 혼란스러운 상황에 있을 때는 폐쇄형 질문이 더 효과적일 수 있다. 또한 명백한 사실관계를 확인하는 데도 폐쇄형 질문이 도움이 된다.

이와 함께 질문을 하는 데 신중하게 고려해야 할 몇 가지 주의사항이 있다.

첫째, '왜'보다는 '어떻게'라는 질문 형태가 더 좋다. 일반적으로 '왜'라는 단어는 내담자에게 힐난이나 질책의 의미를 내포할 수 있다. 특히 청소년들에게 '왜'라는 질문은 적지 않게 비난의 뜻을 갖고 질문한다고 느낄 수 있다. "왜 공부는 안 하고 노니?" "왜 아침에 늦게 일어나니?" "왜 스마트폰만 보니?" 등의 질문은 마치 도덕적인 추궁을 받는 느낌을 준다.

둘째, 이중질문에 주의해야 한다. 이중질문은 하나의 물음 또는 문장에 두 개의 질문을 포함시키는 것이다. 이러한 이중질문은 내담자가 둘 중의 하나를 선택해야 하거나 최악의 경우에는 어느 질문에도 답을 하지 못하게 만드는 형식으로 되어 있다. 또한 상담자도 내담자의 답변이 어느 질문에 대한 반응(답)인지 잘 알지 못할 수 있다.

예를 들면, 다음과 같다.

> 철수: 영희야. 너는 어제 어디 갔다 왔니? 그런데 어머니는 잘 계시니? 근데 너 지금 입고 있는 옷은 어디서 샀니?
>
> 영희: (무엇부터 먼저 이야기해야 하나) 뭐가 궁금한데?

셋째, 유도질문에 주의해야 한다. 유도질문은 상담자가 내담자에게 특정한 반응을 이끌어 내기 위한 질문 형태이다. 이러한 유도질문은 내담자의 입장에서는 때로는 위협적이고 모욕적으로 들릴 수 있기 때문에 내담자가 상담자의 말에 정면으로 반박하기보다는 거짓말을 하도록 상황을 몰아갈 수 있다(Sheafor & Horejsi, 2006). "네가 먼저 친구에게 싸움을 걸었지?" "대학을 안 간다는 네 생각은 잘못되었다고 생각하지 않니?" 등이 유도질문의 예라고 볼 수 있다.

〈막무가내로 하는 질문과 '어떻게'를 생각하고 하는 질문은 질적으로 다르다!〉

(5) 요약

학습을 할 때 흔히 하는 말이다. 다음 문장을 요약하라.

"나는 어제 친구를 만나러 집 앞에 버스 정류장에서 버스를 기다리다가 앞에 상점에 있는 간판을 보고 누가 저렇게 화려한 간판을 만들었나 감탄했다. 버스 정류장은 기다란 플라스틱 의자가 놓여 있어 기다리기 좋았다. 그때 마침 버스가 와서 버스를 타니 사람이 많아서 꽤 멀리까지 가야 하는데 앉을 자리가 없었다. 내가 갖고 있는 평소 좋은 감각으로 다음 정류장쯤 내릴 사람 앞에 서 있었다. 그런데 내 촉이 틀렸는지 그 사람은 결국은 내가 내리고도 더 가는 듯했다. 계속 버스 안에서 내내 서서 가다가 결국 내릴 정류장에 버스가 도착해서 내렸다. 그런데 버스 정류장에서 만나기로 한 친구는 없었다. 분명히 약속한 시간이 지났다. 친구에게 연락을 했더니 다른 버스 정류장에서 기다린다고 했다. 서로 언쟁할 시간이 없어서 친구에게 빨리 버스 타고 오라고 해서 친구를 만나서 수다도 떨고 맛있는 음식을 먹으며 친구와 잠깐 언쟁해서 불편한 마음을 풀었다."

요약하면 이렇다.

"나는 어제 친구를 만나기로 한 버스 정류장에 버스를 타고 갔으나 친구가 없어서 다시 친구와 연락해서 만났다. 그리고 잠시 서로 엇갈린 약속 때문에 친구와 했던 언쟁을 맛난 음식을 먹으면서 이야기하며 풀었다."

앞선 예처럼 요약은 목적에 따라 다를 수 있다. 사실관계만 요약할 수 있고 사실에 따른 감정의 변화도 요약할 수 있다.

일반적으로 상담에서 요약은 상담과정에서 상담자와 내담자 사이에 대화 내용을 정리하는 것이다.

상담과정에서 상담을 요청한 내담자가 자신의 문제를 명료하게 파악하여 정리해서 전달하기는 쉽지 않다. 내담자는 두서없이 말하기도 하고 사실과 감정을 구분하지 않고 이야기하기도 한다.

이때 상담자는 상담 중간에 상담과정에서 있었던 내용과 상담자가 바라보는 내담자의 속마음과 표현 등을 요약 정리함으로써 상담 전체 과정을 효율적으로 조율할 수 있다. 요약은 상담자와 내담자 모두에게 상담의 초점을 유지하고 건설적인 방향을 모색하는 데 도움이 된다.

이러한 요약은 중요한 사실, 쟁점, 주제들만 주의 깊게 선정하고 강조해야 한다는 점에서 생각보다 쉽지 않은 기술이다(이원숙, 2017).

요약이 도움이 되는 상담 장면

- 내담자가 전달하려는 바가 분명하지 않고 무슨 말을 하는지 혼란에 빠져 있을 때 내담자에게 통찰을 주어서 주제의 초점을 찾는 데 도움을 준다.
- 내담자가 여러 가지의 주제, 내용, 상황, 사건 등을 한꺼번에 말할 때 이야기의 방향을 유지하는 데 유용하다.
- 면담이 마무리될 때 내담자가 이야기를 정리할 수 있는 기회를 준다.
- 연속 면담과정에서 다음 면담이 시작될 때 이야기를 쉽게 끌어낼 수 있는 상황을 조성해 준다. 이와 함께 새로운 주제로 전환할 때도 도움이 된다.
- 사회복지사가 내담자를 확실히 이해하고 있는지 의심스러울 때 요약을 통해서 내담자에게 그동안의 내용을 확인받을 수 있다.

〈이야기의 초점을 'catch'하자. 정리 집중!〉

(6) 직면

정면으로 마주쳐서 똑바로 본다는 뜻이다.

문제가 생겼을 때 정면으로 부딪쳐서 극복하는 사람도 있지만 그렇지 않은 경우도 많다. 흔히 부모님은 자녀가 숙제를 미루어 놓았을 때 다른 사람이 해결해 줄 것도 아닌데 미루는 모습이 이해 가지 않는다고 말을 한다. 자녀도 부모님이 말한 뜻을 모르지 않는다. 자녀가 숙제를 마주쳐서 해결하지 않고 미루는 이유는 당장 숙제와 마주치면서 감당해야 할 고통과 어려움 그리고 스트레스 등이 크기 때문이다. 즉, 미루어 놓고 나중에 해야 한다는 부담감이 있지만 지금 당장 마주하는 데 따르는 고통과 어려움이 크기 때문에 미루는 것이다.

그렇다고 무작정 해결해야 할 문제를 미루어 놓을 수는 없다.

눈을 감고 상자 안에 손을 넣었더니 말랑한 물체가 만져진다. 머릿속으로 상상한다. 젤리일까? 고무일까? 아니면 치즈일까? 촉감으로 무슨 물체라고 추측할 수 있겠지만 꺼내기 전에는 정확히 모른다. 직면은 정확한 사실이나 감

〈이제는 블라인드를 올려 보자! 또 다른 세상이 보이지 않을까?〉

정, 정서 등을 아는 일이다. 안다는 것은 힘들고 두려울 수 있지만 알아야 다음 단계로 넘어갈 수 있고 문제를 해결하는 시작점이 된다. 즉, 기회가 된다.

상담에서 내담자가 자신의 문제를 알고 있지만 회피하고 마주하기를 거부하는 이유가 있어서 계속해서 말을 돌리면서 문제의 핵심에 접근하기를 꺼려할 때는 상담자가 직면하도록 도와야 한다. 그렇지 않으면 상담의 시간과 질에서 효율성이 떨어지고 소모적 상담이 될 가능성이 높다. 또한 상담에서 직면은 비록 현재는 고통스럽지만 한번은 마주해서 해결해야 하는 문제나 감정이 생길 때 유용하다.

특히 직면은 청소년에게 자신의 문제를 성숙하게 대처하는 방법을 알려 주는 숨겨진 역할도 할 수 있다.

3. 집단상담

집단상담은 집단구성원들의 문제를 완화하거나 해결하는 동시에 집단구성원 개인과 집단 성장을 위한 수단이 된다. 집단을 활용한 상담은 개별상담보다 더 큰 긍정적인 상승효과를 이룰 수 있다. 더구나 청소년기는 또래집단과 소속감 그리고 동일성을 중요하게 여기는 시기이기 때문에 집단을 활용한 상담이 좋은 효과를 나타낼 수 있다.

〈Fighting! 서로에게 힘이 될 수 있는 함께하는 집단상담〉

1) 집단의 이해

초기 집단 정의는 "두 사람 이상의 대면적 상호작용과 집단의 한 구성원으로서 고유성을 지니며, 집단에 소속한 다른 구성원을 인식하고, 독립적 성격을 갖고 공동의 목표를 추구하도록 노력하는 것"이라고 보았다(Johnson & Johnson, 2000). 그러나 이후 집단의 개념에는 역동적 상호작용에 필요한 3인 이상의 구성원으로 다음의 속성이 있어야 한다는 정의가 더 설득력이 있다.

- 구성원 간의 역동적 상호작용(dynamic interaction)
- 공통된 목표(common goal)
- 적절한 수적 제한과 구성원 각자 역할 수행과 관련된 상관성
- 구성원들 간의 응집력과 의욕
- 구성원들의 기능과 역할을 규제하는 규범
- 자아발전의 기회와 능력(남세진, 조흥식, 1998; Shertzer & Stone, 1980)

집단은 단순한 사람들의 집합체가 아니라 개인적 성장과 능력의 발전 또는 문제해결의 기회를 얻으려는 개인의 목표가 역동적으로 집합되어 하나의 집단목적을 성취하기 위해 구성원 간에 역할부여를 함으로써 규칙, 절차, 응집력 등의 요소가 역동적으로 상호작용하는 집합체이다.

또한 집단은 개인에게 긍정적인 영향을 주어 성장과 문제해결을 위한 수단이 된다.

2) 집단상담의 특징

집단상담은 상담자가 여러 명의 청소년내담자와 상담하는 것이 일반적인 형태이다. 비슷한 문제가 있는 사람들과 함께 상담을 하면 일대일로 상담하는 것보다 효과가 클 때가 있다. 대부분의 집단에서는 집단구성원들이 상담자와 접촉하는 것보다는 집단구성원끼리 상호작용을 통해서 생기는 장점이 크다. 그렇기 때문에 집단상담에서 상담자는 치료자보다는 집단구성원 간의 상호작용을 돕는 역할을 할 때가 많다(이동렬, 유성경 역, 2003).

집단상담에서 경험이 많은 상담자는 집단구성원 간에 지켜야 할 기본적인

규칙과 자기를 개방할 수 있는 환경을 마련해 주고 나머지는 집단구성원들의 역동적 관계 속에서 일어날 수 있도록 돕는다.

3) 집단상담의 형태

집단상담은 어떤 주제를 선정해서 짜인 프로그램을 활용하여 운영한다. 또한 구체적인 프로그램이 없는 상태에서 주제와 목표만을 수립한 후 운영할 수도 있다.

집단상담 형태가 다양해지면서 제한된 시간 동안 집단 안에서 일어나는 청소년 사이의 역동성과 관계능력을 활용하여 잘 짜인 상담프로그램을 운영하는 데 그치는 것이 아닌 더 나아가 자조집단과 같이 청소년들 스스로 자기 경험을 포함해 선정한 문제를 극복하거나 해결하고 성장해 나가는 집단상담의 형태가 활용되고 있다.

실외에서 청소년들을 자연스럽게 모아 집단을 구성한 후 함께 고민할 문제들을 탐색해 나가면서 건강한 성장과 현실에서 부딪히는 문제를 풀어 나가는 열린 상담 형태도 등장하고 있다.

4) 청소년 집단상담의 과정

(1) 시작 단계

청소년 집단구성원들이 집단상담에 최초 적응하는 단계이다. 구성원들은 새로운 집단 환경에 적응하면서 호기심과 불안, 흥미 등을 표출하고 교류한다. 아직 동질 또는 특정한 목적의 상담집단으로서의 정체를 형성하지 못한 단계이며, 개인적인 가치와 자의식을 기반으로 집단의 행동규범과 과제의 공통성을 추출하는 것이 중요한 과업이 된다. 즉, 자신이 갖고 있는 문제나 성장시켜야 할 요소 등을 표출하며 타인의 관심과 처지도 알아보는 시기가 된다.

이 단계에서 집단지도자(사회복지사)는 구성원들이 집단의 매력을 느낄 수 있도록 허용적이고 지지적인 환경을 만들어야 한다. 또한 지도자와 집단구성원 간에 신뢰를 갖게 하고 물리적·심리적으로 편안하고 자발적으로 참여할 수 있는 분위기를 만들도록 집단을 이끌어야 한다. 이 단계를 통해 구성원들은 집단에 소속되어 어느 정도 안정감과 편안함을 느끼고 활동함으로써 어떤 보상을 받을 것이라는 기대를 하면서 다음 단계로 넘어간다. 만일 이 단계에서 상호 의사소통을 꺼릴 때 사회복지사는 '나—전달법(I-Message)' 등의 방법을 활용하여 효과적인 의사소통을 이끌어야 한다.

(2) 탐색 및 사정 단계

구성원 상호 간의 상호작용이 가능한지 탐색하고 이를 토대로 집단의 목표가 형성되어 가는 단계이다. 즉, 나의 문제나 성장에 필요한 요소가 집단을 통해서 성취될 수 있는지 탐색하는 단계이다. 이 단계를 통해 집단구성원 상호 간에 문제해결과 성장을 위한 응집력과 상호유대가 증대된다. 이러한 과정을 통해 집단의 규범과 가치가 형성되며 그 속에서 자신의 문제를 어떻게 해결하고 성장할지를 살피게 된다. 이 단계에서 사회복지사는 집단구성원 개인과 집단의 속성을 사정(assessment)하여 향후 개입(intervention) 과정과 연결시켜야 한다.

(3) 활동 및 개입 단계

집단상담활동의 핵심 단계이다. 함께 공유하는 문제 또는 개인이 해결해야 하는 문제를 다 드러내 놓고 집단에서 상담이 이루어지는 단계이다. 이 단계에서는 구성원 상호 간의 신뢰와 수용 그리고 존중으로서 상호의존성, 협동성이 나타나며, 이를 토대로 집단 및 집단구성원이 추구하는 목적에 근접해 간다. 집단지도자는 집단 내에 있는 청소년들이 자기 문제나 상황을 개방하는 데 소극적이라면 솔선수범하여 자신의 경험담을 개방하는 것도 좋으나, 집단을 주도해서는 안 되고 촉매역할에 한정하는 것이 바람직하다. 또한 집단지도자는 집단에 있는 청소년이 나타내는 문제에 특정한 이름을 붙이거나 유형화시키는 데 조심스럽게 접근해야 한다. 오히려 그들이 갖고 있는 감정과 문제의 본질을 솔직히 표출할 수 있도록 격려하고 지지함으로써 다른 집단구성원들의 공감을 불러일으켜야 한다. 이를 통해서 집단의 성장과 그 속에 있는 청소년들의 개인적 발전과 문제해결에 도움이 되어야 한다.

이 수준에서 집단지도자의 개입은 집단이 어려움에 부딪쳤을 때만 개입한다는 자세로 최소화해야 한다. 특히 이 단계에서 집단지도자는 구성원들이 자칫 폐쇄적 집단 논리에 빠지지 않도록 집단 내에서 논의되고 이루어지는 활동과 의사소통에 대해서 현실적인 검증을 할 수 있도록 객관성을 유지해야 한다.

(4) 종결 단계

집단활동이 잘 이루어졌다면 구성원들이 자신의 욕구를 성취하여 집단으로부터 자신을 심리적으로 분리시키는 단계이다. 종결 단계는 집단이 목적을 성취하였을 때, 또는 처음부터 기간을 정해 놓고 집단활동을 하였을 때 명확히 나타난다. 또한 외부의 압력으로 집단상담을 더 이상 진행할 수 없을 때, 그리고 집단이 구성원들에게 필요한 만족을 주지 못하였거나 효과적인 운영에 실패했을 때도 종결한다. 특히 이 단계에서 집단지도자는 개별상담에서와 같이 상담 후에 각 개인이 결정한 해결점을 능동적으로 수행할 수 있도록 다시 한번 지지하고 재보증해 주는 일이 필요하다.

5) 집단상담의 기법[1]

(1) 구조화

구조화(structuring)는 집단을 짜임새 있게 만들어서 상담에 참여한 청소년이 바람직한 행동을 배우고 집단 규범과 역동성을 이해하여 자기 성장의 기

[1] 집단상담의 기법은 연문희, 강진령(2002). 『학교상담』에서 발췌하여 재구성한 것임.

회로 만드는 기술을 말한다. 흔히 구조화는 집단상담을 시작할 때 집단구성원들에게 집단상담 참여에 필요한 제반 규칙과 한계에 대해서 설명한다. 여기에는 집단활동에 대한 적극적인 참여, 생산적인 집단 형성과 유지를 위한 지침, 상담시간 준수, 불참 시 취해야 할 조치, 위급한 상황 시 연락방법 등 집단의 규범과 역할 그리고 준수사항 등이 포함된다.

(2) 보편화

보편화(universalization)는 집단상담에서 매우 독특하며 중요한 기법이다. 보편화는 집단구성원이 다른 구성원들의 말에 귀 기울임으로써 그들도 자기 자신과 유사한 감정과 관심을 가지고 있다는 사실을 깨닫게 하는 데 목적이 있다.

사람들은 어떤 바람직하지 못한 상황에 부딪힐 때 나만이 독특한 괴로움과 어려움 그리고 문제를 경험하고 있다고 생각한다.

청소년이 "전 저 혼자만 이런 느낌을 가진 줄 알았어요."라고 말하는 것은 집단상담에서 흔히 들리는 말이다(연문희, 강진령, 2002). 상담자는 집단에 있는 청소년이 말하는 경험을 집단구성원들과 자연스럽게 공유할 수 있는 방법을 제시하여 한 청소년만의 경험이 아님을 알려 주고, 다른 구성원들에게 서로 관심을 표현할 수 있는 기회를 제공한다.

(3) 연결

연결(linking)은 개별상담에서는 사용되지 않는 기법이다. 이 기법은 특정한 청소년의 행동이나 말을 다른 청소년의 관심사와 연결시키는 데 사용되는 사회복지사의 통찰을 표현하는 방법이다. 주로 집단에서 청소년들의 사고와 행동의 유사점과 차이점을 지적하는 데 사용된다. 사회복지사는 청소년이 말하는 내용과 감정을 연결함으로써 감추어진 의미를 발견하기도 한다. 또한 집단에 참여한 청소년의 비언어적 행동을 관찰해서 그들의 느낌과 사고를 함께 묶거나 연결해 줄 수 있다. 연결은 청소년들 간의 상호작용과 응집력을 높이는 데 매우 효과적인 기법이다. 경우에 따라서는 사회복지사가 구두로 표현한 연결은 청소년으로 하여금 보편화를 경험하게 할 수 있다.

연결의 예는 다음과 같다.

> 남성 청소년: 친구하고 축구를 할 때 조금 못한다고 자꾸 수비만 시켜요. 저도 공격수를 하고 싶은데……. 또 함께 농구를 할 때도 내가 조금 못한다고 다른 친구들 둘이서만 볼을 주고받는 거예요. 그래서 농구를 하고 싶지 않아요.
>
> 여성 청소년: 저는 탁구를 좋아해요. 남학생하고 실력을 겨루고 싶은데 제가 여성이라고 상대해 주지 않아요. 속상하고 섭섭해요.
>
> 사회복지사: 우리 친구 둘은 친구들이 너희를 대하는 방식에 실망이 컸구나. 그런 친구들과는 함께 안 놀 수도 있지. 그래서 놀지 않는다면 어떤 기분이 들까?

사회복지사는 남녀 청소년의 비슷한 생각을 함께 묶어서 연결하고 있다. 문제 상황은 다르지만 두 청소년이 선택하려 한 행동은 친구들과의 관계를 끊는 것이다. 물론 사회복지사의 의도는 그런 친구들과의 관계를 끊게 하는 것은 아니지만, 그러한 선택을 했을 경우를 탐색해 보고 생각하도록 하는 것이 두 청소년에게 유익한 경험이 될 것이다.

또 다른 예로 만일 한 청소년이 친구들에 대해서 분노를 표출하고 다른 청소년도 이에 동감한다는 태도를 보이는 경우, 사회복지사는 두 청소년이 각각 언어적 행동과 비언어적 행동으로 표현한 감정을 연결할 수 있다.

> 철수: 난 친구들이 나와 함께 놀아 주지 않을 때 화가 나요.
>
> 영희: (입을 꽉 다물면서 고개를 끄떡인다)
>
> 사회복지사: 철수는 친구들이 함께 놀려고 하지 않을 때 화가 나는구나. 내가 잘못 보았을 수도 있겠지만, 영희도 화가 나는 것처럼 보이는데 둘 중에 한 사람이 여기에 대해 좀 더 말해 주지 않겠니?

6) 집단상담과 관련한 집단유형: 훈련집단, 상담집단 그리고 자조집단

(1) 감수성훈련집단

감수성훈련집단은 T-group 또는 인간관계훈련집단, 집단역학훈련집단 등 비슷한 이름으로 조금씩 다른 형태로 구성된다.

일반적으로 교육적 목적으로 집단구성원의 성장을 목표로 한다. 특히 나자신을 알고 다른 사람을 이해하는 훈련프로그램을 통해 자신의 이해 폭을 넓히고 집단의 역동성과 관계를 통해 감수성을 높여 관계능력을 증진하는 데 목표가 있다.

감수성훈련집단은 훈련받은 지도자가 함께하여 참여하는 집단구성원들이 자유롭게 자기를 표현할 수 있도록 돕고 아울러 다른 사람을 대하는 방법에 대해 단계적으로 활동한다.

(2) 상담집단

상담집단(counseling group)은 지금-여기(here and now)의 관점에서 집단 구성원들의 상호과정을 탐색함으로써 구성원들 간에 문제를 함께하도록 돕는 데 목표가 있다. 이를 통하여 집단구성원들에게 자신에게 문제되는 현 상황과 행동들을 개선하는 학습이 이루어진다. 집단상담이 좀 더 깊은 정서적 장애를 다루면 치료집단(therapy group)이 된다. 치료집단은 정신치료적인 접근과정에서 집단의 역동성을 활용하여 구성원을 돕는다.

(3) 자조집단

자조집단(self-help group)은 공통되거나 비슷한 문제나 욕구, 경험을 가진 사람들이 자발적으로 하나의 집단을 만들어서 일정기간 서로 처해진 상황에 대처할 수 있는 능력을 키우도록 돕는 것을 목표로 한다.

전문가의 도움보다는 구성원 상호 경험과 대처에 기초해서 도움을 주고받으며 집단구성원이 서로 규칙과 의사소통 문화를 형성하여 상호 감독하고 통제함으로써 공통으로 당면한 문제나 상황을 해결해 나간다.

예를 들면, 알코올중독자들의 모임인 '금주동맹(Alcoholics Anonymous)'이 있다. 금주동맹은 알코올중독에 빠진 사람들이 중독에 빠졌다가 스스로 극복한 사람들의 도움을 받아 음주문제를 해결하려고 만든 집단(단체)이다. 1935년 시작된 이 단체는 국제적인 조직으로 발전하였다. 이 외에도 '자살한 사람들의 유가족 모임' '배우자를 잃은 사람들의 모임' 등 다양한 형태로 스스로 경험과 아픔을 나누고 극복하려는 자조집단이 있다.

이와 관련하여, 청소년 자조집단이 많지는 않지만 집단활동 프로그램을 통해 청소년들 스스로 정서함양과 자기이해를 위한 자조집단 모임 등이 있다.

6장

활동과 놀이

1. 활동과 놀이

청소년활동은 청소년의 몸과 마음이 건강하게 성장하도록 돕는 다양한 체험 활동을 말한다. 논란은 있겠지만 활동과 놀이는 맥락이 같다고 할 수 있다. 사실 '논다'는 말은 그리 좋은 의미로 받아들여지지 않았다. 어른은 일을 해야 하고 청소년은 그 일을 준비할 수 있도록 지적 학습과 신체적 건강을 유지해야 마땅하다고 여겼다. 그만큼 '논다'는 개념은 마땅히 해야 하는 일을 외면하고 등한시하는 활동으로 때로는 무책임한 생활태도라고 인식하기도 했다.

한편, 자본주의 사회와 산업화가 심화되면서 놀이는 일을 위한 예비수단으로 인식되기까지 이르렀다. 따라서 놀이는 레크리에이션이라는 개념 속에서 노동활동 중에 다음 노동을 위한 휴식 기간이나 시간으로 받아들여졌다.

청소년복지에서 활동은 많은 청소년의 주생활 공간인 학교나 학업 이외의 활동으로 주로 집단활동, 즉 체험을 통해서 배우는 활동으로 정의되고 있다.

「청소년기본법」에서는 청소년활동을 청소년의 균형 있는 성장을 위하여 필요한 활동과 이러한 활동을 소재로 하는 수련활동, 교류활동, 문화활동 등 다양한 형태의 활동을 말한다고 정의하고 있다.

활동은 움직인다는 말이다. 그냥 움직이는 것이 아니라 어떤 결과나 성과를 목표로 활발하게 움직이는 일이다. 청소년활동은 분명 목표를 갖고 움직이는 활동이다.

앞서 언급한 「청소년기본법」에서도 활동의 목표가 분명히 제시되어 있다. 청소년의 균형 있는 성장이라는 목표를 수련, 교류, 문화 등 다양한 종류의 활동을 통해서 달성하고자 하는 것이다.

한편, 놀이활동은 놀이를 목표로 움직이는 활동이다. 놀이 자체가 목표이다. 놀이는 가만히 앉아서 휴식하는 것도 포함할 수 있겠지만 그보다 특정한 목적이나 목표가 없는 상태에서 자발적으로 참여하는 것이다. 단지 나와 주변이 즐겁고 자유롭게 함께 공감하며 재미와 즐거움을 느끼려는 활동을 말한다.

다른 한편, 놀이와 활동이 비슷한 맥락에서 이루어지지만 때로는 구분할 필요가 있다.

놀이는 목표를 갖고 있지 않은 채 노는 일이다. 단지 놀이는 활발히 그리고 즐겁고 재미있게 잘 놀고 난 뒤에 오는 만족감이나 쾌락 그리고 다른 사람과 함께 느끼는 즐거움에 대해서 공유하기도 한다. 반면, 활동은 목표를 갖고 움직여서 나온 성과에 대해서 평가하고 체계적으로 재해석하며 환류하기도 한다.

여기서는 비교적 정형화되어 있는 청소년활동과 청소년에게 일상의 놀이가 갖는 의미를 구분해서 살펴봄으로써 궁극적으로 청소년활동의 확장성을 전망해 본다.

2. 청소년활동

1) 집단활동과 개별활동

청소년활동은 주로 학업 이외에 청소년들이 참여하여 학교 안과 밖에서 이루어지는 모든 활동을 말한다.

이러한 청소년활동은 법적 용어로도 정리되어 있다. 「청소년기본법」 제3

조의 3에 따르면 '청소년활동'이란 청소년의 균형 있는 성장을 위하여 필요한 활동과 이러한 활동을 소재로 하는 수련·교류·문화 활동 등 다양한 형태의 활동을 말한다고 되어 있다.

이를 근거로 청소년수련활동과 청소년교류활동 그리고 청소년문화활동을 정의하고 국가와 지방자치단체의 지원 의무도 제시하고 있다. 이 중 청소년 수련활동은 청소년활동의 핵심으로 활동에 따른 인력, 시설 등에 대한 체계가 잡혀 있고 다른 활동에 비해 기반이 잘 마련되어 있는 편이다. 그리고 '청소년교류활동'이란 청소년이 지역 간, 남북 간, 국가 간의 다양한 교류를 통하여 공동체의식 등을 함양하는 체험활동을 말한다. 한편, '청소년문화활동'이란 청소년이 예술활동, 스포츠활동, 동아리활동, 봉사활동 등을 통하여 문화적 감성과 더불어 살아가는 능력을 함양하는 체험활동을 말한다.

이러한 법적 활동은 주로 집단활동이 주된 활동방법이다.

청소년 집단활동의 역사는 오래되었다. YMCA, YWCA, 흥사단, 스카우트 등 민간 청소년단체의 역사는 꽤 오래되었고 1980년대 이후에는 공공적 성격이 강한 청소년단체와 시설이 나타나서 집단활동이 활성화되고 현재 청소년 수련활동의 기초를 다져 왔다고 본다.

이처럼 그동안 청소년의 건강한 발달과 사회화를 위해서 집단활동에 초점을 주로 맞추어 왔으나, 점차 사회와 청소년들이 갖는 의식의 변화로 인해 개별 활동을 촉진시키는 데도 관심을 가져야 할 것이다. 이미 많은 청소년들이 집단활동만큼 개인적이고 개별적인 활동을 조직적으로 하는 데까지 관심을 갖고 있다는 것은 잘 알려졌다. 앞으로는 더 나아가 놀이를 통해서 스스로 삶과 생활을 구성하고 그 가운데서 창의적이고 진취적인 생애설계가 될 수 있도록 해야 한다.

우선, 그 출발은 청소년활동 중 집단활동에서 시작할 수 있다. 그중 수련활동은 법과 제도 그리고 정책적인 뒷받침이 되어 있는 체계화된 활동이다.

2) 수련활동

(1) 개요

청소년 수련활동은 법에 나와 있는 청소년활동의 가장 중요한 형태이고 개념이다. 청소년 수련활동을 중심으로 청소년에 대한 체계적이고 조직적인 지원이 이루어져 왔다.

흔히 수련활동은 학교 안과 밖에서 교과 외의 활동으로 학생 청소년의 극기훈련과 심성계발 등을 목표로 하는 야외 중심 활동을 뜻했다. 1991년 「청소년기본법」이 제정되기 전까지는 앞선 개념이 일반적인 수련활동을 이해하는 내용이었다. 그러나 「청소년기본법」에 따라 중앙부처에 청소년담당업무 부서가 생기고 전달체계가 확립되고, 청소년정책의 핵심 사항이 수련활동의 참여와 동기 그리고 여건조성에 둠으로써 청소년수련활동에 대한 새로운 의미와 이해가 필요하게 되었다.

법적 정의와 근거에 힘입어 청소년정책의 일환으로 청소년수련활동을 위한 프로그램(수련거리)이 개발되었고, 수련시설이 급속히 증가하였으며, 또한 활동을 돕는 지도자의 법적 요건이 수립되었다.

「청소년기본법」에 근거하여 청소년활동의 진흥을 목적으로 제정된 「청소년활동진흥법」에 따르면 '청소년수련활동'은 "청소년이 청소년활동에 자발적으로 참여하여 청소년 시기에 필요한 기량과 품성을 함양하는 교육적 활동으로서 청소년지도자와 함께 청소년 수련거리에 참여하여 배움을 실천하는 체험활동을 말한다."(제2조 3)라고 되어 있다. 이러한 법적 개념의 변화는 청소년수련활동이 청소년들의 활동을 포괄적으로 담아내지 못한다는 지적에서 비롯된 것으로 보인다. 그러나 여전히 청소년수련활동은 법적 시설과 지도인력 그리고 프로그램을 갖고 있는 체계화된 청소년활동의 한 전형으로 자리 잡고 있다.

(2) 특징

「청소년기본법」에 근거한 청소년 수련활동의 특징은 다음과 같이 정리할
수 있다.

① 교육적 활동이다

청소년수련활동은 여가선용을 위한 놀이활동이 아니라 청소년기의 역량
과 품성을 함양하는 교육적 목적과 이념을 구현하는 활동이라는 것이다.

② 자발적 활동이다

학업 활동과 같이 책임과 의무가 뒤따르는 활동이 아니라 자유로운 선택에
의해서 이루어진다는 뜻이다. 다만, 청소년들이 마음껏 원하는 프로그램을
선택하고 참여하는 데는 제한적이다.

③ 조직적 활동이다

수련활동 내용의 체계성을 의미하기도 하고, 수련활동 참가자의 집단성을
의미하기도 한다. 일반적으로 현장에서 이루어지는 각각의 단위 수련활동은
내용의 체계성과 대상의 집단성을 포함하는 조직 활동으로 펼쳐진다. 다만,
이러한 조직적 활동은 하나의 방향성을 갖고 있지 않을 경우가 많으며 다양
한 형태를 지닌다.

④ 체험적 활동이다

수련활동은 지식의 이해 및 습득 등의 교육활동과는 다른 영역으로서 체험
을 통한 역동적인 활동이 강조된다. 청소년 스스로 경험함으로써 수련활동
이 목적하는 바의 필요성을 체득하는 활동이다.

⑤ 창의적 활동이다

청소년수련활동이 갖는 공동의 목적이 있다면 청소년에게 창의성을 심어

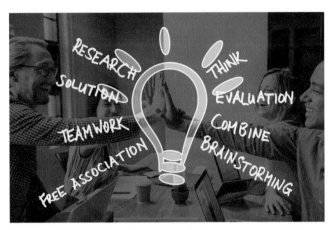

〈수련활동일까요?〉

주는 일이다. 수련활동이 창의성을 구현할 수 있는 까닭은 활동 자체가 갖는 변화무쌍함과 아울러 이를 통해서 참여 청소년들에게 즉흥적이고 감각적인 아이디어를 생각해 내고 표출할 수 있는 기회를 주기 때문이다. 또한 활동프로그램을 청소년 나름대로 해석하여 새로운 활동 형태와 공간을 만들어 내기 때문이기도 하다.

그런데 이처럼 법적 정의에 따른 수련활동의 특징들은 대상 범위를 너무 넓게 잡고 있으며, '배움을 실천하는 활동'이라는 모호한 개념과 집단성에 대한 규정이 명확히 제시되어 있지 않아 개념과 실천에 혼란을 일으킬 수도 있다.

(3) 청소년수련활동의 구성요소

① 청소년수련거리

「청소년기본법」에 명시된 청소년수련거리는 청소년 수련활동 프로그램에 해당한다. 청소년수련거리는 그동안 다양한 형태로 개발되어 활용되고 있다. 1991년 「청소년기본법」과 그에 따른 청소년기본계획 등이 수립되면서 국가와 공공단체도 정책적으로 청소년을 위한 수련거리를 개발·보급하기 시작한다. 이후 청소년활동에 관한 법적 규정을 담은「청소년활동진흥법」이 제정되어 수련활동과 그 지원에 대한 규정이 만들어졌으나, 대부분 이전의 개념과 정의의 수준에서 명시되고 있다.[2] 1990년대 청소년 수련활동이 활성화되기 시작한 까닭은「청소년기본법」에서 제시한 청소년의 건강한 지원과 육성 목표를 달성하고자 과거의 선도ㆍ보호ㆍ단속 위주의 청소년 정책과 사업에서 전환했기 때문이다.

일반적인 의미에서 수련거리는 수련과 거리로 구분하여 생각해 볼 수 있다. 수련(修鍊)은 수양(修養)하고 단련(鍛鍊)한다는 말의 약어로 사전적 의미로는 인격ㆍ기술ㆍ학문을 닦아서 단련하는 것을 뜻한다. 그리고 '거리'라는 뜻은 먹거리, 놀거리에서 볼 수 있듯이 프로그램과 방법, 사업 활동 등 유무형의 형태를 포괄하는 용어로 이해될 수 있다. 청소년수련거리는「청소년활동진흥법」에 "수련활동에 필요한 프로그램과 사업(project)"이라는 법적 정의에서 보듯이 의도적이고 포괄적인 청소년 체험활동 프로그램으로 규정하고 있다. 이러한 청소년 수련거리는 청소년 수련활동을 위한 프로그램의 개념으로서 활용될 수도 있지만, 협의로 본다면 건전한 청소년을 육성하기 위한 공공정책의 전략적 방안의 하나로 인식되는 것이 수련 '거리'라는 다소 생소한 개념상의 혼란을 줄일 수 있을 것이다.

청소년수련거리는 '한국청소년개발원'(현 한국청소년정책연구원)을 비롯한 각 대학의 연구소 등 청소년관련 전문기관에서 1992년 처음 개발을 시작한 이래 당시 문화관광부의 주도로 계속 개발ㆍ보급되어 왔다. 청소년수련거리는 초기에 각 종류에 따라 주제를 선정하여 단위프로그램(목적, 내용, 과정, 방법, 평가) 등을 순차적으로 구성하는 방식으로 진행되었으며, 1992~1995년

---

2)「청소년활동진흥법」제2조(정의) 6에 의하면 "청소년수련거리라 함은 수련활동에 필요한 프로그램과 이에 관련되는 사업을 말한다."라고 규정되어 있으며, 동법 제34조 1항에 의하면 "국가 및 지방자치단체는 수련활동에 필요한 수련거리를 그 이용대상ㆍ연령ㆍ이용 장소 등을 종합적으로 고려하여 유형별로 균형 있게 개발ㆍ보급하여야 한다."라고 되어 있으며 2항에는 "국가 및 지방자치단체는 청소년의 발달원리와 선호도에 근거하여 수련거리를 전문적으로 개발하여야 한다."라고 되어 있어 수련거리 개발과 보급에 대한 국가와 지방정부의 의무를 명시하고 있다.

까지는 청소년 육성 덕목 중심의 주제 유형별 프로그램 개발과 관련 '읽기 자료집' 등 각 종에 따라 2권의 책자를 발간하였다. 또한 1996년에는 주제별 프로그램과 함께 수련시설의 현황을 고려한 활동사업도 함께 개발되었다. 이러한 수련거리 개발은 1992~1996년까지 청소년기본계획에 따라서 115종의 수련거리를 개발한 일련의 청소년 육성정책사업으로 진행되었다.

청소년수련거리는 청소년수련활동의 실행교재로서뿐만 아니라 수련활동 체험의 결과를 인식의 구조로 담을 수 있게끔 정형화된 형태의 역할을 해 왔다. 수련거리는 개념과 실행을 서로 연결하고 조화를 이루게 하려는 노력과 함께 하나의 주제나 덕목을 순차적인 단위활동으로 구성하여 청소년지도자와 청소년에게 상황에 적합하게 활용할 수 있는 기본 자료로 제공되었다.

이것은 수련거리를 매개로 한 체험이 청소년에게 주어진 활동주제에 대한 수동적인 경험과 내면화에 그치지 않고, 청소년과 지도자가 함께 새롭고 창의적인 활동을 조직할 수 있는 기초를 만들어 주는 데 있기 때문이다.

청소년수련거리는 청소년에게 경험의 기회를 제공하는 데 그치지 않고 청소년 스스로 수련거리의 목표와 내용 그리고 활동방법을 모델로 삼아 자신의 활동영역을 구축하고 능력을 향상시키는 방향으로 전개되어 왔다. 앞으로도 수련거리가 프로그램의 의미로 규정된다면 일방적인 활동방향의 제시뿐만 아니라 청소년이 가진 경험과 정보를 효과적으로 활용할 수 있도록 포괄적이고 체계적인 개념정립과 활동방향을 제시해야 할 것이다.

② 청소년지도자, 청소년지도사, 청소년상담사

가. 청소년지도자

청소년지도자는 청소년지도사 및 청소년상담사와 청소년시설·단체·청소년관련기관 청소년 육성 및 지도 업무에 종사하는 사람을 총칭한다.

청소년들이 체계화된 개인 또는 집단활동을 효과적으로 수행하기 위해서는 그들을 돕는 청소년지도자가 필요하다. 이러한 청소년지도자는 마치 학교현장에서 교사의 역할과 비슷하다. 청소년지도자는 교사, 옹호자, 상담자, 활동촉진자, 조언자 등 다양한 역할을 수행하면서 청소년들의 신체와 정서의 체험적 활동을 돕는다.

나. 청소년지도사

「청소년기본법」제21조에 따르면 "여성가족부장관은 청소년지도사 자격 검정에 합격하고 청소년지도사 연수기관에서 실시하는 연수과정을 마친 사람에게 청소년지도사의 자격을 부여한다."라고 되어 있다. 청소년상담사와 함께 법적 자격을 갖춘 전문청소년지도자라 말할 수 있는 청소년지도사는 수련활동에 전문적인 지식과 지도기법을 갖춘 사람으로 청소년의 육성과 활동에 관련되는 일에 종사한다. 청소년지도사 1, 2, 3급으로 구분한다. 이러한 청소년지도사는 수련시설 형태와 규모에 따라서 일정 인원을 의무적으로 배치하도록 되어 있다.

다. 청소년상담사

청소년상담사는 심리학, 교육학, 사회복지학 등 상담관련분야를 전공하고 상담실무 경력이나 기타 자격을 갖춘 사람으로서 자격검정에 합격하고 일정하게 정한 연수를 마친 사람에게 부여하는 국가 자격증이다. 청소년상담사는 청소년상담원, 지역청소년상담센터, 소년원, 사회복지기관, 아동상담소와 청소년쉼터 등 청소년관련시설에서 상담관련업무에 종사한다. 이렇게 배출된 청소년상담사는 시·도 청소년상담센터에는 1급 청소년상담사 또는 2급 청소년상담사 3인 이상을 두고, 3급 청소년상담사 1인 이상을 배치해야 하며, 시·군·구 청소년지원센터에는 2급과 3급 청소년상담사 1인 이상을 배치하여야 한다. 또한 「청소년복지지원법」제 14조에 따른 청소년쉼터에는 1인 이상을 두도록 법적으로 명시하고 있다(여성가족부, 2018).

③ 청소년수련시설

청소년수련시설은 청소년들의 수련활동을 위해 필요한 여러 가지 시설, 설비, 프로그램 등을 갖추고 청소년지도자의 지도 아래 체계적이고 조직적인 수련활동을 하도록 설치된 시설을 말한다. 수련시설은 단순히 외형적인 공간이나 건물을 지칭하는 것이 아니라 그 안에 운영되는 프로그램과 지도자 등을 포괄하는 개념으로 이해해야 한다.

그리고 청소년수련시설 외에 청소년이용시설이 있다. 청소년이용시설은 수련시설이 아닌 시설로서 그 설치 목적의 범위에서 청소년활동의 실시와 청소년의 건전한 이용 등에 제공할 수 있는 시설을 말한다.

청소년수련시설은 2019년 현재 809개소가 전국에 분포해 있다(청소년수련시설협회, 2019).

3) 청소년활동과 복지 지원기관

(1) 한국청소년활동진흥원

「청소년활동진흥법」에 의거하여 설치해서 운영하는 기관으로 청소년수련활동 등 청소년활동 전반을 총괄 지원하는 기관이다.

주요 사업으로는 '수련활동인증제'를 통해 국가 차원의 청소년활동 품질 및 안전을 검증하고, 안전컨설팅 지원을 하며, 청소년정책을 제안하는 '청소년특별회의'를 운영 지원한다. 아울러 '국제청소년성취포상제' 한국사무국으로서 지역 중심의 활동 참여를 지원하고, 각 지방 청소년활동진흥센터의 운영을 지원한다.

한편, 국립중앙청소년수련원, 국립평창청소년수련원, 국립청소년우주센터, 국립청소년농생명센터, 국립청소년환경센터 등의 수련시설을 운영하기도 한다.

(2) 한국청소년상담복지개발원

한국청소년상담복지개발원은 청소년 상담과 복지를 통합적으로 지원하는 기관이다. 전국 400여 개의 청소년상담복지센터와 학교 밖 청소년지원센터(청소년지원센터 꿈드림)를 총괄하는 기관이다.

주요 사업으로는 '청소년안전망(CYS-Net)' 사업으로 청소년 가출, 폭력 등과 같은 위기문제나 심리정서적 문제로 도움이 필요한 경우 지역 내 청소년상담복지센터를 통해 위기개입, 긴급구조, 일시보호 등 다양한 청소년안전망 서비스를 제공하고 있다. 또한 24시간 청소년과 관련된 고민상담에서부터 긴급한 위기문제 해결까지 종합적인 서비스를 받을 수 있는 청소년전화 1388을 운영·지원한다.

그리고 학교 밖 청소년의 학업복귀나 사회진입을 돕는 학교 밖 청소년지원사업과 청소년 인터넷·스마트폰 과의존 예방·해소사업 등을 수행하고 있다.

(3) 아동권리보장원

아동권리보장원은 2019년 「아동복지법」에 의해 공공과 민간에 산재해서 수행해 오던 아동 관련 중앙지원 업무를 통합적·체계적으로 지원하기 위해서 설립한 기관이다.

아동권리보장원은 드림스타트, 아동자립지원, 실종아동지원, 입양지원 업무를 총괄적으로 수행한다. 따라서 요보호아동지원(중앙입양원, 중앙가정위탁지원센터), 요보호아동자립지원(아동자립지원단, 디딤씨앗지원단), 아동돌봄(지역아동센터, 드림스타트사업지원단), 아동학대 대응 및 예방(중앙아동보호전문기관), 아동실종대응(실종아동전문기관) 업무 등을 통합한다. 또한 공공기관에서 수행 중인 중앙입양원, 실종아동전문기관, 드림스타트사업지원단, 아동자립지원단의 업무가 아동권리보장원으로 통합되어 운영된다. 아울러 2020년 1월부터는 민간에 위탁된 중앙아동보호전문기관, 중앙가정위탁지원센터, 지역아동센터중앙지원단, 디딤씨앗사업지원단의 업무도 통합된다.

4) 청소년활동의 내용(복지관련)

(1) 지역아동센터

지역아동센터는 「아동복지법」에 기초를 두고 있다. 지역아동센터는 방과 후 돌봄이 필요한 아동과 보호자에게 보호, 교육, 문화, 복지, 정서지원, 지역사회연계 사업 등 종합적인 복지서비스를 제공한다.

지역아동센터는 지역에서 계속 확대되어 왔으며 2016년 12월 현재 4,107개소가 설치·운영 중이다. 2011년부터는 민간위탁 지역아동센터중앙지원단을 설립해서 지역아동센터의 운영을 지원하고 있다.

(2) 드림스타트 사업

드림스타트(Dream Start) 사업은 저소득 취약계층 가정의 12세 이하 아동과 가족 그리고 임산부를 대상으로 지역사회 내 사회복지관, 학교, 지역아동센터, 보육기관, 보건소 및 의료기관의 연계를 통해 맞춤형 통합서비스를 제공한다. 2007년에 시범사업 실시 이후 각 지방자치단체에 설치되어 활동을 하고 있다.

주로 신체나 건강 서비스, 기초학력과 학습지원, 정서와 행동 문제 지원, 부모 및 가족 그리고 부모교육, 임산부 서비스 등의 사업을 수행한다.

(3) 교육복지우선지원사업

교육복지우선지원사업은 빈곤한 청소년의 교육기회 불평등을 해소하기 위해서 2003년 시범사업(교육복지투자우선지역지원사업)을 거쳐 2008년부터 모든 시 지역으로 확대되었다. 「국민기초생활보장법」에 의한 수급자(교육급여), 차상위계층 및 한부모가정의 자녀, 북한이탈주민 및 다문화가족의 자녀, 특수교육대상자 등을 주 대상으로 개별 맞춤형 프로그램과 방과 후 프로그램, 특기적성 및 현물, 학습, 문화, 의료 등 각종 복지지원 등을 주요 내용으로 한다. 사업을 위해서 각 학교에 교육복지사가 배치되어 대상자 발굴, 복지프로그램 제공, 자원연계 등의 업무를 담당한다.

(4) 청소년 방과 후 아카데미

청소년 방과 후 아카데미는 학교 방과 후에도 돌봄이 필요한 주로 저소득층이나 한부모, 또는 다문화, 다자녀 가정의 초등학교 4학년부터 중학교 3학년까지 청소년을 대상으로 한다. 주로 학습지원을 중심으로 문화지원(문화예술, 스포츠 등), 생활지원(급식, 상담, 건강관리, 귀가지원 등), 특별지원(보호자간담회, 가족캠프 등) 등이 이루어지고 있다.

(5) 창의적 체험활동

2009년부터 도입된 창의적 체험활동은 학교 중심으로 지역사회 자원 등을 활용하여 이루어지는 청소년활동이다. 창의적 체험활동은 자율활동, 동아리활동, 봉사활동, 진로활동 등 네 가지 영역으로 구성된다. 학교와 지역사회 특성을 고려해서 학교가 자율적으로 운영하고 있다. 2013년부터는 전 학년에서 실시되고 있으며 창의적 체험활동을 지원하기 위해서 2011년부터 전국 16개 시 · 도교육청 및 교육지원청에서 창의적 체험활동지원센터가 설치 · 운영되고 있다.

3. 새로운 활동으로서의 놀이 _____

1) 놀이

놀이, 즉 노는 것은 일하지 않는 것이다. 일은 생존에 필요한 모든 활동을 말한다. 노동을 통해서 일을 성취한다.

일을 하는 이유는 일에서 얻는 기쁨과 성취감, 내가 필요한 존재라는 자각, 함께 일을 통해서 다른 사람과 교류함으로써 성장하고 즐거움도 얻을 수 있는 등 다양하다. 그러나 일은 생계에 필요한 자원과 소득을 얻기 위한 목적이 앞선다. 따라서 일은 일반적으로 자율적이기보다는 타율적인 활동이다. 물론 사람에 따라서 일이란 즐거움과 성취감, 재미, 보람 등을 주지만 반드시 해야만 하는 의무와 강제성이 뒤따르는 경우가 많다.

반면, 놀이는 자발적이고 자율적인 속성을 가진다. 그리고 일처럼 어떤 대가를 추구하지 않는다.

실제 원시사회에서는 일과 놀이는 불가분의 관계에 있었다. 일과 놀이 모두 삶을 영위해 가는 자연스러운 과정이고 목표도 되었다. 그러나 산업사회로 들어오면서 일, 즉 노동과 놀이는 엄격히 분리되기 시작한다. 복잡한 산업사회 경제와 사회구조에서는 노동과 놀이가 구분되지 않을 수 없다.

그런데 청소년에게 소득을 얻기 위한 일과는 다른 놀이 또한 여전히 중요한 일이다. 물론 학업이라는 일이 있지만, 학업 외에 놀이를 통해서 청소년은 신체적 성장뿐만 아니라 지능과 사회성 발달을 해 나간다.

사람은 놀이하는 존재이다. 호이징아(Huizinga)는 『호모 루덴스(Homo Ludens)』에서 놀이는 문화 형성 이전에도 있었고, 문화 안에는 놀이의 성격이 녹아 있다고 말한다. 또한 피아제(Piaget)와 비고츠키(Vygotsky) 등도 사람

〈멍하니 앉아 뭐하니? / 놀고 있는 건데요? / 놀면 뭐하니?/ 노는데 묻지 마요!〉

의 인지발달과정에 필수적인 요소로 놀이를 인식하였다(이현숙, 2002).

유엔아동권리협약 제31조에서도 "당사국은 휴식과 여가를 즐기고, 자신의 연령에 적합한 놀이와 오락 활동에 참여하며 문화생활과 예술에 자유롭게 참여할 수 있는 아동의 권리를 인정해야 한다."라고 명시되어 있다.

더구나 오늘날과 같이 창의적 인재의 중요성을 강조하는 시대에 놀이에서 찾을 수 있는 상상력과 창의성 등은 개인과 사회경쟁력을 높이는 강력한 수단이 될 수 있다.

2) 놀이의 의미

미래사회를 전망할 때 많이 언급되는 용어가 창의성이다. 과학기술의 기하학적 속도와 양적 발전은 사람의 생활 변화를 점차 예측하기 어렵게 만든다. 이렇듯 불확실한 미래에 필요성이 강조되는 창의성은 여러 분야에서 많이 언급되지만 실제 추상적이고 관념적이며 선언적 단어로 그 실체에 대한 논란은 계속되고 있다. 즉, 창의성이 중요하지만 어떻게 개발하고 심화시키고 확산시킬 수 있는가라는 점과 개인의 창의성을 사회로 끌어내는 방법과 수단에 대한 명확한 해답이 없다는 것이다.

창의성은 지금까지 기존의 무엇과는 다른 것 그리고 독창적인 것을 뜻한다. 또한 지속적으로 새로운 방향과 방법을 추구하는 능력을 말한다.

이런 관점에서 보면 놀이는 창의성과 밀접한 관계를 가질 수밖에 없다. 왜냐하면 놀이는 자유분방하고 늘 새로운 것을 추구하며 지속될 수 있는 재미와 흥미를 내재하고 있기 때문이다.

그런데 이제껏 놀이와 관련한 청소년활동이 주로 집단활동 중심으로 정책적 지원과 개입이 이루어져 왔다. 반면, 청소년 생활에서 집단활동보다 다양한 개별활동에 대한 욕구가 높아지고 있다. 대부분의 청소년이 갖고 있는 스마트폰을 통한 게임, 소셜네트워크서비스(SNS), 정보검색 등이 청소년 개별활동에 주요한 수단으로 자리매김하고 있는 것만 보아도 알 수 있다. 한편,

컴퓨터 등을 활용한 가상공간에서의 놀이는 오프라인에서는 상상하기 힘든 새로운 아이디어와 응용력을 가져다줄 수 있다. 그러나 자칫 놀이 자체에 대한 몰입과 즐거움을 느끼기보다는 상업적 도구 활용에 따른 사행성 등의 피해 또는 끝없는 자극이 신체와 정신을 피폐시킬 수 있는 방향으로 이어질 수 있다. 이것은 정작 놀이가 갖고 있는 건강한 사회문화를 만들어 내고 놀이에 대한 흥미를 통해서 자신을 건전하게 발전시키며 다른 사람과 교류하는 장을 만드는 기능을 외면되거나 축소시킬 가능성이 높다.

따라서 비정형화된 다양한 놀이활동을 지속적으로 관심을 갖고 개발하고 발굴하여 제시함으로써 청소년이 잘 짜인 사회경제 조직 속에서 자유롭게 생활할 수 있는 기반을 마련해 주어야 한다. 이러한 놀이의 개발과 발굴은 놀이 방법과 과정에 대한 개발보다는 다양한 놀이 형태를 제시해야 한다. 이를 통해서 청소년이 스스로 놀이과정을 만들고 또 다른 놀이를 창조하고 확장하며 스스로 개발하는 수준에서 이루어져야 한다.

놀이는 축적된 과정을 통해서 예기치 못한 성과를 내는 특성이 있기 때문이다. 다시 말해서, '재미있고 즐겁게 잘 놀다 보면 자신도 모르게 새로운 아이디어나 시각이 생긴다'는 것이다.

이러한 과정은 청소년의 창의성을 발전시켜 미래사회에 긍정적인 보탬이 되는 인간자본으로 성장할 수 있도록 하는데, 여기에 놀이의 의미가 있다.

3) 놀이의 요소

(1) 공간

청소년 놀이에서 공간은 큰 의미를 갖는다. 공간은 단순한 장소를 의미하지 않는다. 장소는 공간을 만드는 원석이다. 청소년들에게는 이미 형성되어 있고 예측 가능한 활동을 담을 수 있는 장소를 넘어선 공간이 필요하다.

때로 누구나 알 수 있고 놀 수 있는 주제와 형식 그리고 내용이 담길 수 있다고 보이는 장소는 청소년의 자율성과 창의성을 기대하기 어려울 수 있다.

〈공간은 구성하기 나름 / 비어 있는 공간이 청소년을 오히려 자유롭게 하지 않을까?〉

장소는 무슨 일이 발생하거나 일어나도록 구성되어 있는 곳이고, 공간은 비어 있는 곳이다. 특정한 범위 안에 아무것도 없는 빈 곳이다. 이러한 공간은 절대적·상대적 수준을 가지면서 명백히 객관적이고 실제적인 경계를 갖고 있다. 반면, 장소는 객관적 차원을 갖고 있지 않고 사회적으로 만들어진 것이다. 공간은 누구나 공유가 가능하지만, 장소는 특정한 목적을 가진 사람들만이 함께할 수 있다. 예를 들어서, 축구장(장소)은 축구를 하기 위해 만들어진 공간이다. 그러나 천연 잔디가 깔린 넓은 공터(공간)에서는 축구를 할 수도 있고, 필드하키를 할 수도 있고, 또는 잡초를 뽑으며 놀 수도 있고, 강아지와 산책할 수도 있다.

청소년 놀이에서 공간은 장소로 옮겨 가는, 즉 그림을 그리는 하얀 도화지 같은 모습이 되어야 한다. 놀이를 통해서 청소년이 새로운 장소를 만들어 경험과 친근함을 스스로 또는 함께 나누고, 그 장소가 목적을 성취하면 다시 개방적 공간으로 변하는 과정이 시작되어야 한다. 즉, 공간을 청소년만의 장소로 만들 수 있는 기회와 환경을 조성해야 한다.

(2) 사람

사람은 혼자일 수도 있고 다른 사람과 함께할 수도 있다. 놀이에서 사람은 주체인 동시에 객체이다. 내가 생각하고 행동하는 그대로 놀이가 되면서, 또한 스스로 놀이의 대상이 되기도 한다. 일인극과 비슷하다. 혼자서 해설자, 주인공, 보조연기자, 감독 등 여러 배역을 소화하면서 극을 꾸며 나가듯이 자신 혼자서 여러 사람의 역할을 하면서 자신이 원하는 세계를 꾸민다.

또한 다른 사람과 함께하는 놀이는 집단의 역동성이 그대로 반영된다. 놀이를 통해서 서로에 대한 탐색과 이해를 하고, 놀이를 선정하고 변형하고 발달시키며 몰입한다. 그리고 놀이가 끝나면 놀이과정에서 얻은 의미와 성과를 공유하기도 한다.

'나'라는 사람이 놀지만 다른 사람이 노는 모습을 구경하는 것도 놀이라면 사람은 놀이의 시작과 끝이라고 볼 수 있다.

사람은 놀이를 느끼는 주체자이며 동시에 놀이의 도구가 될 수 있다. 즉, 공간과 도구 등이 없어도 놀 수 있지만 내(사람)가 없으면 놀 수 없다는 말이다.

〈'혼자' 달고나 커피 만들어 먹기〉

〈반면, '여럿이' 있어서 더 잘 타는 양초〉

(3) 시간

놀려면 시간이 있어야 한다. 바쁜 사람은 놀지 못한다. 하지만 딱히 그렇지 않다. 물리적 시간보다도 더 중요한 것은 심리적 시간이다.

사랑하는 사람을 기다리는 시간은 '일각여삼추(一刻如三秋)'라는 말처럼 천천히 흘러가는 느낌이다. 또한 싫은 일을 억지로 할 때도 시간은 잘 흐르지 않는다. 10분이 지났는데도 한 3년은 흐른 것처럼 느낀다. 반면에 사랑하는 사람과 보내는 시간은 하루가 찰나처럼 짧다.

물리적으로 흐르는 시간은 똑같지만 시간은 사람의 심리까지 반영하기 때문에 시간 자체가 늦게 또는 빨리 가는 것이 아니라 사람이 처한 형편에 따라서 시간의 흐름을 다르게 느낀다.

노는 시간도 일정량의 물리적 시간이 길면 좋지만 그보다 심리적 시간을 어떻게 활용하느냐에 따라서 잘 놀 수 있는지 아닌지가 결정될 수 있다. 짧은 시간이라도 집중적으로 놀 수 있다.

사실 청소년 입장에서는 놀라고 해도 시간이 부족하거나 없다. 시간적 여유

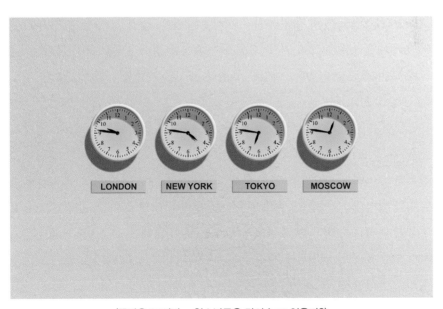

〈똑같은 24시간 – 청소년들은 많이 놀고 있을까?〉

가 생기더라도 놀기보다는 쉬고 싶은 것이 진심일지도 모른다. 노는 시간이 확보되고 더 길고 많아지면 좋지만 노는 시간이 부족한 현실 속에서 집중하여 노는 데 몰입한다면 시간은 부차적인 요소가 될 수도 있을 것이다.

학업보다 노는 활동이 더 중요하다는 인식이 사회 전반에 심어지기 전까지는 청소년에게 놀이에 있어 시간은 매우 제한적일 수밖에 없다. 그렇다고 놀이를 포기하기보다는 노는 시간의 양과 함께 놀이 형태와 방법 등에 대해서 고민해야 할 것이다. 그것조차 노는 일이라고 받아들이면 여유가 생길 수 있다.

(4) 도구

앞서 놀이의 요소 중 사람에 대해서 말할 때 강조했듯이 놀이에 있어 도구가 반드시 필요하지는 않다. 하지만 도구는 놀이를 더 재미있고 흥미롭게 만들 수 있는 중요한 요소 중 하나이다. 놀이가 집중을 불러일으키고 창의적으로 되기 위해서 놀이의 도구인 놀잇감은 단순한 것이 좋다. 예를 들어, 길가에서 주운 돌멩이나 나뭇가지 그리고 필기구 등이다.

놀잇감을 만드는 일부터 놀이가 시작된다면 더 좋을 것이다. 버려진 나뭇가지로 배를 만들어 호숫가에 띄우거나 종이를 접어서 딱지를 치는 일은 예전에 많이 했던 놀이였다. 이러한 놀이는 놀잇감 재료를 구하고 만드는 일부터 시작했다.

놀잇감은 본연의 기능을 갖고 있는 재료로부터 구성할 수도 있다. 스마트폰은 통신 도구인 동시에 인터넷 기능도 갖고 있는 전자 기기지만 놀이하는 청소년이 어떤 기능으로 의미를 부여하느냐에 따라서 다양한 놀잇감이 될 수 있다는 말이다. 놀잇감을 구하거나 만드는 일이 어떤 놀이를 할 것인가를 결정하지만 때로는 만드는 과정에서 새로운 놀이 형태를 창조하기도 한다. 이처럼 놀이 도구인 놀잇감은 청소년에게 단순하면 할수록 갖가지 놀이를 창조적으로 구성할 수 있도록 할 것이다.

특히 이런 놀이는 어린 시절부터 습관이 되면 좋을 것이다. 에릭슨과 피아제 등 학자들이 심리사회적 발달과정, 인지발달과정에서 언급한 것처럼 3세에서 5세 사이의 아동들에게 상상력과 자기중심성은 상당히 중요한 특징인 동시에 발달과업이다.

〈먹다 남은 과자로도 놀 수 있다니! ㅋ〉

어린 시절 볼펜 한 자루를 갖고 하루 종일 혼자서 놀아 본 경험이 있는지 모르겠다. 볼펜은 글을 쓰는 본연의 도구 목적에서 벗어나 다양한 상상의 수단이 된다. 때로는 내가 쓰는 소설 속의 주인공도 되었다가 자동차로 변신도 하고 막대사탕이 되기도 한다.

이와 같은 상상력이 청소년기에도 이어질 수 있도록 놀잇감은 단순하고 간단하며 명료해야 한다.

4) 몇 가지 놀이의 형태에 대한 생각

(1) 게임

게임(game)은 인도−유럽어의 'ghem', 즉 '흥겹게 뛰어놀다'라는 뜻의 어원을 갖고 있다. '놀다'는 흔히 '일하다'의 반대말로 이해된다.

흔히 즐거움과 재미를 추구하거나 기분을 전환하는 등의 활동을 말하며 게임은 경쟁의 속성을 지닌다. 오프라인에서 이루어지는 게임은 가위바위보부터 시작해서 카드게임 등 다양하다. 1970년대 이후에는 온라인 게임이 등장하면서 게임은 다양성과 새로운 성격을 드러내고 있다. 즉, 온라인 게임의 경우 불특정 다수인과 게임을 할 수 있으며 거의 무한대로 확장적인 게임 스토리와 구성을 만들 수 있는 특징을 갖는다. 더 중요한 것은 실제 상황 속에서 이루어지지 않기 때문에 심리적 부담이 덜하고 가상 공동체를 경험하고 응집력을 가질 수 있다.

오프라인 게임에서부터 온라인 게임까지 게임의 형태와 방법의 전환은 게임의 통일된 정의를 더 힘들게 한다.

게임은 규칙이나 경쟁이 공통되는 요소이다. 하지만 규칙과 경쟁이 없더라도 게임은 성립할 수 있다. 온라인 게임을 규칙과 경쟁이 없는 게임으로 구현할 수 있다. 그렇지만 그것마저도 게임의 범주 안에서 논의할 수 있다. 또한 로제 카유아(Roger Caillois)는 저서 『놀이와 인간(Les jeux et les hommes)』에서 게임을 즐거움을 위하여 행해지는 것, 시간과 장소가 정해져 있는 것, 승패의 여부가 확정적이지 않다는 것, 무언가를 생산하는 것이 아닌 것, 룰에 지배당하는 것, 현실의 활동으로부터 의미적으로 분리되어 있는 것을 게임의 참가자가 알고 있는 것 등으로 정의하고 있다.

그리고 살렌(Salen)과 짐머맨(Zimmerman)은 게임의 속성을 규칙, 목표, 갈등, 활동, 의사결정, 자발성, 예술성의 7개 요소로 정리하였다(Salen & Zimmerman, 2003).

게임은 아마도 놀이의 형태와 방법을 통틀어서 가장 재미있고 흥미로운 놀이인 듯하다. 그 이유는 게임이 주는 몰입성과 자극성에 있다고 본다. 그런데 게임은 이중적이다. 거의 모든 놀이의 속성이 그렇지만 게임은 어떤 놀이 못지않게 재미의 요소가 강력하기 때문에 때로는 그 요소가 게임을 이용하는 사람들에게 심각한 해를 끼친다. 게임은 재미있어야 한다. 하지만 이용자가 지나치게 재미에 몰입하도록 사행, 폭력, 자극적 요소를 무분별하게 사용한다면 재미가 독이 될 수 있다.

향후 온라인 게임이 더 활성화하면서 청소년의 중요한 놀이 형태로 게임은 더 부각될 것이다. 또한 이를 통해서 놀이와 일의 경계를 불분명하게 하는 현상이 더 확장될 것이다.

(2) 만들기

없는 것에서 있는 것을, 즉 무에서 유를 창조하는 일은 쉽지 않다. 따라서 만드는 놀이는 대부분 완전히 새로운 것을 구성하고 만들어 내는 일은 아니다. 그보다는 갖고 있는 재료와 콘텐츠를 새롭게 구성하는 활동이 된다.

실제로 만드는 일은 놀이가 갖고 있는 유희적이고 자유분방한 요소를 충실히 구현할 수 있다. 만일 도화지 한 장과 색연필이 있다고 한다면 이를 이용해서 거의 무한에 가까운 창조적 구성과 제작이 가능하다. 물론 일반적으로 도화지에 그림을 그리거나 글씨를 쓰는 일이 주어진 여건에 비교적 충실한 놀이활동일 수 있다. 그러나 모더니즘, 즉 합리성을 넘어선 포스트모더니즘 세계는 비정형화된 자유로운 놀이활동의 창출이 가능하고 만들기는 그 영역을 반영할 수 있다. 즉, 도화지에 구도를 잡고 색상을 선택해서 그림을 그리는 순차적인 행위가 아니다. 도화지를 뚫어 각기 다른 색연필을 여러 개 넣은 후 색연필 색상이 보이게 전시하는 행위는 앞의 행동과는 전혀 다른 활동방식이다. 이러한 창작물에 의미를 부여하면 성취감이 큰 만들기 활동이 될 수 있다.

만들기 놀이는 구성과 작업 그리고 평가까지 갖가지 상상력, 조합에 따른 설득력 그리고 공감할 수 있는 표현을 제시할 수 있다.

(3) 보고 듣기

'본다'의 대표적인 예로는 영상매체 시청이 있다. '보고 듣기'도 꾸준히 이어져 온 놀이활동이다.

보고 듣기는 소통의 가장 기본적인 행위이다. 보고 듣기는 수동적인 성격을 지니고 있지 않지만 때로는 수동성에 집중할 때, 즉 무심히 보고 들을 때 심신의 안정과 위안을 갖는다.

한편, 영상매체는 주로 본다. 이때 보는 행위는 몰입성을 강화시킨다. 영상매체 안에서 움직이는 사람과 사물과 공감하는 행위가 강화된다. 다른 한편, 음성매체를 통한 듣는 행위는 상상력을 자극한다. 예를 들어, 라디오를 들으면 라디오에서 들려오는 음악과 대화를 그대로 받아들이기보다는 자신의 영상 이미지와 결합해서 무한한 상상을 만들어 낸다. 따라서 '듣는 것'도 '보는 것'으로 연결될 수 있다. 이처럼 '보는' 놀이는 수동적인 행동 같지만 실제는 여러 행위를 유발 또는 촉발하는 시작점이 된다.

시청각 매체는 여전히 중요한 놀이 수단인 동시에 형태이다. 때로는 그냥 먼 산을 바라보면 소위 멍 때리는 것보다 시청각 매체 속에 있는 다양한 콘텐츠의 흐름을 보는 것이 훨씬 더 무상, 즉 아무 생각 없는 세계에 더 빨리 깊숙이 들어갈 수 있다. 즉, 보고 듣는 행위는 현대사회를 살아가는 청소년에게는 혼자 또는 함께하는 새로운 놀이를 촉진할 수 있는 갖가지 가능성을 열어 두고 있다.

(4) 운동하기

전형적인 활동으로 몸을 움직이는 놀이다. 건강한 신체는 곧 건전한 마음을 갖도록 돕는다. 개별적 운동이든 집단적 활동이든 움직인다는 것은 곧 생명을 표현하는 일이다. 걷는 것부터 시작해서 격렬한 구기운동까지 사람이 동물이라는 사실을 새삼 드러내는 일이다. 특히 청소년에게 운동놀이는 키를 크게 하고 뼈를 튼튼하게 할 뿐만 아니라 스트레스 해소와 뇌를 자극해 집중력을 높이는 등 신체적 성장에 중요한 도구가 된다.

그런데 다른 놀이활동도 비슷하지만 놀이가 갖는 경쟁적 요소만 강조하다 보니 운동도 잘하는 청소년과 그렇지 못한 청소년 사이에 격차를 심하게 만들어 적지 않은 청소년이 상대적 좌절감으로 운동에 접근하지 않는 경우가 꽤 있다.

물론 운동경기를 하는 데 있어서 우열을 가리는 것은 필요하다. 그러나 놀이로서 운동은 즐겁고 마음껏 움직일 수 있는 기반이 마련되면 그만이다.

따라서 운동을 할 수 있는 공간과 시간 그리고 기회접근을 제공하는 일은 청소년이 운동능력과 형편에 크게 상관하지 않고 운동할 수 있는 기초가 될 수 있다. 이를 토대로 청소년은 자유롭게 운동을 통해서 신체적인 성장과 건전한 시간 활용의 기회를 가질 것이다.

(5) 사색과 상상하기

유아기를 지나면서 어른들이 보기에는 엉뚱하다고 느끼는 상상력이 급격히 줄어든다. 한편, 어떤 면에서는 상상력이 줄어들기보다는 상상할 수 있는 동기와 시간이 줄어든다고 볼 수도 있다. 또한 사회화 과정에 들어서면서 부모 외에 또래 친구와 다른 중요한 사람들과 교류하는 기회가 많아지면서 상상의 폭이 줄어들고 현실에 대한 이해가 높아진다.

따라서 좀 더 현실에 적합한 상상과 사색의 시간이 많아진다. 즉, 예측 가능한 미래와 진로 등에 대한 고민 등으로 인해 해결할 수 있는 마술 같은 일이 벌어지기를 소원하는 상상으로 넘어가기도 한다.

사색과 상상도 좋은 놀이 형태이다. 특히 정신과 마음을 자유롭게 놓아둠으로써 기분을 이완시키고 나아가 창의력을 증진하는 계기가 되기도 한다. 몸을 움직이는 것뿐만 아니라 생각하고 상상하는 것도 중요한 놀이가 될 수 있다.

(6) 함께 놀기

혼자 노는 것도 즐거울 때가 있지만 놀이의 중요성 중에 하나는 사회성을 키우는 것이다. 사이버 공간에서 놀이활동(게임과 개인방송 시청 등)이 증가하면서 양방향의 소통이 활성화되고 있지만 역설적으로 대면 놀이 활동은 줄어들고 있다. 사이버 공간에서 비대면 형태로 사람 간의 소통이 이루어지고, 함께 노는 방법도 개발·확장되고 있으며, 이러한 추세는 더욱 가속화될 것으로 예상된다. 그렇지만 비대면 활동은 사회성을 증진시키는 데있어서 정서와 사고 그리고 느낌을 나누며 서로 관계를 맺는 대면 활동에 비해 한계가 있을 수 있다.

사람은 사회적·정치적 동물이다(둘 다 동일한 말이다). 함께 노는 일은 사람으로서 사람다워지기 위한 주요한 장치이다. 그것이 온라인(비대면)이든 오프라인(대면)이든 사람이 사람과 함께하지 않는다면 그 사람은 사람다움을 잃어버릴 것이다.

특히 청소년에게 함께 노는 일을 통해 사람다움을 발견하는 것은 평생 삶을 살아가는 데 있어 자기 자신을 이해하고 모델링할 수 있는 대상을 찾을 수있고 삶의 보람까지 느끼게 하는 등 수없이 많은 장점이 있다.

■표 6-1■ **시대에 따른 세대 구분**

세대 명칭	연대	특징
GI세대와 침묵 세대	1901~1945	위계질서 중시
베이비부머	1946~1964	타자기로 일하고 혁명을 겪음. 권위에 대한 혐오가 강함.
X세대	1965~1982	워드프로세서로 일하고 경제적 시련을 겪음.
Y세대(밀레니얼 세대)	1983~1990	컴퓨터로 일하고 경제적 안정 속에서 성장. 환경의식 있음/부모가 맞벌이인 경우가 많음.
Z세대	1991~2000	가상의 공간에서 소통. 글로벌 경쟁에 노출. 미래에 대한 걱정/약화된 충성도
알파세대	2011~현재	제4차 산업혁명 이후 인공지능, 로봇 등 기술 진보에 익숙한 세대

7장

권리와 참여

1. 청소년과 인권

모든 인간은 하늘로부터 부여받은 존엄성을 가지고 있다. 우리나라 「헌법」 제10조에 명시되어 있는 조문이기도 하지만 1948년에 제정된 세계인권선언문 전문과 제1조에 나타나 있기도 하다.

부자라도 해도, 가난하다고 해도, 능력이 뛰어나다고 해도, 인격적으로 훌륭하고 지식이 많다고 해도 그렇지 못한 사람보다 인간으로서 더 가치 있는 것은 아니다. 인간이 존엄하다는 뜻은 모든 인간이 세상에 둘도 없는 유일무이한 독특한 존재로서 가치와 정체성을 갖는다는 것이다.

인권(human rights)은 개인에게 보편적으로 해당하는 광범위한 가치이다. 사람이라면 누구나 당연히 가지는 기본적이고 자연적인 권리이다. 또한 인간의 존엄에 기반을 두는 인권은 사회복지의 기본 가치이기도 하다. 인간은 천부적 권리로서 존엄성을 갖고 있지만 현실에서는 인간의 존엄을 해치는 일이 많이 일어난다. 그래서 인권의 의미가 강조되는지도 모른다.

인권은 인간의 존엄성을 지키는 권리이다. 국가는 개인의 권리를 법으로서 보장해야 하는 책무가 있다.

사실 인권이 보편적 가치로서 인정되기 시작한 지는 그리 오래되지 않았다. 인권의 개념은 18~19세기 절대주의에 대한 투쟁으로부터 발전하면서 프랑스 혁명에서 나타난 인권선언과 영국의 권리장전 등에서 꽃을 피우고 제도화의 기틀을 마련하였다.

　모든 사람이 인권이 있지만 다른 사람의 인권을 존중하지 않는 사람은 법으로서 그 사람의 권리를 제한하거나 제재한다. 그러나 인권은 단순히 법적인 범위에서 정의할 수 없는 사안이 많다. 어떤 사람이 난치병에 걸려서 생명이 위태롭고 상당히 많은 돈이 들지만 3년간 매달 치료받고 회복될 수 있는 방법이 있다고 상정하자. 만일 전 재산을 통틀어도 한 달 치료받을 비용이 되지 않는다면 그 사람은 생명을 유지하기가 쉽지 않을지도 모른다.

　단순히 하나의 현상만 보고 인권 침해 여부를 판단하기는 쉽지 않다. 갖가지 사회적 맥락과 상황 속에서 인권이 보장받지 못하고 있다는 것을 판단해야 하는 것처럼 인권은 현실에서 다양한 모습을 보이고 있다.

　그런데 나의 인권은 다른 사람의 인권과 연결되어 있는 지점이 상당히 많다. 법을 지키는 일은 타인의 인권을 위한 나의 자유로운 권리의 제한이 될 때가 있다. 예를 들어, 기분이 나쁘다고 다른 사람을 때리는 경우에는 법적 처벌을 받는다. 또한 답답하다고 옷을 다 벗고 거리를 활보한다면 법으로 제재를 받는다. 하지만 인권의 제한과 허용범위는 매우 복잡하고 쟁점이 될 부분이 많이 있다. 따라서 인권의 침해와 제한은 정해진 법과 규정에 의해서 달라지지만 아울러 사람들이 갖고 있는 상식과 우리가 살고 있는 사회문화 규범에도 영향을 받는다.

　인권이 존재한다는 것에는 크게 다른 의견이 없지만 인권의 본질과 범위에 대해서는 논란이 있다. 인권이 보장될 수 있는 방법과 한계 그리고 인권이 앞서 말한 대로 누구에게도 양도할 수 없는 천부적인 권리인가 하는 것에 대한 논쟁은 끊임없이 이어지고 있다.

　청소년 인권을 생각할 때 아동과는 다른 청소년의 권리는 어디까지 보장되어야 하는지에 대한 논의부터 시작한다. 그리고 청소년들 중 다수인 학생청소년이 학교에서 겪는 인권의 침해와 차별은 무엇인지, 일을 하는 청소년의 인권 문제, 나아가 청소년들의 정치적 권리와 참여의 허용과 한계 등 인권을 둘러싼 논의는 무궁무진하다.

결국 청소년도 생애발달과정에서 한 시기를 거치는 존엄한 존재로서 그 청소년기를 고려하고 사회적 관계와 관련된 가운데서 한 인격체로서 인권이 청소년의 권리를 가늠하는 준거가 될 수 있을 것이다.

〈그렇다면 그 권리를 어디까지 인정해 주어야 하는 것일까?〉

2. 인권의 3세대

인권은 한 사회의 역사 흐름과 사회경제 그리고 문화 발전에 따라서 변화한다.

인간 존엄성에서 비롯되는 생명권 등에 대한 권리는 보편성을 지닌다 하더라도 실제로는 현실세계의 큰 영향을 받는다. 멀지 않은 역사 속에서도 그 모습을 볼 수 있는데, 대표적인 예가 제2차 세계대전 당시 참혹한 학살을 감행한 나치독일의 홀로코스트 사건, 일제강점기에 우리나라 여성이 인권유린을 당했던 일본군 위안부(성노예) 문제 등이며, 여기에서 여러 인권 침해 요소들을 발견할 수 있다. 민족적 우월성을 앞세워 다른 민족의 생명권을 빼앗고 여성의 성적인 자기결정권과 행복권을 앗아 간 역사적 사건이었다. 개인의 관점에서 보면 국가가 없거나 힘이 없어서 인권을 보호하지 못한 것이지만 근본적인 권리 침해는 자유권의 박탈이다.

자유권은 온당하지 않은 국가 권력으로부터 자유로울 권리를 말한다.

가끔 길거리에서 개인 간의 시비가 붙어서 싸움이 될 듯하면 "법대로 합시다."라는 말을 듣는다. 법은 최소한의 도덕률, 즉 모두가 당연히 지켜야 할 최소한의 사회적 도덕인 동시에 권리를 침해받지 않고 누릴 수 있도록 하는 제도적 장치이다. 이러한 법은 주로 '~해서는 안 된다.' '~할 수는 없다.' '~할 수도 있다.' 등의 문구를 사용하며 권리를 수동적으로 지키는 합의로서 소극적 권리(자유)라고 부른다. 즉, 개인이 갖고 있는 자유권을 최대한 보장하는 데 있어서 외부로부터 간섭이나 방해 없이 자유를 누릴 수 있는 권리를 말한다. 소극적 권리가 구현되는 사회는 국가의 개입을 최소화하여 법이 규정한 테두리만 지키면 나머지는 자유롭게 생활할 수 있는 자유주의적 이념과 제도를 따른다. 한편, 적극적 권리(자유)는 '~을 향한 자유'로서 복지적 관점에서 보면 인간다운 생활을 지향하는 권리라고 말할 수 있다. 즉, 국가의 모든 구성원이 진정한 자유를 실현하기 위한 조건을 보장함으로써 개인의 생활의 질을 높이는 데 목표를 두는 권리이다.

근대와 현대에서 수많은 나라의 권리를 신장하기 위한 역사는 자유권을 획득하기 위한 투쟁이 우선이었다고 볼 수 있다. 이를 토대로 적극적 권리로서 복지권을 추구하고 나아가 미래세대가 향유해야 하는 권리까지 확장하고 있다.

이와 관련하여 3세대 인권을 주목할 필요가 있다.

오래전 상영되었던 인상 깊은 영화가 있다. 폴란드 출신인 키에슬로프스키 감독이 만든 〈세 가지 색〉 삼부작 영화로 〈세 가지 색: 블루〉 〈세 가지 색: 화이트〉 〈세 가지 색: 레드〉로 이어지는 시리즈이다. 이 시리즈에서 각각의 색은 프랑스 국기의 색을 나타낸다. 블루는 자유, 화이트는 평등, 레드는 박애를 말한다.

절대왕정을 무너뜨리고 시민국가를 수립한 프랑스 혁명은 인권과 관련해서는 인류사적 사건으로 기록되고 있다. 이 시민혁명 때 프랑스 삼색기가 주권, 즉 인권의 상징으로 널리 퍼지게 되고 오늘날에도 자유, 평등, 박애는 인권을 실현하는 중요한 이념과 지표가 되고 있다.

바사크(Vasak)는 프랑스 혁명에서 제기된 자유, 평등, 박애의 세 가지 지향점과 구호를 바탕으로 인권의 3세대를 주창하였다.

〈프랑스 국기의 의미-자유, 평등, 박애〉

1세대 인권은 자유와 관련한 자유권 중심의 인권이다. 17~18세기의 서구 사회의 정치적 혁명과 관련되어 있으며, '~로부터의 자유'라고 하는 인간의 권리에 초점이 맞추어져 있다. 정부의 개입보다는 자제를 선호한다. 따라서 1세대의 인권을 '소극적' 권리라고 생각하는 경향이 짙다. 이 1세대 인권의 핵심은 정치권력으로부터 한 개인을 보호할 수 있는 '자유'를 선언했다는 것이다.

2세대 인권은 평등과 관련된 경제적·사회적·문화적 권리로서 이를 통틀어 사회권이라고 볼 수 있다. 이는 19세기를 전후하여 발달하였으며, 서구 자본주의의 지나친 발달과 자유에 기반을 둔 개인주의의 폐해에 대한 반발로 형성된 평등 중심의 권리이다. 2세대 인권의 특징은 일정한 분배 정의를 확립하여 사회적 약자들의 인간다운 삶을 보장(복지)하는 데 초점을 맞추고 있다. 이를 위해서는 정부의 개입이 적극적으로 이루어져야 하며, 이러한 점에서 볼 때 제1세대 인권에 비해, '~에 대한 권리'로서 적극적인 권리에 해당한다.

3세대 인권은 앞의 1세대와 2세대의 권리와 조금 다른 측면에서 이해되어야 하는 권리이다. 박애와 관계되는 것으로서 개인과 집단에서의 소수자, 전 세계 중의 제3세계 등과 같이 인권을 누리지 못하는 개인과 집단에 대한 각성에서 나온 권리를 말한다. 3세대 권리는 인권의 특성인 약자를 위한 권리라는 점을 강조하여 여성과 인종 문제, 그리고 제3세계의 빈부격차 문제, 국제무기 경쟁과 핵전쟁의 위협, 그리고 생태 위기 등으로 인한 인류 삶의 환경과 관련한 인권의 새로운 목록을 제시한다. 1, 2세대 인권과는 달리 국가와 개인의 관계에서 나오는 권리가 아니라 집단적이고 연대적인 권리라는 점에서 차이가 있다고 볼 수 있다(김영란, 2016).

이 3세대 인권은 인권이 점차 확장해 온 개념으로 볼 수 있으며, 1세대-2세대-3세대 단계별로 발전한다고 할 수 있다.

3. 청소년의 권리와 복지권

"청소년은 나라의 보배이고 미래의 주인공이며 동량(棟梁)이다." 어른들이 청소년에 대해서 쓰는 글에 많이 나오는 문장이다. 그만큼 청소년이 한 나라에서 중요한 존재이며 나아가 국가의 미래를 결정하는 인간자본(human capital)이라고 강조하는데 굳이 시비할 일은 아니겠지만 때로는 의아심이 앞선다. 왜냐하면 종종 상투적인 표현으로 진실성이 별로 느껴지지 않기 때문이다. 청소년을 격려하고 청소년의 소중함과 중요함을 강조하는 의도는 알겠지만 어느 순간 공허한 말 잔치인 듯해서 쓰는 문장 내용의 무게만큼 가슴에 다가오지 않는다. 그 이유는 적어도 청소년의 소중함과 중요성을 강조하려면 어른이 갖는 책임과 해야 할 일에 대한 언급이 뒤따라야 하는데 그렇지 못하기 때문이다.

이와 마찬가지로 인권, 즉 인간의 권리는 한 인간이 자유롭고 정의롭고 행복한 환경에서 살아야 한다는 당위적 선언에 그쳐서는 안 된다. 사회적 관계에서 인간의 권리는 책임과 의무의 주체가 있어 그들의 역할이 제시되어야한다.

마치 국가가 국민의 권리에 대한 의무 관계로 맺어진 것처럼(조효제 역, 2009) 어른이 청소년의 권리에 대해 책임관계를 명확히 해야 진정한 청소년의 권리를 논의할 수 있는 출발점이 될 수 있다. 그리고 이를 토대로 내용을 명확히 하며 나아가 확장할 수 있을 것이다.

그저 '그랬으면 좋겠다.'라는 막연히 바라는 개념이 아닌, 꼭 그래야 한다는 당위적 개념으로 이해해야 한다는 것이다.

특히 청소년복지권(welfare right)은 삶을 넘어서 생활에 밀접한 관련이 있는 문제이므로 구체적으로 규정할 수 없는 것은 권리로서의 의미를 퇴색하게 하거나 무의미하게 한다.

예를 들어서, '모든 청소년은 행복할 권리를 가진다.'라는 문장은 충분히 선언적이며 공감할 수 있지만 '그래서 행복할 권리가 어떻게 구현되어야 하는가?'라는 질문에 답하지 않으면 공허한 말이 될 수밖에 없다는 것이다. 그러므로 복지권은 바로 구체적으로 나타나거나 실현할 수 있는 내용과 제도 그리고 방법과 과정을 제시하지 않으면 안 된다.

4. 청소년복지권의 구성요건

1) 복지 규범

규범을 결정짓는 사회가치는 청소년을 잘 성장하도록 돕는다는 전제로 시작된다. 예를 들어서, 우리가 살아가는 이유 중 하나는 자녀를 키우는 일이며 이러한 의미는 사회적으로 확장할 수 있다. 부모의 삶보다 더 나은 삶을 구현하도록 돕는 데 자녀를 키우는 목표를 두는 것은 자연스럽다. 따라서 복지 규범은 사회적 관점에서 보면 가정뿐만 아니라 청소년 각자의 욕구에 적합한 지원이 이루어져야 한다. 즉, 사회가 갖고 있는 자원과 재원 그리고 능력 범위에서 감당할 수 있는 수준을 최대치로 높여서 지원과 기회를 제공하려는 노력을 말한다.

흔히 내 입에 맞난 음식이 들어가는 것보다 자녀들 입에 들어가면 더 큰 무형의 행복을 느낀다는 말이 있다. 이렇듯이 사회가 미래를 조망하면서 복지적 기초와 자원을 형성하는 일은 사회 전체의 행복 크기를 넓고 깊게 할 수 있다.

2) 사회 책임

거의 모든 현대 국가는 복지국가를 내세우고 있다. 복지국가는 시민의 적극적 권리의 구현이라는 측면과 연결되어 있다. 시민을 보호하는 소극적 개념에서 시민의 삶까지 책임지는 적극적 권리에 대한 국가의 역할을 수행하는 모습이 복지권이라고 볼 수 있다.

어떤 권리라도 생존권에 우선하지 않는다. 그런데 오늘날 한 사회나 국가에서 개인의 생존은 자신이 갖고 있는 책임 범위와 한계를 넘어서는 경우가 적지 않다. 개인이 성실히 살더라도 사회구조나 정책적 실패로 인해 국가가 사회경제적으로 위기에 빠진다면 개인은 더 큰 나락으로 빠져 생활 속에서 엄청난 고통을 겪을 수밖에 없다. 이렇듯 복잡하고 실시간에 가깝게 연결되어 있는 사회 속에서 한 개인이 할 수 있는 역할과 기능에는 한계가 있기 마련이다.

따라서 생존권으로서 복지권은 시민의 행복을 넘어서 현대 국가와 사회의 입장에서는 감당해야 할 의무이며 시민의 위치에서 보면 중요한 권리이다.

이런 이유라면 청소년에 대한 복지적 실천은 너무 분명하다. 청소년복지권에 대해서 국가와 사회는 매우 중요한 책임이 있으며 청소년에게는 주요한 권리이다. 나아가 청소년복지권은 단순히 한 개인의 생존과 행복을 도모하는 수준에 머무르는 것이 아니라 청소년의 성장가능성을 생각할 때 복지권을 기반으로 국가의 사회경제적 발전과 역량의 규모까지 확장할 수 있다는 것이다. 따라서 청소년복지권에 대한 사회적 책임은 아무리 강조해도 지나치지 않다.

3) 청소년 참여

현재는 물론 미래까지 고려한 고유의 권리에 대한 내용에는 청소년 당사자의 참여가 이루어져야 한다. 물론 우선은 사회 가치와 규범의 범위 내에서 이루어지겠지만 때로는 그것을 넘어서서 새로운 권리형태를 제시할 수 있어야 할 것이다.

기본 인권은 천부의 권리이지만 그 인권이 구체화되는 형태는 시대와 환경에 따라서 달라질 수밖에 없다. 더욱이 인권을 체감하고 권리와 의무 간의 관계를 명확히 할 수 있는 복지권에 있어서는 더욱 그렇다. 복지권은 현금과 현물 그리고 무형의 서비스 등이 다양한 형태의 권리로서 제시된다. 즉, 자유와 평등 그리고 박애의 민주적 가치가 실생활에서 실현되는 내용과 방법에 대한 가늠자가 되는 것이다.

한편, 청소년의 복지권은 정태적 개념이 아닌 유동적 개념으로 이해해야 한다. 예를 들어, 여전히 아동복지의 범주에서 청소년을 이해할 때는 그들에게 청소년수당은 곧 가족수당을 의미할 수 있다. 그러나 청소년들은 가족수당보다는 당사자에게 지급되는 청소년수당을 더 원할 것이며 사회적으로도 의미가 있을 수 있다(청년구직 수당 등은 다른 관점에서 볼 수 있겠지만 한편으로는 청소년수당의 연장으로도 생각할 수 있겠다). 또한 미래사회에서 복지권에 대한 국가와 사회의 재원과 문화의 한계를 넘어서 상상력을 발휘해서 논의할 수 있는 기회와 환경도 청소년 참여를 바탕으로 제공되어야 한다.

5. 청소년권리의 증진 단계

비록 인권이 천부의 권리이지만 가만히 앉아 있다고 해서 권리가 얻어지지 않을 때가 많다. 실제 생활에서 개인과 억압받는 집단이 권리 침해나 불이익을 당할 때는 사회에 지속적으로 도전하고 투쟁해서 권리를 획득해야 한다. 청소년권도 마찬가지라고 볼 수 있다. 더욱이 청소년은 성인과 사회의 보호 속에 있다 보면 권리증진의 필요성을 절실히 느끼지 못할 수도 있다. 또한 만일 권리가 침해받고 있어도 정말 침해받고 있는지에 대한 판단조차 할 수 없는 경우가 있다. 왜냐하면 청소년권리는 성인의 권리에 종속된 성격이 강하고 성인의 허락과 허용에 따라서 이루어지는 경우가 많기 때문이다.

청소년이 주체적인 삶을 살아가고 성인과 더불어 바람직한 사회를 구성하며 미래의 건강한 자원으로서 성장하기 위해서는 자신과 타인의 권리에 대해 명확히 이해해야 하고, 또한 권리를 찾고 지키려는 노력이 절실하다.

다음에서는 청소년이 사회에서 자신의 권리를 증진시킬 수 있는 단계를 제시한다.

1) 청소년권리의 자각

아는 만큼 느낄 수 있다는 말이 있다. 청소년권리 확보의 출발은 권리를 자각하는 일이다. 청소년이 스스로 자신의 사회적 권리를 이해하고 파악할 수 있도록 권리에 대한 지식과 정보가 필요하다. 우선, 인간 생명의 존엄성과 기본적인 권리에 대한 습득이 필요하다. 이와 함께 수많은 권리 중에서 내가 갖고 다른 사람과 조화를 이루어야 하는 주체적인 권리에 대한 자각이 필요하다.

2) 청소년권리 침해의 이해

사람이 갖는 권리가 우리가 살고 있는 사회의 정치 · 경제 · 법 제도 내에서 침해당하는 정도와 유형을 이해해야 한다. 청소년은 알게 모르게 자신의 권리를 침해 또는 박탈당할 수 있다. 따라서 국가권력과 사회는 늘 청소년 개개인의 권리를 침해하거나 방치하는 사회 제도와 행위에 관심을 기울여야 한다. 또한 권리 침해에 대한 교육이 학교와 지역사회에서 꾸준히 있어야 한다. 이와 함께 청소년 스스로 내가 가져야 하는 권리와 그 권리를 누릴 수 있는 수준과 태도에 대한 이해가 있어야 한다.

3) 청소년권리의 자율과 책임성 설정

보편적으로 권리는 책임이 뒤따른다. 생명은 존엄하다. 따라서 스스로 목숨을 끊어서는 안 된다. 자살은 심각한 일탈행위이다. 즉, 생명은 소중하기 때문에 자신의 생명도 스스로 결정할 수 있는 권리는 없다.

이처럼 모든 권리에는 책임이 따라오고 또한 권리를 갖고 누리는 데 따른 자율적 규제가 요구된다. 권리의 자율과 책임 관계를 명확히 설정하기는 힘들다. 그렇지만 청소년이 권리와 관련한 개인과 사회에 대한 책임과 자율성을 잘 알고 행동하는 것은 중요하다. 타인의 권리는 내 책임과 맞닿아 있으며 다른 사람의 책임은 내 권리와 깊은 관계가 있다. 따라서 권리의 자율성과 책임의 기준을 학습하고 올바르게 정립하는 일이 필요하다. 이것은 자신과 가족 등이 정당한 권리를 외면당하거나 침해당했을 때 권리를 찾기 위한 안내 지침이 될 수 있다. 즉, 권리에 대한 이해와 함께 권리와 연결된 책임을 알고 배워 나가는 일도 진행되어야 할 것이다.

4) 청소년권리의 상호성 인식

권리는 특정한 개인에게 부여된 권한이 아니다. 대부분의 권리는 다른 사람과 밀접한 관련을 갖는다. 때로는 자신의 권리주장이 타인의 권리를 침해하기도 한다. 따라서 청소년이 권리를 증진시키고자 할 때 타인의 권리와의 관계를 살피는 일이 반드시 필요하다. 나의 권리와 똑같이 다른 사람의 권리를 인정하고 수용하며 발전시키도록 노력해야 한다. 이것이 다 함께 권리를 증진하는 성숙한 방법이 될 수 있다.

5) 청소년권리의 확보를 위한 도전과 성취

권리는 누군가로부터 주어질 수도 있지만 자기 스스로 주장하고 합리적인 방법으로 얻을 때 더 소중해질 수 있다. 사회에서 청소년이 스스로 권리를 주장하고 찾기는 쉽지 않다. 따라서 같은 생각을 갖고 있으면서 권리를 침해받는 청소년들과 힘을 합쳐서 권리를 찾도록 해야 한다.

이러한 청소년 권리확보를 위한 노력은 성인들과의 대결이 아닌 상호 이해와 협력으로 추진되어야 한다. 또한 청소년 간에 권리에 대한 몰이해와 잘못된 권력 행사로 인해 피해받는 경우도 외면해서는 안 될 것이다. 그 대표적인 사례가 사회문제 중 하나인 '집단 따돌림' 또는 '청소년의 집단구타' 문제이다. 내가 직접 집단 따돌림을 시키는 행위에 가담하지 않았다고 해서 책임이 없어지는 것은 아니다. 다른 사람이 당하는 피해를 지켜보고 방조하는 것도 권리를 침해하는 행위라고 볼 수 있다. 따라서 청소년의 권리가 무엇인지, 그 권리가 어떻게 확보되어야 하고, 다른 사람의 권리의 소중함을 인식하고 정당한 권리를 행사할 수 있는 노력의 출발점이 되어야 할 것이다.

6. 청소년의 권리와 참여

청소년의 권리에 대한 관심은 20세기 초반부터 나타났다. 제1차 세계대전 이후 전쟁이 가져온 참혹함에 아동이 가장 심각한 피해를 입을 수밖에 없다는 성찰을 하였고, 이에 대한 조치로 1924년의 '아동권리에 관한 제네바 선언'이 작성된다. 이후 이를 토대로 1959년 '유엔아동권리선언'이 선포된다. 비록 협약과 같이 법적 구속력은 없지만 각국의 아동과 청소년을 위한 권리 보장에 대한 노력을 촉진하는 계기가 마련되었다. 그리고 전 세계 아동들의 생존, 보호, 발달을 위한 국제사회의 노력이 가속화되어 1989년 유엔총회에서 '아동(청소년)의 권리에 관한 협약(the Convention on the Rights of the Child, 이하 청소년권리협약)'이 만장일치로 채택된다. 이 협약은 각국의 비준을 거쳐 국제법으로서 효력을 갖고 있다.

이 국제협약은 청소년과 청소년에게 독립적 인권을 부여하는 최초의 국제적 법적 조치이며 우리의 관심이 보호에서 자율성 인정으로, 양육에서 자기결정권 장려로, 복지에서 정의실현으로 발전되어야 한다고 요구하고 있다(이기범, 1997). 청소년권리협약의 관점은 청소년도 어른과 같은 권리를 부여받아야 한다는 것이다. 청소년은 어른과 같은 지위가 좀 더 많이 허락될수록 어른의 억압으로부터 자유로워진다고 본다. 따라서 청소년의 자율과 자유 그리고 자기결정권은 주요 개념이 된다. 다시 말해, 청소년은 어른과 다른 존재가 아니며, 이는 청소년의 행동, 감성, 사고, 지식, 기술 등 모든 측면에 적용된다(이순형 외, 2003; 이재연, 1997). 청소년권리협약 제5조와 제12조에는 이러한 청소년의 권리를 보장하기 위해 발달정도와 능력을 고려하여 보호해 주어야 함을 명시하고 있다. 일반적으로 어른이 통제하고 제한하는 사회는 청소년의 사고, 감정, 말을 진지하게 받아들이지 않고 청소년이라는 이유로 청소년의 행동에 다른 의미를 부여한다고 본다. 따라서 어른의 의무는 청소년의 행동을 허락하고 청소년의 말을 듣고, 원하는 것을 존중해 주는 것이다. 청소년의 권리는 보호나 복지 개념보다는 자유, 자기결정, 자율성 등과 함께 적용되는 것이다(송주미, 2003; Archard, 1993).

천부적 인권으로서 권리를 바르게 누리려면 개인과 억압받는 집단이 사회의 부당한 구조와 행태에 지속적으로 도전하여 획득해야 한다. 왜냐하면 청소년권리에 대해서 적지 않은 청소년은 권리 침해 여부조차 판단하기 어려운 상황에 처할 때가 많기 때문이다. 앞서 지적했듯이 여전히 성인의 권리에 종속되어, 부분적으로 성인의 승인에 따라서 권리 행사가 허용되는 까닭이다.

이러한 권리는 단지 성인의 수동적인 보호와 시혜에 가까운 자율성의 확보로 실현되기 어렵다. 따라서 청소년의 적극적인 참여를 통해서 권리를 인식하고 그 권리의 모습을 이해하며 표출하는 일이 필요하다. 아울러 청소년 참여를 통하여 청소년과 성인이 함께 협력해서 권리를 증진시키는 방안에 대한 탐색도 이루어져야 할 것이다.

7. 청소년 참여의 실제 _____

1) 의의

청소년 참여는 삶의 모든 영역에서 청소년과 성인 간의 협력개발이라고 정의하고 있으며 크게 세 가지 의미로 사용하고 있다.

첫째, 광범위한 수준에서는 청소년이 시민으로서 사회적 · 문화적 · 정치적 · 경제적 생활에 완전하게 참여할 수 있는 권리를 갖는다는 점을 인식하는데 사용된다. 예를 들어, 청소년들이 교육, 훈련, 고용, 정치생활과 같은 영역에서 참여할 수 있음을 말하는 것이다.

둘째, 조직 수준에서는 청소년들을 지원하기 위하여 계획된 정책, 프로젝트, 프로그램에 관한 의사결정에 참여하는 권리를 기술하는 데 사용한다. 예를 들어, 청소년들이 청소년 프로젝트에서 자문이나 운영에 참여하는 것이다.

셋째, 개인적인 수준에서 자신의 삶에 영향을 미치는 의사결정에 관하여 정보를 얻을 권리를 기술하는 데 사용된다. 청소년이 가족생활이나 정부의 보호를 받는 경우 청소년 서비스의 고객으로서 의사결정에 관여하거나 정보를 받는 경우이다.

2) 청소년 참여의 형태

(1) 청소년특별회의

청소년특별회의는 청소년의 시각에서 청소년이 바라는 국가 차원의 정책 과제를 발굴하여 정부에 제안하는 전국단위의 청소년참여기구이다. 「청소년기본법」에 규정된 청소년이면 신청이 가능하고 매년 공개모집 후 시 · 도에서 선발한다.

활동기간은 1년을 원칙으로 한다.

(2) 청소년운영위원회

청소년운영위원회는 청소년 수련시설(청소년수련관, 문화의집 등) 사업·프로그램 등 운영에 대하여 청소년의 시각에서 청소년이 바라는 의견제시와 자문, 평가 등의 활동을 하는 청소년참여기구이다.

(3) 청소년참여위원회

기준 1998년부터 제2차 청소년육성5개년 계획에 따라서 운영되던 '청소년위원회'가 '청소년참여위원회'로 명칭이 변경되었다. '청소년참여위원회'는 중앙부처나 지방자치단체에 청소년들로 구성되어 청소년정책이나 활동에 대한 정책 자문 및 건의와 다양한 자율·참여활동을 시행하는 청소년자치기구이다. 정부에서는 '청소년참여위원회' 운영을 통해 청소년정책 대상인 청소년이 정책의 형성·집행·평가과정에 주체적으로 참여하도록 제도로 만든 것이다(여성가족부, 2019).

〈청소년이 만들어 나아가는 청소년의 vision /
타의가 아닌 자의〉

〈보드게임도 관전보다 직접 해 보는 게
더 재미있지 않을까?〉

8장

임파워먼트

1. 청소년복지에서 임파워먼트 개념

청소년복지에서 임파워먼트(empowerment=em+powerment)는 힘이 필요한 청소년에게 힘을 준다는 뜻이다. 청소년에게 힘을 준다는 것은 두 가지 측면에서 볼 수 있다.

하나는 일반적으로 청소년이 성인에 비해서 힘이 부족하다는 것과 다른 하나는 청소년 중에서도 문제와 욕구를 스스로 해결하기 어려워 무력한 처지에 놓여 있다는 것이다. 임파워먼트는 이러한 청소년에게 힘을 주는 일이다.

그렇다면 어떻게 청소년에게 힘을 준다는 것일까?

그 답은 임파워먼트가 부각되었던 역사를 보면 알 수 있다. 여성인권 증진을 위한 역사적 노력에서 임파워먼트는 매우 중요한 개념이었다. 남성에 비해 참정권의 제한에서부터 시작해서 갖가지 차별을 받아 온 여성들의 여권운동에서 찾아볼 수 있다. 여권운동은 남성에 비해서 불합리한 정치적 · 사회적 · 경제적 차별을 받고 있는 여성들이 스스로 평등과 권리를 찾고 신장시키려고 힘써 온 사회운동을 말한다.

이러한 여성들의 권리 찾기 운동은 임파워먼트와 깊은 관련이 있다. 권리는 가만히 있다고 그냥 주어지지 않는다. 권리를 갖고 행사하기 위해서는 힘이 필요하다.

여기서 말하는 힘은 자유로운 정치적 의사표현과 참정권, 자립, 물리적 힘, 나와 다른 사람(사회)에 대한 통제와 억제력, 경제적인 능력 등을 말한다. 이러한 힘들은 다양한 모습으로 우리 주변에 늘 있다. 힘이 없을 때 사람들은 자신과 사회의 억압 속에서 헤쳐 나오기 힘들며 종속적인 삶을 계속 살아야 한다.

힘은 외부로부터 쟁취해서 힘을 얻어 스스로 부여할 수 있지만, 청소년 임파워먼트에서는 내적인 힘에 주목해야 한다. 왜냐하면 청소년이라는 발달특성상 법적 그리고 사회적 위치와 경제적 힘은 성인에 비해서 구조적으로 열악할 수밖에 없기 때문이다. 그렇기 때문에 우선은 내적 자기 통제와 관계 속에서 성찰을 통해서 스스로 힘을 갖는 일이 중요하다. 이 힘은 자기 조절력, 통제력 등이다. 자신이 스스로를 일탈행동이나 파괴적인 생활로 몰고 가지 않을 힘 그리고 다른 사람과 긍정적인 관계를 맺고 함께 성장하는 동력 등을 말한다.

물론 청소년복지에서 임파워먼트는 외부로부터 권한이나 권력을 부여받을 수 있다. 그렇지만 청소년이 내적·외적 자원과 기회 등을 이용하여 자신과 타인을 긍정적으로 통제할 수 있는 힘을 갖추는 측면이 더 강조되어야 한다. 이처럼 청소년에게 임파워먼트를 촉진하기 위해서는 청소년 각자가 갖고 있는 '다름'을 통한 강점을 발견해야 한다. 이와 함께 청소년이 임파워먼트할 수 있는 사회적 환경과 조건을 조성해 주는 일이 필요하다.

다시 말해서, 청소년복지에서 임파워먼트는 청소년 자신과 가족 그리고 사회환경 모두에게 영향을 미칠 수 있는 힘(power)을 갖는 과정이다. 특히 청소년복지 임파워먼트에서 힘이 작용하는 방식을 이해하는 데 더욱 주목해야 한다. 예를 들면, 임파워먼트는 어떤 문제를 가진 청소년은 한 사회(체계) 내에서 소외된 사람으로 그에게 잘못이 있는 것이 아니라 청소년이 속한 사회에 문제의 원인이 있다고 본다. 따라서 문제를 가진 청소년, 즉 '희생자를 비난하는(blaming the victim)' 구조와는 분명히 다른 입장을 보인다. 흔히 사회가 문제청소년을 외면하거나 부정적인 낙인을 찍을 뿐만 아니라, 사회로부터 문제가 있거나 소외된 청소년들 스스로 자신을 비난한다는 모습이 적지 않다고 볼 때 이것은 매우 중요한 관점이다. 이를 통해서 사람들이 현재 갖고 있는 자원과 기본 능력에 대해 인식하도록 한다(Solomon, 1976). 즉, 청소년복지에서 임파워먼트는 청소년은 누구나 기본적인 역량을 갖고 있다고 판단한다. 그러나 사회환경에 의해 구조적으로 역량을 나타낼 수 있는 조건이 형성되지 않거나, 자신에 대한 무관심 등으로 스스로 역량을 모르는 채 생활하기도 한다. 임파워먼트는 이렇듯 내외적으로 갖가지 어려움과 장애에 부딪치는 청소년에게 개인의 내적 자원뿐만 아니라 집단, 사회에 자원의 조정능력을 확보하여 주체적이고 자립적으로 생활할 수 있는 권한을 갖게 하려는 노력이라고 볼 수 있다.

2. 청소년복지 임파워먼트 실천을 위해서 필요한 사항

- 임파워먼트는 청소년(클라이언트)과 동반자 관계로 함께 활동하는 협력적인 과정이다.
- 임파워먼트 과정은 능력과 역량을 가진 청소년과 청소년 체계에게 자원과 기회를 접근시키는 것이다.
- 청소년은 자신이 효과적으로 변화할 수 있다는 인식을 가져야 한다.
- 다양한 요소들이 상황을 일으키는 만큼 그에 대한 해결도 다양한 방법으로 접근해야 한다.
- 비공식적인 사회망(network)은 스트레스를 조절하고, 자신을 통제하며, 능력을 증가시키는 데 의미 있는 지지적(supportive) 자원이 된다.
- 임파워먼트는 자원에 대해 접근하여 효과적으로 활용하도록 역량을 키우는 것이다.
- 임파워먼트 과정은 역동적이고 혁신적이며 상승작용을 일으킨다.

3. 청소년을 위한 임파워먼트 전략

임파워먼트는 개인 내적 차원에서부터 궁극적으로 정치·사회적 차원으로 이어지는 힘에 관한 상호관련성을 말한다.

임파워먼트를 획득하는 과정은 크게 외부로부터 힘을 얻는 것과 내부의 자원을 강화시키는 것이다. 일반적으로 개인의 내적 자원은 강점(strength), 역량(competence), 능동성(personal agent)과 같은 개념으로 볼 수 있다. 즉, 임파워먼트는 어느 개인이 자신을 창조적으로 삶의 여러 상황에 적절히 활용할 수 있는 힘을 지니는 것 또는 공통의 선(善)을 향상시키는 것을 의미한다(Browne, 1995). 또 다른 차원에서 임파워먼트는 지극히 심리적인 작용으로 이해되기도 한다. 자신이 원하는 것을 성취할 수 있는지에 대한 믿음, 개인적 통제감 또는 자신감, 능력에 대한 믿음이 바로 한 개인의 임파워먼트 수준을 결정한다(고미영, 2009; Zimmerman, 1995).

이러한 임파워먼트 전략은 세 가지 측면을 고려할 수 있다.

1) 정치·경제·사회·문화적 여건 조성을 통한 힘의 부여

우선, 임파워먼트를 활성화하기 위해서는 청소년에게 힘을 줄 수 있는 정치·경제·사회·문화적 여건을 조성하도록 노력해야 한다. 특히 임파워먼트 접근방법에서는 청소년이 사회적 참여를 할 수 있는 능력과 기술을 가진 개인이라고 인정하고 사회정의를 위해 노력할 수 있다고 여긴다. 사회정의의 성취를 위해서는 청소년들을 억압하는 제도적·정책적 방해요인으로부터 청소년들이 탈피할 수 있도록 돕고, 이들의 잠재력을 발굴하는 노력이 필요하다. 특히 이들을 억압하는 빈곤문제나 사회문화적 여건을 개선하고, 이들의 교육과 건강, 취업을 공평하게 보장하는 수단이 제공되어야 함이 강조되었다(Ree, 1998; 김성이 외, 2005).

청소년 문제 중 적지 않은 부분은 청소년이 책임져야 할 사안이 아닐 수 있다. 예를 들어, 빈곤계층 청소년은 빈곤한 가정에서 태어났다는 사실이 빈곤 문제의 가장 큰 원인일 수 있다. 그럼에도 불구하고 그러한 환경조건이 마치 청소년 자신이 만들거나 선택한 것이라는 착각을 불러일으킨다. 마치 청소년은 빈곤이라는 멍에를 안고 성장해야 할 존재로 스스로를 낙인찍고, 숙명으로 받아들인다. 자본주의 사회구조에서 불공정한 출발이 되는 것이다. 인간의 존엄성과 자율적 권리는 인간의 장점과 강점을 이해하는 기본 사고 틀이다. 인간은 불평등한 존재이기 때문에 독특한 강점과 권리를 부여받았고, 사회는 그것을 성장시켜야 할 책임이 있는 동시에 사회의 연속성을 위해 그것이 요구되기도 한다. 청소년에 대한 교육과 육성은 인류발전에 기초가 된 만큼 청소년 성장을 위한 사회적 노력이 마치 큰 시혜를 베푸는 것처럼 인식되거나 이용되어서는 안 된다.

이와 관련하여 키에퍼(Kieffer, 1984)는 임파워먼트 실현을 위해, 첫째, 적극적인 사회참여를 촉진할 수 있는 개인적 태도와 자기의식의 고양, 둘째, 개인의 환경을 제한하는 사회적 · 정치적 시스템에 대한 비판적 분석, 셋째, 개인의 목표를 달성하기 위한 수단으로서의 자원에 대한 개척, 넷째, 타인과 공동으로 목표를 설정 · 달성하기 위한 효과적인 행동 등의 개인적 측면을 중심으로 한 원칙을 제시하고 있다.

다음은 정치 · 경제 · 사회 · 문화의 수준에서 임파워먼트를 갖기 위한 방법들의 예시이다.

- 환경에서의 위기 인식
- 옹호 및 사회 행동
- 사회정의 쟁취
- 정치 · 사회적 힘의 발현
- 의식화를 통해 타인에게 긍정적 영향력 행사

2) 청소년 개인 내적 역량 향상

개인 내적 임파워먼트는 환경과 상호작용하는 개인의 행동, 기술, 문화적 인식, 동기, 통제, 자기효능감과 같은 변수들을 통합하는 개념으로 개인적 능력, 집단인식, 자기결정의 개념을 포함한다(김희성, 2004). 그러므로 개인적 수준에서 임파워먼트를 형성하여 내부의 힘을 찾아 동기를 보강하면 심리적인 안정감과 자아존중감을 갖게 되어 변화를 일으키게 된다. 그리고 이와 같은 변화는 문제해결과 대인관계나 환경과의 상호작용능력을 발전시켜 나아가 개인에게 영향을 주는 사회구조의 긍정적 변화를 가져올 수 있다는 것이다(Lee, 2001). 이런 측면에서 임파워먼트는 자신의 능력에 대한 강한 자신감과 신념을 갖도록 지원해 주고, 자신의 능력에 대한 자신감을 갖도록 행동하는 것을 뜻한다(Conger & Kanungo, 1988).

다음은 개인의 내적 역량 향상을 위한 방법들이다.

- 자아존중감 향상
- 자기효능감 개발
- 강점 구축
- 의식 고취
- 자기통제력을 통한 내적 힘의 증진

3) 관계적 역량 증진을 통한 힘의 부여

임파워먼트를 위한 관계적 역량 증진은 두 가지 수준에서 보아야 한다.

하나는 청소년 개인의 역량 강화를 위한 대인관계 및 사회참여 능력을 키움으로써 힘을 주는 관점이다. 힘의 상당부분은 정치사회적 관계에서 나온다. 즉, 인간관계를 맺고 소통하는 능력은 다양한 자원을 만드는 일이 되면서도 나를 한 단계 더 능력 있는 사람으로 성장시키는 기회가 된다. 아울러 정치사회적 참여를 통해서도 나의 사회적 인식이 높아지고 그에 따른 가치와 태도가 성숙해져서 더 나은 삶의 방향을 가질 수 있다.

다른 하나는 청소년에게 현재 그리고 미래를 꾸려 갈 수 있는 (잠재적) 힘이 생겼을 때 그 힘을 강화하고 확장하려는 부분이다.

이러한 면에서 임파워먼트는 참여와 불가분의 관계에 있다. 개인 차원이든, 대인관계 또는 환경과 조직 차원이든, 그리고 나아가 정치사회적 차원이든 기본적으로 힘없는 사람이나 계층이 갖는 무력감은 사회적 영향력을 행사하지 못하는 패배감에서 생겨난다. 이러한 패배감 회복은 자기 자신과 사회적 세력의 영향력 행사에 있어 불균형이 해소되었다는 인식을 가질 때 이루어질 수 있다는 점에 동의한다면 임파워먼트는 한 개인의 역량 강화로 그칠 일이 아니다. 오히려 그 힘을 토대로 긍정적 영향력이 다른 사람과 사회에 확산되어야 한다. 즉, 임파워먼트는 개인 수준에서 대인관계로, 궁극적으로는 정치적 차원으로 연결된다. 이와 같은 연속적인 단계에서 필요한 부분은 자원이다. 자원은 힘없는 사람이나 계층의 의식을 고양하고 강점을 발견함으로써 능력 강화로 이어지게 하며, 이것은 참여와 권리행사를 가능하게 하는 원동력이 된다(최선미, 2001).

구체적으로 보면 청소년의 대인관계 임파워먼트는 타인과의 상호작용에서 발생하는 것으로 자신의 주장이나 의견을 다른 사람에게 분명하게 전달하고 표현함으로써 그들에게 영향을 끼치는 것을 말한다(김성이 외, 2005). 이를 위해서 자신과 타인 사이에 분명한 경계를 설정하고 명확히 자기 자신을 나타낼 수 있는 자기주장 등을 갖추어야 한다. 또한 다른 사람과의 관계를 통해서 효과적인 갈등해결 방식에 대한 이해를 터득함으로써 대인관계능력을 갖추며, 조직과 집단 내에서 그 체계에 긍정적인 영향을 주기 위한 합리적인 지도력도 중요한 요소로 이해할 수 있다. 아울러 새로운 기술을 활용하거나 자원을 파악하고 필요한 곳에 운용할 수 있는 역량개발도 포함한다.

다음은 관계적 역량 증진을 위한 방법들이다.

• 문제해결 기술 능력 향상
• 비판적 의식 개발
• 자기주장훈련을 통한 대인관계능력 증진
• 명확하고 탄력적인 경계 설정 기술

결과적으로 임파워먼트는 개인에게 내적 통제력을 기반으로 자신과 대외적 관계 사이의 문제를 해결할 수 있는 권한을 가짐으로써 궁극적으로 다른 사람과 사회환경에도 긍정적 영향을 끼치는 과정이다. 이와 같은 임파워먼트는 다양한 차원에서 언급된다. 임파워먼트가 바라는 결과의 요소는 그것이 추구하고자 하는 기본적인 요소와 밀접한 관련이 있겠다. 즉, 개인이 자기효능감을 얻기 위해서는 자신을 충분히 능력 있는 존재로 이해할 수 있는 자각과 그에 따른 훈련이 뒤따라야 한다. 이처럼 임파워먼트의 다양한 결과적 요소를 개인 내적 요소와 대인관계 요소로 구분하고, 학문적 관심에 따라서 환경 및 조직 그리고 정치·사회적 개념으로 분류하고 있다(Gutierrez, 1994; Parsons, 1999). 이와 같은 임파워먼트의 개별적 차원은 상호 연계되어 개인 내적 차원에서 궁극적으로는 정치·사회적 차원으로 이어진다.

4. 실천기술 예시

1) 자아존중감

청소년기는 자아정체성을 확립하는 시기이다. 이 시기에 자신에 대한 존중감, 긍정적 감정은 청소년기를 이행하는 데 큰 도움이 될 뿐만 아니라 성인이 되어 자신의 삶을 통제하는 자산이 될 수 있다. 청소년이 겪는 문제 중 상당수는 자아존중감(self-esteem) 결여 또는 낮은 자아존중감에서 비롯된다. 자아존중감이 높은 청소년은 자신에 대해서 좋은 감정을 가지고 있으며, 적극적이고 위기 대처능력을 갖추고 새로운 행동을 시도할 수 있다. 또한 자신의 자아존중감의 역동성을 이해한다는 것은 다른 사람들의 자아존중감을 지지하고 강화하는 데 도움이 된다.

그런데 일반적으로 청소년은 자신의 삶에 힘이 작동하는 방법을 탐색함으로써 낮은 자아존중감을 이해할 수 있다.

이러한 자아존중감을 높이는 방법은 다음과 같다.

(1) 스스로 행동을 주도한다

작은 일이라도 직접 경험하는 것과 그렇지 않은 것 사이에는 엄청난 차이가 있다. 예를 들어서, 이미 해 놓은 삶은 달걀을 먹는 것보다 스스로 달걀을 물에 삶아서 먹는 것과는 느낌이 다르다. 당연해 보이지만 나도 스스로 할 수 있다는 자신감이 생기고 그를 토대로 새로운 요리에 도전할 수 있다. 이처럼 자신이 좋아하는 음식을 만들어 먹는 일부터 시작해서 비록 힘들지만 주어진 과제를 해내는 일까지 스스로 해 보는 것은 자신감을 갖게 하고 궁극적으로 자아존중감을 높이는 방법이 될 수 있다.

(2) 자원을 충분히 활용한다

내 친구가 성격이 좋고 멋지다는 말을 들으면 괜히 나 자신도 덩달아 뿌듯해질 때가 있다. 또한 내가 금전적으로 여유가 있을 때와 마음에 드는 옷을 입고 멋지게 꾸몄다고 느낄 때 생기는 자신감과 자아존중감은 크다. 따라서 자신의 신체와 외모, 성격의 장점뿐만 아니라 친구 그리고 가족, 학교, 지역사회 등 삶의 현장에서 활용할 수 있는 자원을 충분히 활용하는 것이 자아존중감을 높이는 방법이 될 수 있다.

(3) 굳이 나를 거부하거나 싫다는 사람 또는 환경에 접근하지 않는다

의외로 사람들은 나를 좋아하지 않는 사람들에게 매달리며 괴로워하면서 그 사람이 나를 좋아하게 할 방법을 찾기 위해서 고민한다. 그러면서 나를 좋아하고 긍정적으로 보는 사람에게는 소홀히 하는 경우가 있다. 굳이 자아존중감에 상처를 줄 만한 사람과 환경에 접근할 이유가 없다. 따라서 자아존중감을 증진시킬 수 있는 감성, 행동, 인지 그리고 환경에 선택적으로 접근한다. 즉, 자아존중감을 높일 수 있는 행동과 생각 그리고 환경에 접근한다. 예를 들어, 성취하지 못할 높은 목표를 설정해서 자기 역량에 실망하기보다는 성취 가능한 일에 도전하는 것이다(Walz & Bleuer, 1992).

2) 자기효능감

자기효능감은 자신의 삶에서 목표를 설정하고 주변에서 일어나는 다양한 일들을 통제할 수 있다는 확신으로 임파워먼트 기술의 핵심 요소이다. 이러한 자기효능감의 기대 수준을 높이는 데 적합한 방법 중에 하나는 당면한 문제를 해결하는 것이다. 이 문제는 고통스러운 위험일 수도 있고, 성장을 위해서 해결해야 할 과제일 수도 있다. 자기효능감 기대는 특정 과제나 행동을 성공적으로 수행할 수 있는 자신의 능력에 대한 신념이다(Bandura, 1982). 또한 자기효능감은 개인적으로 자신의 행동을 책임질 수 있고 통제할 수 있으며, 긍정적인 결과를 도출해 낼 수 있다는 믿음, 즉 임파워먼트이다.

한편, 제임스(James, 2013)는 자기효능감을 성공/요구(목표)로 도식화하였다. 이 도식에 따르면 자기효능감을 높이기 위한 방법으로 설정한 목표를 향하여 성공률을 높이거나, 목표 자체를 낮추는 두 가지 방법이 있다.

흔히 청소년에게 도달하기 힘든 목표를 설정하고 성공률을 높여 자기효능감을 갖도록 독려하는 경우가 많다. 그런데 이 경우 청소년이 성공하지 못한다면 자기효능감은 매우 낮아질 수밖에 없다. 따라서 청소년에게 목표 자체를 낮추도록 하는 것도 자기효능감을 증진시키는 방법이라는 인식을 주어야 한다.

다음은 자기효능감을 가질 수 있는 몇 가지 방법과 기초 요소이다.

(1) 직접경험

직접경험을 통해 성취함으로써 자기효능기대를 형성하는 것이다. 예를 들면, 암벽을 오르기, 글을 써서 등단하기, 고장 난 컴퓨터를 수리하기, 그림 그리기, 시간약속을 지키기 등 여러 가지 크고 작은 직접경험은 자기효능기대를 높이는 데 강력한 자원이 된다.

(2) 대리경험

다른 사람이 일이나 목표행동을 완수하는 모습을 통해서 나도 그렇게 할 수 있다는 확신을 가질 때가 있다.

예를 들어, TV에서 댄스가수의 춤과 노래를 보면서 마치 내가 춤과 노래를 잘 소화하는 것처럼 느끼고 때로는 따라 할 수 있다. 또한 드라마에서 나쁜 사람을 물리치는 선한 일을 하는 주인공을 보면서 감정이입이 되어 뿌듯함을 느끼고 성취감을 갖는다.

그러나 대리경험을 재현해서 자기효능감을 갖는 데 있어 기계적으로 다른 사람의 행동과 태도를 모방하지 않고 선택해서 자신이 종합한 후 새로운 행동과 태도를 창조한다면 더 큰 자기효능감을 가질 수 있다.

(3) 언어적 설득

언어적 설득 중 좋은 방법이 칭찬이다. 한 사람에게 주어지는 긍정적 자극이나 충고는 나를 효능감 있는 사람으로 강화하는 데 도움이 된다. 즉, "당신은 정말 개성 있고 능력 있는 사람"이라고 말하면서 이유에 대해서 상대가 설득력 있게 말하면 스스로 개성과 능력을 나타내는 데 완벽한 자극이 되고 이를 통해서 나의 행동을 긍정적으로 통제할 수 있다는 것이다. 또 다른 예로 지역사회에 대한 헌신과 봉사 등으로 인해 훌륭한 봉사자로 인정받을 때가 있다. 때론 이러한 능력과 행동이 부족함에도 불구하고 언어적 칭찬이나 피드백은 자신이 잘할 수 있는 능력을 가졌다고 인식하게 해 준다.

(4) 생리적 상태

오토바이를 보면 가슴이 뛰고, 방 청소를 하고 난 후 기분이 좋아지고, 누군가를 만나는 약속을 하고는 약간 긴장되고 손에 땀이 날 때가 있다. 이러한 모든 경험이 자기효능감의 기초가 될 수 있다.

즉, 무엇인가를 실제 또는 마음으로 마주했을 때 기분이 좋은 상태로 약간 흥분되고 매력적인 긴장감을 느끼는 긍정적인 생리적 현상이 나타날 수 있다. 이를 통해 자신감을 일으킬 수 있는 요소를 찾아 자기효능감을 연결할 수 있다.

3) 상상훈련

우리는 어린 시절 수많은 상상을 스스로 한다. 상상을 활용한 훈련은 청소년이 갖는 광범위한 문제에 활용될 수 있다.

청소년복지 실천현장에서 마음이 편안한 상태에서 원하는 자신의 생각과 경험을 표현할 때 유용하다. 또한 은유를 사용하거나 상황과 장면의 묘사를 좋아하는 클라이언트에게 적합하다. 때로는 상상을 통하여 내적인 지혜와 힘 그리고 자신이 존경하고 좋아하는 주변 사람이나 역사적 인물은 물론 다른 외적 자원과 연결시켜 준다.

상상훈련과 관련된 예를 들면, 다음과 같다.

선희는 자신의 우울한 성향 때문에 학교나 가정에서 따돌림 당한다고 느끼고 있었다. 실제로도 친구와 가정으로부터 점점 멀어져 갔다. 사회복지사는 선희에게 잘 짜여진(구조화) 상상 경험을 구성하여 이끌었다. 점진적인 근육이완(머리부터 발끝까지 근육의 긴장을 풀고 이완된 상태)을 시작한 후, 사회복지사는 선희에게 상상 속에서 우상인 '방탄소년단'을 만날 수 있는 기회를 주었다. 지금 앞에 있는 방탄소년단과 자유롭게 대화하라고 권했다. 방탄소년단과의 대화를 경험한 상상을 한 후 선희는 방탄소년단과의 만남을 이렇게 묘사했다.

"난 방탄소년단 멤버들 옆에 앉아 있었다. 그들이 나를 알아봐 주기만 해도 좋을 것이라고 생각했는데 옆에 와서 말을 걸었다. 그들은 나에게 자기 패배적 생각은 그만두라고 말했다. 그리고 나의 손을 잡았다. 그 순간 떨림과 두려움 그리고 강렬하지만 좋은 힘을 느꼈다. 방탄소년단은 나에게 내가 많은 일을 했고 앞으로도 많은 일을 할 수 있을 것이라고 말하고 눈앞에 일들을 잘 처리해 나가는 일이 쉽지 않겠지만 항상 나를 위해 함께 있겠다고 용기를 가지라고 말했다. 나는 지금도 그리고 항상 방탄소년단의 곁에 있다는 느낌을 받는다."

사회복지사는 선희에게 적어도 일주일에 한 번 정도는 이와 같은 상상경험을 반복하도록 격려할 수 있다. 실제 만남을 가질 수 있도록 돕지는 못하더라도 상상을 통해서 긍정적인 경험들을 만들도록 하는 방법이다.

그러나 이러한 상상훈련은 상상을 한 후 겪었던 경험으로부터 현실로 돌아오는 데 어려움을 느끼는 클라이언트에게는 적합하지 않다. 따라서 클라이언트가 갖고 있는 상황과 능력 그리고 마음 상태를 세심히 사정한 후 사용해야 한다.

4) 창의적인 자기표현

창의적인 자기표현은 현재의 나 또는 우리를 표현하는 것이다. 현재의 나는 어디에 있었는지, 어디로 가는지, 지금 무엇을 하고 어떻게 느끼는지, 세상에 대한 나의 견해, 내가 어디서 심리적·물리적 안전함을 느끼는지, 무엇을 하고 있는지, 내가 경험했던 것, 나의 힘의 원천 그리고 나의 희망 등을 표현할 수 있다. 또한 나와 친구, 가족, 이웃 등을 언급할 수 있다.

창의적인 자기표현활동에는 그림 그리기, 원예, 시, 글쓰기, 춤, 움직임, 점토, 천, 나무 등을 이용한 작업, 이야기 전하기, 드라마 해석하기, 각본 쓰기 등이 있다.

이러한 창의적인 자기표현은 나의 존재, 신체, 정신, 정서적 실재로서 나의 존재, 나의 느낌, 나의 경험과 권리, 나의 힘, 가치, 통찰, 우리의 공통의 역사, 아름다움, 억압된 감정 등에서 이루어질 수 있으며, 이와 더불어 중요한 것은 다른 사람의 창의적인 작업에 힘을 부여하는 과정이 된다. 문학작품 읽기는 나 혼자가 아님을 깨닫게 한다. 자서전 등을 통해서 삶의 고통과 어려움을 극복할 수 있는 힘뿐만 아니라 이에 맞설 수 있는 힘을 불어넣기도 한다.

5) 경계설정

경계설정은 자신의 역량을 강화하기 위한 대인관계기술이다. 적절한 경계의 설정은 관계 속에서 '나'를 분명히 하고 다른 사람도 존중할 수 있는 기초가 된다. 이러한 경계를 설정할 때는 다음의 사항이 고려되어야 한다.

첫째, 경계나 제한은 화내거나 합리화하거나 사과하는 것 없이 명확히 설정해야 한다. 예를 들어, 친한 친구에게 "내가 없을 때 네가 내 방에 들어가는 것을 원치 않아. 만약 네가 내 요구를 수용할 수 없다면 내가 받아들일 수 없기 때문에 나는 너를 집에 초대하지 않겠어."라고 말하는 것이다.

둘째, 경계를 설정하고 동시에 다른 사람의 감정까지 돌본다는 것은 상호 배타적이다. 만일 매일 한 시간도 떨어지지 않고 함께 다니는 친구에게 학교 수업이 끝난 후 30분씩만 혼자만의 시간을 달라고 했다면 친구의 감정을 지나치게 고려하지 않아야 한다는 것이다. 아무리 조심스럽게 요청해도 친구가 거절당한 느낌을 받으면 어떻게 할까 고민하는 것은 친구에게 나의 마음이 명확하지 않다는 신호를 줄 수 있다. 따라서 오히려 적절한 경계설정과 원만한 관계를 힘들게 할 수도 있다.

셋째, 수치심, 거절감 또는 두려움이 들더라도 경계를 설정하는 것은 중요하다. 사람들은 그들이 이용할 수 있는 사람은 이용하고 그럴 수 없는 사람은 존경한다. 따라서 자신의 생각이 확고하다면 명확한 경계를 설정하여 상대로 하여금 자신의 공간을 확실히 함으로써 오히려 존중해 줄 수 있는 여지를 갖게 한다.

넷째, 화내고 분노하고 불평하는 이유는 경계가 침범되었기 때문이다. 자신도 모르게 짜증나고 화내는 이유는 경계가 무시되거나 침범당했기 때문일 수 있다. 예를 들어, 어머니가 아이들에게 소리 지르는 이유는 아이들의 요구가 어머니의 한계를 벗어나서 자신을 압도한다고 생각될 때일 수 있다.

다섯째, 경계는 한 번쯤 시험받을 것을 예상해야 하며, 이것에 대비하여 준비되어 있어야 한다. 만일 어떤 부탁을 거절했을 때 그 상태에서 끝나는 것이 아니라 약간의 시간이 지나거나 틈이 보일 때는 다시 한번 부탁을 듣게 된다. 더욱이 상대의 부탁을 단호하게 거절하지 않았을 때 경계는 더 시험을 받게 된다.

〈내 경계를 침범하지마!
어디까지가 경계인지 모르겠니!〉

여섯째, 경계설정은 자신이 좋아하는 것과 자신에게 좋게 느끼는 것, 자신에게 기쁨을 가져다주는 것이 무엇인지를 확실히 밝혀내는 것을 포함한다.

만약 경계설정에 힘들어하는 청소년이라면 언제, 어떻게 그들의 경계가 침범되는지를 알려 주고, 경계의 다양한 형태와 설정의 중요성에 대해 명확히 이해하도록 해야 한다. 또한 건강하고 만족스러운 경계설정과 그것을 유지하는 방법을 발견하도록 해서 청소년의 경계설정 노력을 도울 수 있다. 하나의 예로 역할극 등이 도움이 된다.

6) 자기주장훈련

자기주장훈련은 효과적인 의사소통을 도모하는 데 있어 중요한 기술이다. 효과적인 의사소통은 서로 주고받는 메시지의 내용을 잘 이해할 뿐 아니라 인간관계를 개선하고 참여하는 당사자들의 성장을 촉진한다. 자기주장훈련의 기본 개념은 사람들에게는 어느 정도의 대인 간의 권리가 있다는 생각이다. 이 권리에는 존경으로 대해질 권리, 감정과 의견을 갖고 있으며 그것을 표현할 권리, 진지하게 경청되고 수용될 권리, 죄책감 없이 '아니'라고 말할 권리, 전문가로부터 정보를 구할 권리, 실수할 수 있는 권리 등이 포함된다.

주장훈련의 중요한 측면은 주장적인 것과 비주장적인 것과 공격적인 것과 이들 간의 차이에 관해 이해하게 되는 것이다.

자기주장훈련을 하는 데 있어 '나-전달법'은 유용한 기법 중의 하나이다. 이것은 사용하는 사람이 자신의 내적인 상태(자기 자신의 경청)에 대하여 스스로 책임을 질 뿐 아니라 상대방에게 자기 자신을 충분히 개방할 수 있는 책임도 지며, 상대방의 행동에 대해서 책임을 부여하기 때문에 책임메시지라고 부른다. 따라서 상대가 감정이 상하지 않고, 전달자인 '나'의 입장을 객관적으로 받아들일 수 있다. 이와 반대되는 것이 '너-전달법'인데 상대에 불편한 감정을 갖고 있을 때 흔히 표현하는 양식이다. 이 전달법은 문제를 더 크게 하거나 관계를 해치는 경향이 있다. '나-전달법'은 우선 상대방에게 평가나 판단이 포함되지 않게 상대방의 행동이나 상황에 대한 단순한 진술로부터 시작한다. 상대방의 특정한 행동이나 상황을 알리는 일이 중요하다. 보통 '~할 (했을) 때'라는 말로 시작하는 것이 좋다. '네가 문을 잠그지 않았을 때 ~' 등과 같이 묘사를 한 다음, 그 행동이 나에게 미치는 결과를 말하고 나의 느낌을 표현해야 한다.

"네가 운동장에서 돌을 던졌을 때(비판단적 행동묘사), 내가 맞을 뻔 했고(명백한 결과) 그래서 나는 다칠까 봐 두려웠어(느낌)."

〈사례〉 약속을 해 놓고 아무 연락도 없이 오지 않는 친구를 만나서

종류	나-전달법	너-전달법
표현	"오기로 해 놓고 아무 연락 없이 나타나지 않으니까 무슨 일이 생겼나 해서 무척 걱정도 되고, 내가 기다리는 것을 알면서 연락을 안 해 준다고 생각하니 나를 배려하지 않는다는 생각에 섭섭하기도 하더라."	"너는 전화 한 통 걸 성의도 없니! 나를 어떻게 보는 거야! 너하고 이제 약속 하나 봐라. 잘하고 있군."
보기	상황–결과–느낌	비꼬기, 지시, 비판, 평가, 경고
나의 내면	걱정, 섭섭함	걱정, 섭섭함
상대 해석	'나를 걱정했구나. 연락을 안 해 주어서 섭섭했구나.'	'나의 사정은 전혀 생각해 주지 않는군.' '나를 나쁜 사람으로 보고 있군.'
개념	'나'를 주어로 하는 진술	'너'가 주어가 되거나 생략된 진술
효과	1. 느낌의 책임을 자신에게 돌린다. 2. 청자에 대해 부정적인 평가를 하지 않기 때문에 방어나 부적응이 일어날 가능성이 적다. 3. 관계를 저해하지 않는다. 4. 청자로 하여금 자성적인 태도와 변화하려는 의지를 높일 가능성이 크다.	1. 죄의식을 갖게 하거나 자존심을 상하게 한다. 2. 배려받지 못하고 무시당한다는 생각을 갖기 쉽다. 3. 반항심, 공격성, 방어를 야기하여 자성적인 태도가 형성되기 어렵고 행동변화를 거부하도록 한다.

5. 임파워먼트 실천 단계[1]

1) 클라이언트의 강점 확인

우선, 성취해야 할 목표와 내용을 설정한다. 이후 클라이언트와의 관계 형성을 통해서 클라이언트의 강점을 발견한다. 강점(strength)을 발견하는 과정은 클라이언트의 긍정적 변화를 위한 중요한 바탕이 된다. 사회복지사는 클라이언트의 특성, 대인관계, 자원망(resources network), 문화적 정체성, 지역사회 연계 등을 포함하는 생태체계의 각각의 측면을 검토함으로써 강점을 발견하고 확인한다. 사회복지사는 긍정적인 분위기를 만들어 클라이언트에게 성공한다는 확신을 심어 준다.

〈서로 다른 클라이언트의 강점을 확인해 보자!〉

클라이언트와 대화할 때 사회복지사는 항상 클라이언트의 강점을 강조해야 한다. 강점에 주목하면 할수록 기대와 가능성을 발견할 수 있다. 사회복지사가 클라이언트의 강점을 개입 초기부터 강조할 때 클라이언트는 완전한 동반자로서 함께하고 자신도 문제와 욕구의 해결에 기여할 수 있다는 느낌을 갖는다. 이를 통해서 문제해결, 즉 성공에 대한 희망을 경험할 수 있다.

---

1) 이 장에서는 대상 청소년을 클라이언트(client)로 청소년을 돕는 사람을 사회복지사로 표기한다. 클라이언트는 사회복지사(청소년지도자)와 동반자 관계를 갖고 함께 자신의 욕구와 문제를 해결하려고 노력하는 사람으로서 일방적 도움관계의 측면을 벗어난 용어로 임파워먼트를 논의하는 장에서 사용되는 것이 적절하다고 판단된다. 또한 사회복지에서 임파워먼트 개입의 경우 클라이언트와의 협력적 의미를 강조하기 위해 사회복지사에 대응하는 용어로 사용한다.

2) 방향의 설정

사회복지사와 클라이언트는 잠정적인 목표를 설정한다. 방향 설정은 목표를 명확하게 하여 클라이언트가 문제에 능동적으로 참여하고 해결에 확신을 가질 수 있는 동기를 불어넣을 수 있다. 클라이언트가 자신의 상황과 추구할 목표를 직접 설명하는 동안, 사회복지사는 당장 관심이 필요한 문제를 파악한다.

예를 들어, 빈곤, 재난, 질병, 폭력, 학대, 유기, 자살, 자기 파괴적 행동 등은 모두 긴급한 조치를 필요로 하는 위기 상황들이다. 사회복지사는 이와 같은 상황을 인식하고 클라이언트와 함께 장기적인 해결을 찾기에 앞서 우선 위기를 제거하거나 혹은 줄일 수 있도록 노력해야 한다.

3) 자원의 사정

자원 사정은 클라이언트의 상황을 이해한 후 상호 교류를 통해 이용 가능한 개인, 지역사회, 사회환경적 자원을 평가하는 것이다. 이러한 평가는 결과인 동시에 과정을 말한다(Johnson, Worell, & Chandler, 2005). 다시 말해, 잠재적인 자원들을 사정하는 것이다. 사정(assessment)은 클라이언트의 상황을 총체적으로 조사하여, 활용 가능한 자원과 여건 등을 내놓는 것이다. 또한 명확한 접근방법과 내용을 결정하는 과정이다. 그리고 사정은 클라이언트와 사회복지사가 함께 상황을 조사하는 방법이기도 하다. 임파워먼트 사정(empowerment assessment)은 환경과 상호 교류하는 클라이언트에 대한 긍정적이고 포괄적인 시각에서 이루어진다. 사정을 통해서 클라이언트와 사회복지사가 이용 가능한 전체 생태체계(eco-system)를 제시한다. 광범위한 사정은 많은 청소년이 다니는 학교 또는 사회복지사의 지지(support), 사회복지서비스 전달체계와 망(network), 사회복지정책과 같이 사회복지사가 접근 가능한 자원뿐만 아니라 사회복지사와 클라이언트에 의해서 조사된 클라이

〈이 많은 젤리를 언제 다 팔지? 자원을 모으긴 모았는데……〉

언트를 도울 수 있는 자원(잠재적인 자원 포함)을 모두 살펴야 한다. 다시 말해, 임파워먼트 사정과정 자체가 의미 있는 자원을 발견하고 발생시킬 수 있다. 과감히 자신의 능력, 자원, 대안들을 발견해 나가는 클라이언트는 상황에 대한 책임을 경험할 수 있다. 만일 사회복지사가 과도하게 조사하고 분석한 다음, 클라이언트가 갖고 있는 상황과 처지를 알려 주고 부족하고 결핍한 상태를 인식하도록 강조하면 클라이언트는 오히려 무력감을 갖게 되고 사회복지사에게 의존할 수도 있다.

4) 자원의 조정

사정을 통해서 여러 자원에 대한 정보를 수집했다면, 사회복지사와 클라이언트가 목표한 결과를 성취하기 위해서 필요한 자원체계를 활성화할 수 있도록 탐색해야 한다. 클라이언트가 조절 능력을 갖고 필요한 자원과 연결할 수 있는 방법을 찾는다. 사회복지사와 클라이언트는 자원에 대한 정보를 분석하는 과정에서 함께 책임을 진다. 클라이언트는 자신의 생각, 감정, 선호를 사회복지사에게 알린다. 사회복지사는 자신이 분석한 내용을 클라이언트와 공유하고 그의 피드백을 이끌어 낸다. 자원의 분석은 이용 가능한 자원(available resources)을 조직하고, 관련된 자료를 수집하고 분류하는 일이다. 한편, 자원 정보가 추가적으로 필요한지 여부도 결정한다. 궁극적으로 자원 분석의 목적은 이용 가능한 자원을 클라이언트가 필요로 하는 욕구와 여건에 맞도록 연결하는 데 있다.

이렇게 분석한 자원을 바탕으로 보다 정확한 목표를 설정하여 행동계획을 세운다. 이러한 과정에서 사회복지사는 클라이언트와 함께 목표달성을 위해 측정 가능한 구체적인 행동전략을 세우고 실행하면서 자원을 조정하는 한편, 대안도 모색해 나간다.

5) 기회의 접근과 창출

접근 가능한 자원을 결정했다면 동원할 수 있도록 사회복지사와 클라이언트는 상호 협력한다.

클라이언트는 필요한 대인적·사회적 자원과 연계하여 새로운 행동 및 상호작용을 경험하도록 힘쓰고 사회복지사와 함께 합의해서 나타낸 과업들을 수행한다. 사회복지사는 클라이언트 욕구와 문제에 개입할 수 있도록 조직하고 전체 과정을 모니터한다. 이와 함께 클라이언트가 자원을 활용한 과업수행에 적극적으로 참여할 수 있도록 동기를 북돋아 주고, 대안과 선택을 제공함으로써 도움이 되는 피드백을 준다. 또한 사회복지사는 클라이언트를 교육하고 목표를 달성하는 데 필요한 전략에 대해서 토의하고 자원을 관리하는 등 다양한 역할을 수행해야 한다.

만일 클라이언트에게 적합한 자원이 없거나 이용하기 어려운 경우에 사회복지사는 클라이언트와 함께 자원을 개발하기 위해 노력한다. 즉, 서비스를 조정하고 기존의 서비스에 대해 새로운 접근 통로를 만들며 필요에 따라서는 새로운 프로그램을 구성한다. 나아가 클라이언트를 위한 사회정책과 전달체계 변화와 사회적 행동을 도모함으로써 클라이언트를 둘러싼 환경을 우호적으로 변화시키도록 광범위한 조정도 해야 한다.

6) 성취의 평가

평가는 각 단계마다 지속적으로 진행해야 한다. 평가를 통해서 클라이언트에게 그간 진행해 오는 과정에서 나타난 정보를 제공할 수 있으며, 사회복지사에게는 직업과 관련한 지식과 기술 그리고 실천적인 접근방법에 대한 피드백을 준다. 평가는 사회복지사나 클라이언트 모두에게 그들 나름의 독특한 노력의 성공경험을 통해 이후 유사한 상황에서도 적응하고 대처할 수 있는 능력을 마련해 줄 수 있다.

주요한 평가기준은 다음과 같다. 첫째는 효과성이다. 의도한 목표를 성공적으로 성취했는지, 다시 말해 원하는 바의 목표가 충분히 성취되었는지를 측정하는 것이다. 둘째는 효율성이다. 효율성은 투입 대비 목표달성의 경제성을 살펴보는 것을 말한다. 모든 일은 결과 못지않게 일의 진행과정이 중요하다. 효율성은 성취경험을 일반화하는 데 주요한 요인이 된다. 가장 최적의 방법으로 결과가 달성되었는지의 여부를 판단함으로써 투입된 노력에 비해서 경제적 효율이 충분했는지를 판단한다. 셋째는 공평성이다. 과정과 결과에 있어서 클라이언트의 권리가 보장되고 존중되었으며 혹시 클라이언트에 대해 바람직한 결과가 다른 사람들의 권리를 침해하지는 않았는지 살펴보는 일이다.

궁극적으로 결과 평가는 클라이언트와 청소년복지 실천의 현장에서 사회복지사의 책임성을 재보증하며, 클라이언트에게 신뢰를 제공하고, 전문적인 관계를 의미 있게 마치는 기능을 한다. 임파워먼트 과정에서 외형적이고 물리적인 성취보다 더 중요한 부분은 클라이언트와 사회복지사 모두가 목표를 달성할 수 있다는 성취감과 이에 따른 자신감을 주는 일이다.

6. 청소년복지와 임파워먼트 _____

이미 1990년대 이후 우리 사회의 다양한 분야에서 활용되고 있는 임파워먼트 개념과 전략은 사회복지에서 빈곤계층과 여성 그리고 청소년에 대한 복지 지원 방향을 구성할 때 유용하게 받아들여지고 있다. 특히 청소년을 취약한 사회적 위치에서 문제를 일으키거나 불이익을 받는 존재로서 인식하는 것만이 아니라 주요하고 건강한 미래의 생산인력으로 인식하고, 노동시장 진입을 위한 정책적 차원에서 노동역량 증진에 관심을 갖기 때문에 임파워먼트는 주목받고 있다 (Lerman, 2000).

〈내 힘을 보여 줄게~ You can do it!〉

그러나 임파워먼트가 사회환경의 변화를 개인의 힘에서 찾기 때문에 자원과 권력이 부족한 상황에 처한 개인에게 임파워먼트는 공허한 심리적 안정제에 불과할 수밖에 없다는 비판도 피할 수 없다(박시종, 2001). 더욱이 청소년은 사회로부터 한 번도 역량을 발휘할 수 있는 기회 없이 결핍의 동기와 자원의 불균형한 분배에 대한 자각에서 출발하여 임파워먼트 전략을 시행해야 한다는 점에서 성인에게 주어지는 임파워먼트보다 더 많은 한계에 부딪칠 수 있다. 그럼에도 불구하고 변화하는 사회환경 그리고 시간과 공간을 고려한 맥락적 발달을 이루어 내고 있는 청소년에게 주체적으로 살아가기 위한 통제력을 부여하는 개념인 임파워먼트는 의미 있는 청소년복지의 요소라 볼 수 있다. 따라서 청소년복지와 관련된 많은 글에서 임파워먼트는 주요한 내용 중의 하나로 다루어지고 있다. 구체적으로 청소년복지에서 임파워먼트는 단순히 빈곤이나 취약계층의 청소년에 대한 의식고양을 통한 능력부여를 넘어서 생애발달단계에서 청소년기를 지나고 있는 모든 청소년에게 주체적이고 나와 타인에 대한 긍정적인 통제력을 갖는 현재와 미래 삶의 중요한 개념이 될 수 있을 것이다. 그리고 청소년을 위한 임파워먼트 전략과 전개의 중심에는 청소년을 어떻게 참여시킴으로써 역량을 강화시킬 수 있느냐 하는 구체적인 고민이 내재되어 있다.

청소년복지에 있어서 임파워먼트의 의미는, 첫째, 청소년에게 사회적 자원과 권력의 획득을 통해서 자신과 환경을 총체적으로 통제 또는 조절할 수 있는 힘(역량)을 부여한다는 것이다. 이를 통해서 자기효능감과 자아존중감이 증대될 수 있다. 둘째, 청소년이 자신의 문제를 개인의 문제에 그치지 않고 집단과 사회 문제로 인식하는 의식 향상이 이루어질 수 있다. 따라서 보다 거시적인 범위에서 자신과 다른 청소년의 욕구와 문제를 해결하는 데 초점을 둘 수 있다. 셋째, 문제해결과 변화에 대한 자신감을 높여 주어 적극적으로 행동하도록 만든다. 책임감을 갖고 자신과 사회의 변화에 대처할 수 있는 힘을 부여한다는 것이다.

〈단순히 에너지를 얻는 데서 나아가 이제는 스스로 em+power를 하자!〉

IV

청소년복지의 거시적 실천

9장

관련법

1. 청소년 관련법의 개요와 특징

청소년복지 관련법은 청소년복지와 관련이 있는 법으로서 청소년을 복지 대상으로 하거나 청소년의 복지와 관련한 조항을 포함하며, 청소년의 복지를 포함하여 보호와 육성 등과 관련한 법을 포괄한다.

최상위 법률인 헌법을 기초로 청소년복지와 관련한 법을 나열해 볼 때, 「아동복지법」과 「청소년복지지원법」이 법 이름에 복지를 명시한 바와 같이 청소년복지와 관련한 기본적인 법이라고 볼 수 있다.

「아동복지법」은 사회복지와 관련한 대상별 복지법으로서 아동의 복지증진을 목적으로 만든 법이다. 「아동복지법」이 청소년 관련법인 이유는 아동을 0세부터 18세까지로 규정함으로써 중·고등학교에 재학 중인 학생인 청소년들도 이 법에 따르면 아동에 포함하기 때문이다.

또한 「아동복지법」은 청소년복지에 대한 관심이 있기 이전부터 사회복지에서 청소년을 포함한 아동과 가정을 아우르는 주요 법 중 하나였다.

한편, 「청소년복지지원법」은 「청소년기본법」을 모태로 청소년의 복지권리 등을 규정하고 있는 법률이다. 이 법은 약칭 '청소년복지법'으로 불리며 위기가정 또는 학업수행에 어려움을 겪는 학교 밖 청소년을 위기청소년이라 규정짓고, 생활, 학업, 의료, 자립 지원 등에 대한 사항과 가출청소년과 학생청

■ 표 9-1 ■ 「아동복지법」과 「청소년복지지원법」의 차이

	아동복지법	청소년복지지원법
연령	0~18세	9~24세
목적	아동의 건강하고 안전한 출생과 성장을 위한 복지 보장	청소년의 복지권리 및 복지 향상
내용	아동 보호 및 학대 예방, 아동 안전 및 건강 서비스, 취약계층 아동 지원, 자립지원서비스 지원	지역사회 청소년통합지원체계 구축 운영, 가정 문제가 있거나 학업수행 또는 사회적응에 어려움을 겪는 위기청소년에 대한 특별지원(생활, 학업, 의료, 직업훈련 및 청소년 활동 등), 청소년증과 예방적·회복적 보호지원
특징	구조나 기능적으로 결손된 가정의 아동 지원과 주로 가정을 통한 아동서비스 지원	해당 청소년에게 직접 서비스 지원

소년과 동등한 권리를 갖는 청소년증의 규정으로 주로 청소년복지증진을 위한 내용을 담고 있다.

이 외에도 「청소년복지지원법」의 모태가 되는 「청소년기본법」을 비롯하여 「청소년활동진흥법」 「청소년보호법」 「아동·청소년의 성보호에 관한 법률」 등 청소년복지와 관련한 법률체계도 청소년복지 관련법에 포함 가능하다.

이 외에도 「근로기준법」 「소년법」 「형법」 「민법」 등에서 미성년자와 연소자, 소년 등을 규정하고 이들에 대한 사회적 보호 장치를 제시하고 있어 직간접적으로 청소년복지와 관련이 있는 법률이라고 볼 수 있다.

종합하자면 청소년복지 관련법은 청소년들의 생활 욕구를 충족하는 데 있어 기본 권리를 규정하는 법률이라 볼 수 있는데 이러한 법률들은 상호관련성을 갖고 있지만 체계적으로 연계되어 있다고 보기 어려우며, 청소년을 위한 적극적인 복지권을 보장하기보다는 청소년의 건전한 성장을 도모하는, 매우 포괄적인 의미에서 해석할 수 있는 복지권적 성격이 강하다.

그렇지만 여전히 청소년을 둘러싼 정책 환경의 변화 속에서 청소년관련법 체계는 변화를 겪고 있고, 지속적으로 청소년과 현실 상황에 맞게 수정·개정될 것으로 보인다.

2. 헌법

「헌법」은 최상위 법률이다. 「헌법」에 규정된 청소년복지 관련조항을 보면, 제34조 제1항은 "모든 국민은 인간다운 생활을 할 권리를 가진다."로 규정하고 있어 행복을 추구할 수 있는 권리를 제시하고 있으며, 제34조 제2항은 "국가는 사회보장·사회복지의 증진에 노력할 의무를 가진다."라고 하여 이에 대한 국가의 역할과 책임을 나타내고 있다. 제34조 제4항에서는 "국가는 노인과 청소년의 복지향상을 위한 정책을 실시할 의무를 진다."라고 되어 있어 청소년의 복지권에 대한 정책이 제시되고 실행되어야 함을 나타내고 있다.

우리나라 법은 헌법-법(각각의 법령)-시행령-시행규칙의 순서로 계서적 구조화가 되어 있다. 즉, 「청소년기본법」「아동복지법」「민법」 등 각각의 법령은 「헌법」에 위배해서 구성되면 안 되고, 또한 시행령은 상위법에, 그리고 시행규칙은 시행령에 기준해서 구체화해야 한다.

3. 청소년기본법

1) 성격

문자 그대로 청소년에 관한 기본적인 사항을 정한 법률로서, 청소년육성정책에 관해서는 헌법을 제외한 모든 법률에 우선한다. 따라서 다른 법률에서 청소년육성에 관한 법률을 제정하거나 개정할 때에는「청소년기본법」에 부합해야 한다. 다만,「청소년기본법」내용에서 다른 법률의 성격에 따라서 청소년의 연령과 범위를 다르게 규정할 수 있도록 하고 있어 청소년의 연령 범위는 법률에 따라서 다르게 정의되고 있다. 이러한「청소년기본법」은 청소년복지를 포괄적으로 정의하며 이에 대한 구체적 법률은「청소년복지지원법」에서 다루고 있다. 이러한「청소년기본법」은 1991년 12월 31일에 제정되어 지금도「청소년복지지원법」과「청소년활동진흥법」등 청소년 관련 주요 법률에 기초가 되고 있다.

　그렇지만「청소년기본법」은 청소년에 관한 가장 중요한 법률임에도 불구하고, 청소년 건전육성 등에 대한 가정과 사회 그리고 국가 등의 의무를 나타내고는 있지만 강제규정과 처벌조항이 거의 없어 선언적 수준의 법률적 성격에 머무르고 있다.

2)「청소년기본법」의 주요 내용

- **청소년연령 정의**: 9세부터 24세까지.
- **청소년육성**: 청소년활동을 지원하고 청소년의 복지를 증진하며 근로 청소년을 보호하는 한편, 사회 여건과 환경을 청소년에게 유익하도록 개선하고 청소년을 보호하여 청소년에 대한 교육을 보완함으로써 청소년의 균형 있는 성장을 돕는 것
- **청소년활동**: 청소년의 균형 있는 성장을 위하여 필요한 활동과 이러한 활동을 소재로 하는 수련활동 · 교류활동 · 문화활동 등 다양한 형태의 활동
- **청소년복지**: 청소년이 정상적인 삶을 누릴 수 있는 기본적인 여건을 조성하고 조화롭게 성장 · 발달할 수 있도록 제공되는 사회적 · 경제적 지원
- **청소년보호**: 청소년의 건전한 성장에 유해한 물질 · 물건 · 장소 · 행위 등 각종 청소년 유해 환경을 규제하거나 청소년의 접촉 또는 접근을 제

한하는 것
- **청소년시설**: 청소년활동, 청소년복지 및 청소년보호에 제공되는 시설

이 청소년 관련 용어 정의와 함께 각 용어의 해당 사항을 규정하고 있다.
이 외에 청소년지도자(청소년상담사와 청소년지도사)에 대한 정의와 청소년에 대한 국가와 사회, 가정의 책임을 규정하고 있다. 아울러 청소년 육성에 관한 기본계획 수립 방법 등을 규정하고 있다.

(1) 청소년지도사

「청소년기본법」에 의거하여 청소년지도사 자격시험에 합격하고 청소년지도사 연수기관에서 실시하는 연수과정을 마친 후 국가로부터 자격을 부여받는 청소년지도사를 말한다. 주로 청소년수련시설과 관련시설 등에서 일하며 청소년활동(수련활동)을 위주로 교류활동, 동아리활동, 봉사활동 등을 지도하는 역할을 맡고 있다.

(2) 청소년상담사

「청소년기본법」에 의거하여 실시하는 국가자격시험에 합격하고 연수를 거쳐 자격을 부여받은 갖춘 청소년지도자를 말한다. 주로 청소년상담과 복지관련 시설과 단체에서 일한다.

(3) 청소년육성전담공무원

각 지방자치단체에 설치할 수 있는 청소년육성전담기구에 근무하는 공무원으로서 청소년지도사 또는 청소년상담사의 자격을 가진 사람으로 제한하고 주로 해당지역의 청소년과 청소년지도자 등에 대하여 그 실태를 파악하고 필요한 지도를 하는 업무를 맡는다.

4. 청소년복지지원법

1) 성격

「청소년복지지원법」은 2003년 12월에 제정되고 2005년 3월에 시행된 법률이다. 「청소년복지지원법」은 「청소년기본법」에 기반을 두고 있다. 「청소년복지지원법」 제1조에는 「청소년기본법」 제49조 제4항의 규정에 따라 청소년복지증진에 관한 사항을 정함을 목적으로 한다고 명시되어 있어, 「청소년기본법」에 연결된 법률이라는 것을 보여 준다.

「청소년복지지원법」은 제정 이후 2012년 개정을 통해서 청소년우대, 교육적 선도, 지역사회청소년통합지원체계, 가출과 학업중단 등 위기청소년에 대한 지원 사업 등에 대한 법적 근거가 된다. 그럼에도 불구하고 「청소년복지지원법」은 인권, 국가와 지방자치단체의 복지 향상의 의무를 선언적으로 제시하고 실제 가출청소년쉼터 설치와 운영, 청소년증과 청소년 우대 등에 관해 매우 한정된 복지 지원만 명시하고 있는 한계를 갖는다.

2) 주요 내용

- 청소년 우대: 국가가 운영하는 수송시설, 문화시설, 여가시설 등에 대한 이용료 면제와 할인
- 청소년증: 9세 이상 18세 이하 청소년(시·군·구 등 자치행정의 장이 발급)
- 지역사회청소년통합지원체계: 위기청소년 조기발견 및 보호, 청소년보호 등을 위한 구축과 운영
- 예방적·회복적 보호지원: 비행 또는 일탈을 저지른 청소년, 일상생활에 적응하지 못하여 가정 또는 학교 외부의 교육적 도움이 필요한 청소년 등에 대해 향후 비행과 일탈을 예방하고 가정·학교·사회 생활에 복귀

및 적응하는 것을 돕기 위하여 학교의 장의 신청에 따라 예방적·회복적 보호지원 실시(해당 청소년의 보호자 또는 학교의 장이 보호지원을 신청하는 때에는 청소년 본인의 동의를 받아야 함). 보호지원은 상담·교육·자원봉사·수련·체육·단체 활동 등이며 보호지원의 기간은 특별한 경우를 제외하고는 6개월 이내
• **청소년복지시설**: 청소년쉼터, 청소년자립지원관, 청소년치료재활센터, 청소년회복지원시설

5. 청소년활동진흥법

1) 성격

「청소년기본법」 제2조의 1에서 규정하는 청소년활동과 관련한 정책의 기초가 되는 법률로서 청소년활동을 진흥하기 위한 각종의 시설과 활동 및 환경 지원을 규정하고 있다.

특히 청소년수련활동의 지원과 청소년활동의 참여를 보장하기 위한 청소년운영위원회 등을 주요 내용으로 하고 있으며 청소년의 주체적이고 자발적이며 다양한 활동 참여를 지원하는 한국청소년활동진흥원의 설치 및 운영에 대한 규정도 포함하고 있다.

그러나 청소년수련활동과 수련활동 운영지도자, 수련거리 개발 근거 등을 중심으로 하고 있어 청소년활동 현실을 전체적으로 담보하지 못하고 있다. 주5일제 수업과 자유학기제도 도입과 관련하여 학교와의 협력, 안전과 수련활동 인증 등에 대한 법적 근거도 담고 있지만, 많은 부분 미약하거나 실제 법률적 실효성을 담보할 수 없는 면이 있어 대다수가 학생인 청소년의 활동을 포괄적으로 담아내는 데는 한계가 있다.

2) 주요 내용

- **청소년수련활동**: 청소년이 청소년활동에 자발적으로 참여하여 청소년 시기에 필요한 기량과 품성을 함양하는 교육적 활동으로 청소년지도자와 함께 청소년수련거리에 참여하여 배움을 실천하는 체험활동
- **청소년교류활동**: 청소년이 지역 간, 남북 간, 국가 간의 다양한 교류를 통하여 공동체의식 등을 함양하는 체험활동
- **청소년문화활동**: 청소년이 예술활동, 스포츠활동, 동아리활동, 봉사활동 등을 통하여 문화적 감성과 더불어 살아가는 능력을 함양하는 체험활동
- **청소년수련거리**: 청소년수련활동에 필요한 프로그램과 이와 관련되는 사업

3) 청소년활동시설의 종류

(1) 청소년수련시설

- **청소년수련관**: 다양한 청소년수련거리를 실시할 수 있는 각종 시설 및 설비를 갖춘 종합수련시설
- **청소년수련원**: 숙박기능을 갖춘 생활관과 다양한 청소년수련거리를 실시할 수 있는 각종 시설과 설비를 갖춘 종합수련시설
- **청소년문화의 집**: 간단한 청소년수련활동을 실시할 수 있는 시설 및 설비를 갖춘 정보 · 문화 · 예술 중심의 수련시설
- **청소년특화시설**: 청소년의 직업체험, 문화예술, 과학정보, 환경 등 특정 목적의 청소년활동을 전문적으로 실시할 수 있는 시설과 설비를 갖춘 수련시설
- **청소년야영장**: 야영에 적합한 시설 및 설비를 갖추고, 청소년수련거리 또는 야영편의를 제공하는 수련시설
- **유스호스텔**: 청소년의 숙박 및 체류에 적합한 시설 · 설비와 부대 · 편익

시설을 갖추고, 숙식편의 제공, 여행청소년의 활동지원(청소년수련활동 지원은 제11조에 따라 허가된 시설·설비의 범위에 한정한다)을 기능으로 하는 시설

(2) 청소년이용시설

수련시설이 아닌 시설로서 그 설치 목적의 범위에서 청소년활동의 실시와 청소년의 건전한 이용 등에 제공할 수 있는 시설이다.

이 외에 청소년수련활동에 따른 각종 지원과 설치 기준을 규정하고 특히 수련활동 인증제도의 운영에 대한 규정을 제시하고 있다. 이에 따르면 법 제35조 제1항에는 "국가는 청소년수련활동이 청소년의 균형 있는 성장에 기여할 수 있도록 그 내용과 수준을 향상시키기 위하여 청소년수련활동 인증제도를 운영하여야 한다."고 되어 있고 이어서 제2항에서는 "국가는 청소년수련활동 인증제도를 운영하기 위하여 청소년수련활동 인증위원회를 청소년활동진흥원에 설치·운영하여야 한다."고 명시되어 있다.

6. 청소년보호법

1) 성격

「청소년보호법」은 청소년 보호를 위한 가정과 사회, 국가 및 지방자치단체의 책임에 대해서 규정하고 있는 법률이다.

「청소년보호법」은 청소년에게 유해한 매체물과 약물 등이 청소년에게 유통되는 것과 청소년이 유해한 업소에 출입하는 것 등을 규제하고 청소년을 폭력·성폭력·학대 등 청소년 유해행위를 포함한 각종 유해한 환경으로부터 보호·구제함으로써 청소년이 건전한 인격체로 성장할 수 있도록 하는 데 있다.

2) 주요 내용

- **청소년**: 만 19세 미만의 자. 다만, 만 19세에 도달하는 해의 1월 1일을 맞이한 자를 제외(제2조의 1)
- **매체물**: 음반·영화·연극·음악·무용, 기타 오락적 관람물, 음향 또는 영상정보, 방송프로그램, 신문, 잡지, 간행물, 광고선전물
- **청소년유해매체물**: 청소년보호위원회가 청소년에게 유해한 것으로 결정하거나 확인하여 여성가족부장관이 이를 고시한 매체물. 각 심의기관이 청소년에게 유해한 것으로 의결 또는 결정하여 여성가족부장관이 고시하거나 청소년에게 유해한 것으로 확인하여 여성가족부장관이 고시한 매체물
- **청소년유해약물 등**: 청소년에게 유해한 것으로 인정되는 약물과 청소년에게 유해한 것으로 인정되는 물건
- **청소년유해업소**: 청소년의 출입과 고용이 청소년에게 유해한 것으로 인정되는 업소
- **유통**: 매체물 또는 약물 등을 판매, 대여, 배포, 방송, 공연, 상영, 전시, 진열, 광고하거나 시청 또는 이용에 제공하는 행위와 이러한 목적으로 매체물 또는 약물 등을 인쇄·복제 또는 수입하는 행위
- **청소년폭력**: 폭력을 통해 청소년에게 신체적·정신적 피해를 발생하게 하는 행위
- 청소년유해매체물의 청소년대상 유통 규제
- 청소년유해업소, 청소년유해약물 및 청소년유해행위 등의 규제
- 청소년보호위원회설치 등

7. 소년법

「소년법」은 소년, 즉 청소년을 성인과 구분하여 보호 및 교정하려는 법률이다. 반사회성이 있는 소년(청소년)에 대하여 그를 둘러싸고 있는 부적절한 환경을 조정하고 반사회적 성품과 행동을 보호처분으로 교정하는 데 있다. 모든 국민은 반사회적 행동, 즉 살인, 강도, 강간, 절도 등 형사적 범죄를 저지르면 성별, 지위 등을 불문하고 법에 의해 처벌을 받는다. 다만, 「소년법」을 통해서 사회적 보호의 대상인 소년(청소년)이 같은 범죄를 저질렀을 때는 형사처분에 관한 특별조치를 행함으로써 청소년의 건전한 육성을 지속적으로 유지하는 데 목적을 둔다. 즉, 청소년이기 때문에 성인의 반사회적 행위와 다른 방식의 법적 조치를 취하는 것이다.

■표 9-2 ■ 「소년법」으로 본 성인과 청소년의 범법행위에 대한 법적 처우

	성인	청소년	비고
성격	형사처벌	보호처분	
목표	처벌	교육과 선도	
과정	재판	처분(소년부 판사)	
양형	벌금형, 금고형, 징역형, 사형	1호에서 10호까지의 처분	
대상	14세 이상의 청소년	10세 이상, 19세 미만	• 14세 이상 19세 미만 청소년은 처벌이나 처분 모두 가능 • 10세 이상 14세 미만 청소년은 처분만 가능 • 10세 미만 청소년과 아동은 처벌과 처분 모두 불가능

8. 아동복지법

1) 성격

「아동복지법」은 아동의 연령을 0세부터 18세까지로 규정하고 있어, 1961년 당시 「아동복리법」으로 제정된 이래 1981년 「아동복지법」으로 개정되었고, 이후 오늘날까지 아동과 청소년의 복지를 포괄하는 법률로서 자리매김해 왔다.

초기 「아동복지법」은 일제강점기에 일제가 만든 법령에 영향을 받았고, 한국전쟁으로 발생한 많은 고아 등 요보호아동을 대상으로 한 시설보호 중심 의 내용이 대부분이었다. 이후 새롭게 제정된 「아동복지법」에서부터 요보호 아동을 포함하여 일반아동까지 그 범위가 확대되고 아동의 건전육성과 그 책 임소재를 명백히 하였다.

「청소년기본법」은 청소년 사업이나 활동을 지원하는 법제라고 할 수 있으 며, 「아동복지법」은 아동과 청소년에 대한 가족의 책임과 사회적 책임 사이 에 한계를 정의하며 요보호아동과 청소년을 둔 가족을 돕거나 유사시 아동을 보호하는 복지법제(문신용 외, 2002)라 할 수 있다.

2) 주요 내용

- 아동: 18세 미만의 자
- 보호를 필요로 하는 아동: 보호자가 없거나 보호자로부터 이탈된 아동, 또 는 보호자가 아동을 학대하는 경우 등 그 보호자가 아동을 양육하기에 부적당하거나 양육할 능력이 없는 경우의 아동
- 보호자: 친권자, 후견인, 아동을 보호 · 양육 · 교육하거나 그 의무가 있 는 자 또는 업무 · 고용 등의 관계로 사실상 아동을 보호 · 감독하는 자

- 아동학대: 보호자를 포함한 성인에 의하여 아동의 건강·복지를 해치거나 정상적 발달을 저해할 수 있는 신체적·정신적·성적 폭력 또는 가혹행위 및 아동의 보호자에 의하여 이루어지는 유기와 방임
- 아동복지시설: 규정에 의하여 설치된 시설
- 아동복지시설 종사자: 아동복지시설에서 아동의 상담·지도·치료·양육, 기타 아동의 복지에 관한 업무를 담당하는 자
- 가정위탁: 보호를 필요로 하는 아동을 보호하기에 적합한 가정에 일정기간 위탁하는 것
- 친권과 후견인: 시·도지사 또는 시장·군수·구청장은 아동의 친권자가 그 친권을 남용하거나 현저한 비행, 기타 친권을 행사할 수 없는 중대한 사유가 있는 것을 발견한 경우 아동의 복지를 위하여 필요하다고 인정할 때에는 법원에 친권행사의 제한 또는 친권상실의 선고를 청구하여야 함(제12조 제1항). 시·도지사 또는 시장·군수·구청장은 친권자 또는 후견인이 없는 아동을 발견한 경우 그 복지를 위하여 필요하다고 인정할 때에는 법원에 후견인의 선임 또는 그 해임을 청구하여야 함. 이 경우 당해 아동의 의견을 존중하여야 함

9. 아동·청소년의 성보호에 관한 법률

1) 성격

아동과 청소년을 성범죄로부터 보호하여 건강한 사회구성원으로 성장할 수 있도록 제정한 법률이다. 이 법 제1조에는 법 제정의 목적이 분명하게 규정되어 있다. "이 법은 아동·청소년 대상 성범죄의 처벌과 절차에 관한 특례를 규정하고 피해아동·청소년을 위한 구제 및 지원 절차를 마련하며 아동·청소년대상 성범죄자를 체계적으로 관리함으로써 아동·청소년을 성범죄로

부터 보호하고 아동·청소년이 건강한 사회구성원으로 성장할 수 있도록 함을 목적으로 한다."

세계 각국에서와 마찬가지로 미성년자에 대한 성적 범죄는 특별히 규정하여 엄격하게 다스리는데 사회적 약자인 아동과 청소년을 강력히 보호하려는 취지이다.

이 법에 앞서서「청소년의 성보호에 관한 법률」은 2000년 7월 1일부터 시행되었는데, 2009년 6월 9일 전부개정 되어「아동·청소년의 성보호에 관한 법률」로 변경되었다. 이 법에 따라서 2010년 4월부터는 여성가족부 인터넷 홈페이지에서 인증을 거쳐서 누구든지 성범죄자의 상세한 신상정보(사진·신체특징·주소 등)를 확인할 수 있게 되었다.

이 법은 아동·청소년의 성을 사거나 이를 알선하는 행위, 아동·청소년을 이용하여 음란물을 제작·배포하는 행위 및 청소년에 대한 성범죄의 처벌규정을 두고 있다. 그리고 형이 확정된 자에 대하여는 당해 범죄자의 신상을 공개할 수 있도록 하고 있다.「아동·청소년의 성보호에 관한 법률」은 원래 청소년을 보호할 목적으로 성보호의 성격을 가진 법이었으나 아동을 포함하여 아동도 법적 보호대상임을 확실하게 하고 있다.

2) 주요 내용

이 법은 아동·청소년의 연령을 둘로 구분하여 13세 미만에 해당하는 아동을 성적 대상화하여 범죄를 일으키는 사람에게 별도의 강력한 처벌을 내리도록 규정하고 있고, 경우에 따라서는 공소시효도 적용하지 않는다.

• 19세 이상의 사람이 13세 이상 16세 미만인 아동·청소년(제8조에 따른 장애 아동·청소년으로서 16세 미만인 자는 제외한다. 이하 이 조에서 같다)의 궁박(窮迫)한 상태를 이용하여 해당 아동·청소년을 간음하거나 해당 아동·청소년으로 하여금 다른 사람을 간음하게 하는 경우에는 3년 이상

의 유기징역에 처한다.

- 19세 이상의 사람이 13세 이상 16세 미만인 아동·청소년의 궁박한 상태를 이용하여 해당 아동·청소년을 추행한 경우 또는 해당 아동·청소년으로 하여금 다른 사람을 추행하게 하는 경우에는 10년 이하의 징역 또는 1,500만 원 이하의 벌금에 처한다.

아울러 아동·청소년을 대상으로 한 성범죄는 다른 범죄와는 달리 형 집행 외에도 추가적으로 처분이 내려지기도 한다.

10. 학교 밖 청소년 지원에 관한 법률

1) 성격

학업을 중단한 학교 밖 청소년이 지속적으로 발생하고 있다. 학업을 중단한 청소년은 물론 학업중단 위기에 있는 학생청소년에게 일정기간 숙려 기회를 부여하는 학업중단숙려제 등 학교 밖 청소년지원정책이 이루어지고 있다. 그렇지만 대부분의 정책이 학교로 복귀하는 데 초점을 맞추고 있어 자발적으로 학교를 나왔거나 여러 이유에서 학교로 돌아가지 못하는 청소년들은 사각지대에 놓일 수밖에 없다. 따라서 국가가 학교 밖 청소년들에 대한 책임을 명시하고 학교 밖 청소년에 대한 실태를 파악하여 학교 밖 청소년의 개인적 특성과 수요를 고려한 다양한 사회 지원정책을 마련하는 데 근거가 되는 법률이다.

2) 주요 내용

- 학교 밖 청소년은 「청소년기본법」에서 규정한 청소년 가운데 학교에서

학업을 중단하거나 학교에 진학하지 아니한 청소년 등을 말한다.

- 학교 밖 청소년지원센터(꿈드림센터)를 설치 운영하여 상담지원, 교육 지원, 취업 및 진로·직업체험 지원, 자립지원 등이 이루어지도록 종합적·체계적인 지원체계를 마련하고 있다.

- 여성가족부장관은 학교 밖 청소년의 현황 및 실태를 파악하고 학교 밖 청소년 지원을 위한 정책수립에 활용하기 위하여 3년마다 학교 밖 청소년에 대한 실태조사를 실시하여 그 결과를 공표한다.

- 학교, 지역 청소년통합지원체계 등에서 학교 밖 청소년을 지원센터로 연계하면서 개인정보를 수집할 경우, 성명이나 주소 등으로 범위를 구체화하여 해당 청소년에게 개인정보 수집 및 제공에 대한 동의여부를 확인하도록 하고 있다. 그러나 학업중단청소년을 찾아내는 데 어려움이 있어 법정 대리인이 동의한 경우에는 해당 청소년의 개인정보가 지원센터에 제공될 수 있도록 하고 있으며, 2019년 6월 현재 해당 청소년에게 1년 이내에 동의를 받지 못하거나 개인정보 처리정지 요구를 받으면 즉시 파기하도록 하는 일부개정안이 발의 중이다.

10장

정책과 행정

1. 청소년복지정책

1) 정책의 목적과 목표

정책 목적(goal)과 정책 목표(objective)는 불가분의 관계이다. 이상적인 목적이 전제되지 않은 채 바람직한 목표가 수립될 수 없다.

청소년복지정책에서 이상적인 목적이란 우리 사회에 살고 있는 청소년의 기본적 요구와 추구하려는 삶의 질 향상에 부응하는 가치와 이념과 방향이다. 목적은 대부분 추상적인 서술로서 목표를 통해 구체적으로 나타난다. 즉, 목적이 목표로 서술되어야 일정한 행동지침을 이해할 수 있다. 때로는 목적과 목표가 구분하기 어려울 수 있지만 일반적으로 목적은 정책의 지향점을 말하며 목표는 정책의 수단과 방법을 명확히 하는 표현이 된다. 따라서 정책의 기본적인 목적(social basic goal)은 모든 정책 목표와 행동의 철학적 근거와 지침이 될 수 있다.

예를 들어서, '빈곤계층 청소년들에게 적극적인 복지지원을 통해서 미래 인적 자원을 보호하고 사회통합을 도모한다.'는 정책 목적이 제시되면 이에 따라 정책 목표를 설정할 때에는 '향후 5년 동안 국민기초생활보장수급가정의 청소년들에게 매월 20만 원씩 지급한다.'는 측정 가능하고 구체적인 형태의 목표설정이 뒤따라야 실효성 있는 정책이 될 수 있다. 이처럼 정책 목적은 정치적 지향점을 나타낸다 하더라도 목표는 쉽게 설명될 수 있어야 정책을 평가할 때 혼란이 줄어든다.

청소년의 삶과 주변 사회환경을 고려할 때 청소년복지정책의 기본 목적은 다음과 같다.

(1) 경제적 정의와 기회균등

자본주의 사회에서 경제적 요인은 현실에서 삶의 대부분을 좌우할 만큼 중요하다. 점차 빈익빈 부익부의 사회현상이 심화되고 있는 시점에서 경제적 정의의 실현은 청소년에게 최소한의 삶의 기초를 마련한다는 데 의의가 크다. 특히 부의 세습 현상은 사회 출발을 위해서 준비하는 많은 청소년에게 시작부터 크나큰 좌절과 박탈감을 가져다줄 수 있다. 청소년복지정책에서 경제적 정의는 부를 축적하는 과정의 공정뿐만 아니라 청소년이 가지고 있는 개인, 가족, 환경적 여건까지 고려한 결과의 평등까지 지향해야 한다. 이를 통해서 자본주의가 추구하는 경제적 풍부함을 토대로 한 개인 자유의 증대를 회복해야 한다.

(2) 사회참여권의 인정

청소년기가 길어지면서 성인으로서의 사회진입 시기가 늦어지는 반면, 사회의 급속한 변화로 인해 청소년이 갖는 정치사회적 위상은 점차 높아지고 있다. 따라서 비록 법과 제도에 따른 정치·사회참여는 제한적으로 이루어지는 시기이지만, 청소년이 자신의 생활과 미래에 대해서는 일정 부분 참여를 할 수 있는 사회적 통로를 지속적으로 마련해야 할 것이다.

보다 진보적 관점에서 청소년이 사회에 참여해서 자신의 목소리를 드러낼 수 있도록 참정권을 확대하고 북돋아야 한다. 이것은 저출산 고령화 사회에서 우리 사회가 좀 더 젊고 활력이 있는 환경을 조성하는 데도 도움이 될 수 있을 것이다.

(3) 발달과 사회환경에 관련된 연계적 복지서비스

청소년의 발달에 따른 복지서비스는 단선적 지원이 되어서는 안 된다. 사회환경의 시간과 공간의 요소를 충분히 고려한 맥락적 시각에서 청소년복지정책 서비스가 이루어져야 한다. 즉, 생애발달단계로서 청소년 시기를 감안하고 이와 함께 청소년이 처해 있는 가족과 사회환경의 여건을 동시에 엮어서 고려해야 한다는 것이다. 이를 바탕으로 청소년복지정책은 청소년 발달과업이 그들이 처한 사회환경 속에서 충실히 이루어지도록 지속적이고 탄력적인 서비스가 이루어져야 한다.

(4) 잠재적 역량의 적극적 개발

청소년은 각기 다르다. 청소년복지정책에서 청소년 개개인마다 다른 역량을 개별화하여 개발하기는 쉽지 않다. 그러나 청소년 개개인이 가진 잠재적 역량이 정책적 기준으로 획일화되지 않도록 최대한 많은 잠재성 실현의 기회와 동기를 부여하는 정책이 요구된다.

(5) 상호연대의 공동체 의식 함양과 다원화된 사회의 이해

청소년이 살아갈 미래사회의 가장 큰 덕목은 상호연대일 것이다. 이미 우리 사회는 다양한 사람과 그들이 가진 생각을 포용할 수밖에 없을 만큼 급속도로 변하고 있다. 극도의 개인적 복지를 지향하는 사회변화에서 사람 사이의 상호연대는 같은 세대 내에서뿐만 아니라 미래 세대에서도 연대의식의 필요성을 강하게 부각시키고 있다. 이런 다원화된 사회에서 인류의 사랑과 정의를 덕목으로 한 공동체 의식 함양을 정책적으로 지원하는 일이 요구된다.

2) 청소년복지정책의 이해: 두 개의 관점

정책은 정치적 목적과 목표 달성을 위한 수단이다. 정치적 목적과 목표는 사회성원들이 잘 살 수 있도록 국가와 가정, 그리고 개인을 다스리는 데 있다.

청소년복지정책도 당연히 국가와 가정 그리고 개인이 청소년을 바람직한 방향으로 이끌어서 현재와 미래의 주요한 사회성원으로서 역할과 기능을 수행하도록 하는 데 있다고 볼 수 있다.

이러한 청소년복지정책은 두 가지 관점에서 이해할 수 있다.

하나는 청소년정책의 하위 개념으로 청소년복지정책을 말할 수 있다.

다른 하나는 사회복지정책의 한 부문으로서 청소년복지정책을 제시할 수 있다.

두 가지 관점은 얼핏 비슷하고 결과적으로 한 지점에서 만날 수 있지만 목적하는 바는 약간 다를 수 있다.

(1) 청소년정책과 청소년복지정책

청소년정책은 일반적으로 청소년을 대상으로 하는 국가의 정책을 뜻한다. 주로 여성가족부가 중심이 되어 청소년과 관련한 정책과 사업 모두를 포괄한다. 청소년복지정책은 주로 사회적 취약계층 청소년을 위한 정책이 중심이 되지만 오늘날에는 청소년의 권리와 참여 그리고 노동 등 모든 청소년의 복지권 향상으로 확대되고 있다. 청소년정책에서 청소년복지정책은 「청소년기본법」과 「청소년복지지원법」에 근거를 두고 있다고 볼 수 있다.

(2) 사회복지정책과 청소년복지정책

사회정책의 하위 부문으로서 사회복지정책이 있다. 또한 청소년복지정책은 사회복지정책의 한 분야이다. 사회복지정책은 아동, 청소년, 장애인, 노인 등 주로 생애발달과정에서 취약한 시기에 있거나 생활형편이 어려운 사람들이 주된 대상이다.

실제로 사회복지정책에서 청소년복지정책은 아동복지정책의 연장에서 논의된다. 정책의 근거가 되는 「아동복지법」에서는 아동을 만 18세 미만으로 규정하고 있어 상당수의 아동은 「청소년기본법」의 청소년연령과 중복된다.

따라서 사회복지정책에서 청소년복지는 아동복지정책에서 찾을 수 있다.

아동복지정책은 「아동복지법」에 따른 아동정책기본계획(매 5년마다 수립, 제1차 2015~2019년)에서 볼 수 있다. 아동정책에 대한 기본방향과 분야별 수요 시행대책, 재원조달 방안 등이 포함된 정책이다. 특히 아동인권증진은 청소년복지와도 밀접한 관련이 있다. 유엔아동권리협약(The Convention on the Rights of the Child: CRC)에 따르면 아동은 18세 미만인 사람으로 생존권, 보호권, 발달권, 참여권의 네 가지 권리 원칙을 제시하고 있다. 그리고 협약에 가입한 나라(우리나라는 1991년 비준)는 유엔아동권리협약 및 유엔아동권리위원회 권고사항에 대한 이행체계 마련 및 각 부처 이행 점검, 국가보고서 작성 및 제출, 위원회 심의 등의 의무를 지닌다. 이에 따라 우리나라는 국제적 기준에 부합하는 유엔아동권리협약을 이행하기 위하여 아동권리 증진에 관한 사업을 주요한 아동복지정책으로 포함하고 있다.

또한 아동복지정책으로는 다음과 같은 사업이 추진되고 있다.

- 학대 및 방임 문제와 관련된 사업
- 지역아동센터
- 요보호아동 자립지원
- 자립수당
- 디딤씨앗통장

3) 청소년복지정책의 실행방법

일반적으로 사회복지정책은 네 가지 분석틀에 의해서 분석할 수 있다. 청소년복지정책도 이러한 관점에서 살펴볼 수 있다. 이 네 가지 요소를 개괄적으로 보면 다음과 같다.

(1) 사회적 할당
어떤 청소년을 도와주어야 하는가?

사회적 할당(allocation)은 사회복지 서비스(급여)를 어떤 조건에 있는 누구에게 줄 것인가 하는 문제와 관계가 있다. 사회적 할당과 관련하여 보편주의와 선별주의 논쟁은 지속되어 왔다. 보편주의 입장에서 보면 사회는 곳곳에 위험이(at the risk) 놓여 있다. 따라서 위험한 사회에 살고 있는 지역주민들은 모두 그들의 형편에 관계없이 기본권으로서 사회복지급여를 받아야 한다고 주장한다. 반면에 선별주의에서는 사회복지란 장애인, 빈민들과 같이 스스로 설 수 없는 구체적인 대상에게 제한되어야 한다고 본다. 사회복지에서 동원할 수 있는 한정된 자원을 효율적으로 운용하기 위해서는 욕구가 명확한 집단부터 선별적으로 급여를 주어야 한다는 것이다. 이렇듯 효율적인 사회복지급여를 위해 선별주의자들은 자산조사(means test)를 통해 자격기준을 정하는 것을 선호한다.

청소년복지정책에서 사회적 할당은 보편주의 관점을 가져야 할 것이다. 그 이유 중 하나는 복지수급 또는 혜택을 받아야 하는 원인의 상당부분이 청소년의 책임이 아니라는 점이다. 그리고 다른 하나는 청소년은 신체·정서·정신적으로 생애 가장 역동적 시기로서 다른 연령층보다 사회적 투자 대비 효과성이 크다는 점이다. 물론 아동수당과 같이 전체 아동에게 사회경제적 수준에 차별 없이 지급하는 것과는 조금은 달라야 한다. 즉, 청년실업 해소를 위한 청년수당처럼 일하는 청소년과 일하지 않는 청소년 그리고 학생청소년 등 그 대상에 따라 적합한 급여할당을 해야 한다. 다만, 특수한 상황에 처한 청소년들이 소외되지 않도록 균형을 갖춘 할당이 되어야 할 것이다.

(2) 사회적 급여

사회적 급여의 핵심은 현물로 줄 것인가, 아니면 현금으로 지급할 것인가 하는 문제이다. 즉, 서비스의 내용은 무엇인가라는 것이다. 예를 들어, 급여를 현금으로 준다면 청소년이 시장에서 자유롭게 물품을 선택할 수 있지만, 소비성을 자극할 수도 있다. 반면, 현물(물품)로 준다면 형식적으로는 목적에 맞는 복지서비스를 줌으로써 도덕적 해이를 방지하는 등 사회적 목적을 달성하는 데 효과적이지만, 청소년과 가족이 받는 급여 서비스로서의 매력은 떨어질 수 있다.

이처럼 현물급여와 현금급여는 사회적 급여의 문제에 있어 가장 큰 논란이 되어 왔다. 따라서 지금도 사회문화 여건과 재정 및 사회적 합의에 기초해서 선택적으로 활용하고 있다.

① 현물급여의 특징

첫째, 현물급여는 급여대상자에게 본래의 목적대로 정확히 전달할 수 있어 현금급여에 비해서 효과적이다. 1970년대 아동복지에서 활발히 이루어진 아동결연사업은 현금급여가 돈이 사용되는 곳을 통제할 수 없어 본래의 뜻을 관철시키기 어렵지만, 현물급여는 미리 설정된 용도와 목적에 맞게 사용(아동의 학용품 등)될 수 있어 효과성을 높일 수 있다는 것을 확인할 수 있었다.

둘째, 현물급여는 사회복지수급대상자의 사회적 도덕성에 대한 비난을 감소시킬 수 있다. 현금급여를 받았을 경우에 자유선택에서 의해서 술과 담배 등 사회적으로 바람직하지 않은 선택을 할 가능성이 있지만, 현물급여는 이러한 선택들을 제한할 수 있다.

셋째, 현물급여는 사회경제적으로 볼 때 물품의 표준화를 통한 규모의 경제를 이룰 수 있어 급여를 대량으로 생산하고 배분함으로써 낭비와 이중지출을 줄일 수 있다.

② 현금급여의 특징

첫째, 현금급여는 사용하기에 편리하고 현물급여에 비해 관리나 행정적으로 처리하기에 수월하고 비용도 적게 든다. 현물급여의 경우 이를 보관하는 인력, 기구가 필요하고 배분하는 데도 적지 않은 노력과 비용이 들기 때문이다.

둘째, 현금급여는 수급대상자의 자유의지를 존중하고 낙인(stigma)이 줄어들어 수치심을 느낄 일도 줄여 주며, 스스로 삶을 관리할 수 있는 존엄성을 인정할 수 있다.

이와 같이 현물과 현금급여는 각기 장단점이 있다. 따라서 어느 한쪽이 절대적으로 옳다고 결론짓기 어렵다는 것이다(박정호, 2001; Mencher, 1967).

그렇지만 청소년복지정책에서 사회적 급여는 현금급여의 원칙이 더 합당할 것이다. 왜냐하면 현물급여의 장점을 고려한다 하더라도 청소년들이 갖는 사회적 신뢰와 자발성을 확대하는 측면에서 본다면 현금급여가 보다 바람직하기 때문이다. 특히 심리정서적으로 민감한 시기를 거치고 있는 청소년에게 현물급여는 자칫 낙인효과를 크게 만들어 사회적 급여가 갖는 의미를 흐릴 수 있다.

(3) 재정

어떤 정책이든 재정(finance)은 필수불가결의 요소이다. 청소년복지정책도 마찬가지이다. 청소년복지정책의 내용을 분석하는 데 있어 어떤 재정에 의존하느냐에 따라서 정책의 목표나 내용이 달라질 수 있다. 청소년복지정책이 공공부문의 재정으로 이루어지느냐, 민간부문의 재정으로 이루어지느냐에 따라 정책을 펼치는 모습이 달라진다. 또한 공공부문의 재정 가운데서도 정부의 일반예산이냐, 아니면 사회보장성 조세이냐에 따라 자격조건, 급여액, 급여의 방법 등 청소년복지정책의 내용이나 목표가 달라진다.

사회복지정책의 한 분야로서 청소년복지정책에 사용되는 재정은 크게 공공부문의 재정과 민간부문의 재정으로 나눌 수 있다. 공공부문의 재정은 다시 정부의 일반예산, 사회보장을 위한 조세 그리고 조세비용의 세 가지로 구분할 수 있으며, 민간부문의 재정은 사용자 부담금, 자발적 기여금, 가족에서의 노인부양과 실업청소년의 가족의존 등 가족 내 가족 간의 이전으로 나눌 수 있다(김태성, 송근원, 1999).

청소년복지정책의 재정은 우선적으로 공공부문의 재정이 투입되어야 한다. 청소년복지에 대한 국가와 사회의 책임을 강조하는 면에서 더욱 그렇다. 또한 재정 수급의 안정성과 투명성을 고려할 때도 재정에서 민간재정보다 공공재정인 국고의 일반회계로 편성하여 추진되어야 한다.

아울러 청소년복지정책에 있어서 민간부문의 재정도 필요하다. 특히 청소년과 가족을 위한 자발적 기여금은 우리 현실에서 크게 개선되어야 할 사항이다. 자발적 기여를 통한 청소년의 발달상 욕구와 능력개발에 대한 대응은 새로운 청소년 인력개발에 대한 복지적 접근으로서 의미를 갖는다. 그러나 자발적 기여는 매스미디어를 통한 단발적인 관심에서보다는 지역사회의 관계망에서 지속적으로 이루어져야 재정의 불안정성이 해소될 수 있을 것이며, 청소년복지와 관련된 민간기업의 사회적 책임과 사회적 자원의 개발 관점에서 장학사업과 청소년사업의 일정액의 복지비용으로 부담하는 등의 노력이 전개되어야 한다.

(4) 전달체계

서비스를 무엇으로 전달할 것인가이다. 예를 들어, 효율적인 전달을 위한 체계와 조직, 인력 등의 편성을 어떻게 할 것인가, 공공 또는 민간 체계로 전달할 것인가, 인력구성은 전문 인력을 활용할 것인가, 자원봉사자의 도움을 받을 것인가 등이다.

현재는 청소년복지 전달체계(youth welfare delivery system)는 여성가족부(청소년정책관)가 중심이 되어서 전체 청소년정책업무를 관장한다. 그렇지만 보건복지부(아동복지)도 중요한 역할을 수행하고 있다. 이 밖에도 교육부, 국방부, 법무부, 고용노동부 등의 부처에서도 청소년복지관련 정책업무를 수행하고 있다. 각 부처의 성격에 따라서 청소년복지관련 정책이 다양한 경로로 이루어지는 것이 불가피한 측면이 있고 때로는 바람직할 수도 있다. 그렇지만 중앙 및 지방정부의 청소년정책 전달체계를 유기적으로 연결하고 통합 조정하는 역할 수행을 통해서 청소년정책이 효과적이고 효율적인 방향으로 전개되어야 한다.

4) 청소년정책의 발달과정

시기(기간)	특징	기본계획	담당부처	청소년정책 초점
1987~1990	• 1988올림픽 개최 • 체육청소년부가 독립 • 「청소년육성법」 (1987, 의원입법) • 청소년연구원 설립 (1989)		체육부 청소년국 (1988)와 체육청소년부 청소년정책조정실(1990)	육성(대상중심에서 활동중심으로)
1990~1997	• 「청소년기본법」 제정(1991) • 청소년기본계획 수립 • 청소년헌장 선포 • 「청소년보호법」 제정(1997) • 청소년관련학과 설립(1992) • 청소년지도사 자격제도(1993)	제1차 청소년육성 5개년계획	문화체육부 청소년정책실(1993) 문화체육부 청소년보호위원회 설치(1993)	육성과 보호
1998~2002	• IMF금융위기사태 • 청소년 성보호에 관한 법률(2000)	제2차 청소년육성 5개년계획	문화관광부 청소년국(1998) 국무총리실 청소년보호위원회	육성, 보호, 참여
2003~2007	• 「청소년기본법」 개정 • 「청소년복지지원법」과 「청소년활동진흥법」 제정 • 청소년상담사 자격제도(2003) • 주5일제수업(2004) • 청소년수련활동인증제 도입(2006)	제3차 청소년육성 5개년계획	국무총리실 청소년위원회(2005) 국가청소년위원회(2006)	육성, 보호, 참여 권리, 복지, 건강보호

2008~2012		제4차 청소년 정책기본계획	보건복지가족부 아동·청소년가족정책실(2008) 여성가족부 청소년가족정책실(2010)	역량 강화, 복지지원 확대
2013~2017	• 「학교 밖 청소년 지원에 관한 법률」(2014)	제5차 청소년 정책기본계획	여성가족부	• 청소년체험활동 전달체계 정비 • 국제적 역량 • 다양한 사회변화에 맞물린 청소년층(다문화, 북한이탈, 이주노동) 관심 및 지원 • 청소년(청년)노동
2018~2022		제6차 청소년 기본계획	여성가족부	청소년주도의 지원과 협업적 청소년정책 강조

*출처: 여성가족부(2018).

(1) 청소년증

청소년증은 학교에 다니지 않는 청소년의 경우 학생증이 없어서 학생으로서 받는 각종 보장과 혜택에서 소외되어 있는 현실을 개선하기 위해 도입했다.

9세부터 18세까지 청소년에게 발급하는 청소년증은 주민등록증과 같은 신분증으로 사용하거나 학생증과 동일하게 교통요금과 미술관, 공연, 영화할인 등 각종 문화 여가시설에서 할인혜택을 받을 수 있다. 2017년부터는 교통카드 선불결제 기능이 추가되었다.

(2) 청소년참여위원회

청소년참여위원회는 「청소년기본법」에 의해서 설치되는 청소년 참여의 제도적 기구이다. 청소년정책을 수립하고 추진하는 과정에서 청소년이 적극적으로 참여할 수 있는 기회를 마련한 장치로서 정부(지방정부 포함)의 청소년 정책 및 사업에 대한 청소년들의 의견을 제시하는 한편, 자문 및 평가도 하고 있다.

(3) 청소년운영위원회

청소년운영위원회는 생활권 수련시설(청소년수련관과 청소년문화의 집 등)의 운영과 프로그램 구성 등과 관련하여 자문하고 평가를 함으로써 특히 지역청소년의 요구와 의견을 반영하는 기구이다. 이를 통해서 청소년 친화적인 청소년시설이 될 수 있도록 하는 데 목적을 두고 있다.

특히 「청소년활동진흥법」에는 "청소년활동을 활성화하고 청소년의 참여를 보장하기 위하여 청소년으로 구성된 청소년운영위원회를 운영하여야 한다."고 명시하고 있다(법 제4조).

(4) 청소년특별회의

청소년특별회의는 「청소년기본법」 제12조에 의거하여 정부 차원의 청소년정책 과제의 설정과 추진을 살피기 위해서 청소년과 청소년 전문가가 함께 참여하여 소통하는 회의를 말한다. 청소년특별회의는 매년 개최해야 하며, 범정부 청소년정책에 대한 청소년 및 청소년 분야 전문가가 함께 참여해서 청소년 입장에서 정책과제를 발굴하고 청소년분야 전문가와 함께 신중히 검토하여 정부 정책에 반영하는 역할을 한다. 청소년특별회의는 청소년활동진흥원에서 실무 역할을 담당하고 있다(여성가족부, 2019).

5) 청소년복지정책의 정책수단

정책은 국가와 사회가 가진 목표와 목표달성을 위한 수단 간의 합목적적인 체계라고 할 수 있다. 따라서 목표 없는 정책을 생각할 수 없고 수단 없이 목표달성을 이룰 수 없다. 정책수단은 정책 목표의 도구적 성격과 역할을 가지고 있지만, 정책 목표는 정책 목적의 한 수단이고, 정책 목적은 우리 사회의 이상적인 청소년의 상(像)을 추구하는 데 하나의 도구가 된다. 정책 목표와 수단의 구분은 분석적인 목표로 가능하지만 실제로는 별 의미가 없다. 그러나 특정한 사회목표를 달성하기 위해서는 그 목표 자체가 요청하는 조직화된 활동 또는 방법을 필요로 한다. 물론 사회복지제도와 법은 청소년복지정책의 목표를 달성하는 준거가 될 수 있지만, 다른 한편 청소년복지정책의 정책수단이 될 수 있다. 여기서는 사회복지정책과 청소년복지정책 등과 관련된 네 가지의 정책적 수단을 개괄적으로 나열한다.

(1) 청소년복지관련 제도와 법

제도(institution)는 관습이나 도덕, 법률 등에 의해서 수립된 모든 사회구조, 즉 체계를 말한다. 따라서 법은 크게 보면 제도 안에서 이해할 수 있겠지만 일반적으로 법과 제도를 엄격히 구분하지 않는 경우도 많다.

청소년복지와 관련된 법은 「아동복지법」과 「청소년기본법」을 중심으로 여러 법들이 존재한다. 이 법의 성격은 크게 보면 청소년을 복지적 측면에서 지원하는 법과 청소년의 건강하고 건전한 성장을 도모하는 데 기반이 되는 제도적 장치를 담보하는 법으로 구분할 수 있다.

(2) 청소년기본계획

청소년기본계획은 「청소년기본법」에 따라서 수립되는 중장기 청소년정책을 뜻한다. 즉, 청소년의 건전한 육성을 위한 정책 지침과 방향을 5년마다 수립하며 이를 토대로 청소년육성정책과 관련한 업무가 추진된다.

(3) 청소년복지행정 조직과 체계

청소년복지행정은 보건복지부와 여성가족부를 중심으로 전달체계가 수립되어 있다. 중앙부처의 청소년복지행정은 시·도와 시·군·구에서는 주로 사회복지나 여성과 청소년(청년) 관련 부서를 두고 추진하고 있다. 그리고 읍·면·동에서는 업무에 따라서 다르지만 아동과 청소년복지 업무는 사회복지전담공무원이 일선 현장 전달체계로서 활동하고 있다.

(4) 청소년복지와 관련된 사회조사

정책은 정치적 책략이다. 청소년복지와 관련한 정책은 국가(지방정부 포함)가 청소년과 가족 그리고 청소년 관련 종사자들이 사회적으로 행복하고 바람직한 삶을 영위하도록 갖가지 아이디어와 프로그램들을 개발하고 조직화하여 서비스로 전환하는 데 목적이 있다.

〈청소년정책은 결국 청소년의 well-being을 목적으로 하는 것이 아닐까?
그렇다면 청소년에게 well-being은 무엇일까? 어떻게 하면 well-being할 수 있을까?〉

〈청소년에 대한 전략을 청소년 없이 짠다? 청소년은 청소년이 제일 잘 안다〉

이런 과정에서 반드시 필요한 것이 사회조사이다. 사회조사는 청소년과 가족 그리고 청소년을 둘러싼 청소년복지 업무 종사자 등의 욕구와 필요를 정확히 파악하여 정책개발에 활용하는 데 필요한 기초 자료이다.

2. 청소년복지행정

청소년복지행정은 청소년복지정책과 불가분의 관계를 갖고 있다. 청소년복지행정은 청소년복지정책의 목표 설정과 재정립, 목표 달성을 위한 정책수단 체계의 확립 및 체계의 형성과 집행 등 전 과정을 포괄하는 넓은 개념이다. 그렇지만 좀 더 좁은 뜻에서 청소년복지행정은 사회복지에 관련된 정책을 입안하고 집행하는 데 관련된 합리적인 협동체계(cooperative system)이다. 즉, 청소년복지와 관련된 정책의 합법적 실행이라고 볼 수 있다. 이와 관련하여 좁은 뜻의 행정이라고 볼 수 있는 전달체계(delivery system)는 문제해결 또는 욕구의 충족을 위해 동원되는 여러 조직과 전문기술의 전달과정을 의미한다고 볼 수 있다.

1) 청소년복지행정의 요소

청소년복지행정은 청소년복지와 관련한 다양한 정치적 책략, 즉 청소년복지를 위해서 기획하고 확보된 아이디어와 전략에 따른 전달 구조와 자원을 잘 쓰는 데 목적이 있다. 바람직한 청소년복지행정을 구현하는 데 다음 네 가지 요소가 상호 연결되어 있다.

(1) 복지정책

복지정책, 특히 청소년복지정책은 청소년복지행정을 위한 하나의 소프트웨어라고 볼 수 있다. 한편, 넓은 의미의 청소년복지행정은 청소년복지정책을 포괄하기도 한다. 사회적으로 볼 때 이상적인 청소년복지정책은 청소년 복지와 관련하여 정책 결정자들(국회, 중앙 및 지방정부 등)이 청소년을 합리적 으로 성장시키고자 하는 미래지향적 양식(patterns)으로 볼 수 있다.

청소년복지정책은 청소년복지와 관련한 제도와 법에 기반하며 청소년정 책(사회, 경제, 문화정책 등)이 상위정책으로서 영향을 미친다. 아울러 정책을 구체적인 활동으로 옮기는 사업(program)과 의사결정 우선순위 등이 있다. 이와 함께 청소년복지정책에 대한 사회 전반이 갖는 합의와 관점도 청소년복 지정책을 수립하는 데 영향을 미친다.

(2) 정책대상 집단

청소년복지 정책대상 집단은 청소년복지정책으로 인해 영향을 받는 사람 들이나 집단이다. 예를 들면, 빈곤계층 청소년과 가족 등이다. 그런데 정책대 상으로서 빈곤계층 청소년은 빈곤으로 인해서 사회 전체에 경제사회적 부담 이 되기도 하지만, 청소년이라는 특성이 사회적 동력을 강화하는 주요한 축 이 될 수 있다. 따라서 청소년과 가족 그리고 청소년복지에 관련된 조직과 집 단을 바라보는 관점에 따라서 새로운 정책목표와 행동지침을 수정하는 데 지 속적인 영향을 미친다.

(3) 수행기관

청소년복지정책을 수행하는 행정기관은 주로 정부가 되지만 민간단체의 역할과 기능도 매우 중요하다. 이들 정책 수행기관과 관련하여 중요한 변수 는 기관의 조직구조와 인력의 질, 지도력(leadership), 그리고 사업을 수행할 수 있는 역량이라 할 수 있다. 특히 정부의 정책입안자의 가치와 역할에 따라 청소년복지정책의 이념이나 합리적 추진 그리고 효과성에 큰 차이를 가져올 수 있다. 따라서 이들에 대한 전문적 훈련과 법적 뒷받침 그리고 적절한 수효 와 배치는 청소년복지행정의 성패를 가르는 중요한 변수가 된다.

(4) 사회환경

청소년복지정책에 영향을 미치거나 그 집행에 의하여 영향을 받는 여러 요소를 말한다. 특히 정책과 그 집행에 있어서 제약요인으로 이해되는 경우가 많다. 이러한 환경요소는 다양하고 복잡하다. 예를 들어, 사회제도, 경제제도, 부의 분배, 교육수준, 계층 구조, 문화적 양태, 인구, 종교, 자원, 청소년 시설과 기관 등이다. 한편, 이와 같은 사회환경 요소는 일반적으로 중립적이거나 정책집행에 제한을 주는 경우가 많지만, 정책 집행집단이 사회환경 요소를 잘 활용한다면 행정을 효율적으로 추진하는 긍정적 요소로 작용할 수 있다.

2) 청소년복지행정 전달체계 원칙

좁은 의미의 청소년복지행정은 전달체계를 뜻한다. 이와 같은 청소년복지서비스 전달체계는 사회복지서비스 전달체계의 원칙이 적용될 수 있다. 효과적인 서비스의 전달과 평가를 위한 원칙과 방법에 대한 논의는 다양하지만, 다음 요소는 청소년복지행정 전달체계에서 중요한 원칙이 될 수 있다.

(1) 효과성

효과성(effectiveness)은 목표를 잘 성취했는지에 대한 평가이다. 즉, 청소년수련관을 3년 안에 건축하겠다는 목표를 세우고 그 성과가 이루어졌다면 효과성이 있다고 할 수 있다. 욕구의 충족 또는 해결을 위해 선택한 목표와 서비스가 어느 정도 적합한가의 관점에서 판단하는 것이다.

(2) 효율성

효율성(efficiency)은 최소의 자원으로 최대의 효과를 거둘 수 있을 것인가의 문제이다. 최소의 투입으로 최대의 산출을 얻는 것을 말한다. 청소년수련관을 3년 안에 건축하겠다는 목표를 달성하는 데 가능한 최소의 비용을 들여서 3년보다 더 빠른 시간 안에 달성했다면 효율성이 있다고 평가할 수 있다.

어떤 정책을 추진할 때 효율성은 중요하지만 그에 앞서서 그 정책이 반드시 필요한 정책인지가 중요하다. 왜냐하면 필요하지 않은 정책을 효율적으로 해낸다면 그것은 효과적이지 않고 쓸모없는 정책일 수 있다.

그러나 제한된 자원을 복지대상자의 욕구와 상황에 따라 합리적이고 적절히 배분해야 하는 사회복지서비스의 특성상 효율성은 매우 중요한 과제이다.

(3) 공평성

공평성(equity)은 동일한 욕구를 가진 대상자는 동일한 서비스를 받아야 한다는 것이다. 배고픈 청소년에게는 똑같이 빵을 제공해야 한다. 그런데 청소년복지서비스의 배분과 공급에 있어서 공평성은 특별히 배려되어야 한다. 공평성은 서비스를 받는 기회와 내용뿐 대상의 특성까지 포함할 필요가 있다. 즉, 일반적으로 체중이 많이 나가는 청소년과 그렇지 않은 청소년이 갖는 배고픔의 욕구가 동일하더라도 똑같은 양의 빵을 주는 것이 공평한지에 대한 물음이다.

한편, 공평성은 반드시 결과의 평등을 가져오는 것은 아니다. 예를 들어, 10대 후반 청소년과 6세 정도의 아동이 함께 참가하는 100m 달리기 경주에서 시합의 공평성을 위해서 아동에게 10m 앞에서 출발하게 하더라도 결과적으로 보면 청소년이 승리할 수 있다는 것이다.

따라서 복지에서 공평성은 더 적게 가진 청소년에게 더 많이 주는 것이라는 사회정의의 한 철학과도 맥락을 같이하는 결과의 평등까지도 판단에 앞서 고려해야 한다.

(4) 접근성

복지대상자인 청소년과 가족이 서비스를 쉽게 이용할 수 있도록 되어야 한다는 것이다. 이러한 접근성(accessibility)은 물리적 시설과 관련해서 시설이 충분한 설비와 기능을 갖추고 있어도 그것이 이용자로부터 물리적으로 떨어져 있고 또한 시설의 운영관리가 지나치게 관료적이면 서비스를 제공하는 것이 원천적으로 차단된다. 또한 아무리 좋은 서비스와 프로그램이 있더라도 청소년의 눈높이에 적합하지 않다면 심리적으로 가까이 하길 꺼릴 것이다. 마치 온갖 화려한 치장을 한 고급호텔에 선뜻 걸어 들어가서 화장실 등 편의 시설을 사용하려 할 때 느끼는 거리낌과 비슷하다 할 수 있겠다. 이렇듯 물리적 혹은 심리적 접근성은 서비스의 양과 질보다 중요할 수 있다. 만일 서비스 접근을 하는 데 제약이나 장애가 있다면 아무리 좋은 서비스라도 제공받거나 경험할 수 없기 때문이다.

3) 공공복지 전달체계

(1) 여성가족부와 보건복지부

여성가족부는 부처 명칭에는 삽입되어 있지 않지만 조직구성으로 보면 여성과 가족 그리고 청소년 업무로 되어 있다. 물론 각 업무별로 비중은 다르더라도 분명 청소년정책(복지정책 포함)을 포괄하는 최상위 전달체계라고 할 수 있다. 또한 전통적으로 아동 · 청소년복지업무를 담당하는 보건복지부도 주로 취약계층 청소년 지원을 위한 정책과제를 발굴하고 수립하는 데 중심 역할을 하고 있다.

(2) 관련 부처

거의 모든 중앙정부부처가 청소년복지행정과 관련이 있다. 특히 청소년은 여러 신분과 위치로 구분되는데 따라서 해당 청소년에 대한 관련 정책 등을 수립하여 여성가족부 등과 협력하여 정책을 추진한다. 예를 들어서, 교육부는 학생청소년을, 국방부는 군에서 생활하는 청소년(군인)을, 고용노동부에서는 일하는 청소년을, 법무부에서는 교정시설에 있는 재소청소년 등을 복지 대상으로 삼아서 그들에게 적합한 관련 정책을 개발하고 집행하고 있다.

(3) 시·도 및 시·군·구

각 시·도 및 시·군·구의 청소년복지행정은 독자적인 부서로 운영하기 보다는 복지, 여성, 가족 등과 같은 사업과 프로그램을 담당하는 부서에서 함께 이루어지고 있는 것이 일반적인 형태이다.

(4) 청소년육성전담공무원과 사회복지전담공무원

「청소년기본법」에 따르면 "시(특별시, 광역시, 특별자치시 포함)·도, 시·군·구 및 읍·면·동에 청소년육성전담공무원을 둘 수 있다."(법 제25조)라고 명시하고 있다. 기본적으로 청소년지도사 또는 청소년상담사의 자격이 있는 사람으로 청소년육성전담공무원자격을 두고 있으며, 이들은 각 지역의 청소년과 청소년을 지도하는 사람들의 욕구와 수요를 효과적으로 파악하여 가장 앞장선 위치의 전달체계 역할을 담당한다. 그러나 청소년육성전담공무원은 법적 의무조항이 아니기 때문에 각 시·도와 시·군·구에서는 적극적으로 청소년육성전담공무원을 활용하고 있지 않은 실정이다.

한편, 보건복지업무를 주로 담당하는 사회복지전담공무원들은 시·도와 시·군·구는 물론 특별히 읍·면·동 주민자치센터에 배치되어 사회복지관련 각종 업무와 함께 아동·청소년의 복지지원업무도 함께 하는 청소년복지행정관련 일선전달체계로 이해될 수 있다.

4) 민간 전달체계

민간 전달체계는 대체로 네 가지로 분류할 수 있다.

(1) 청소년복지기관

빈곤계층 청소년과 문제청소년을 대상으로 보호 및 상담과 지원 등을 하는 청소년을 위한 직접 서비스기관이다. 가출청소년쉼터, 비행청소년보호소 및 중간의 집, 비행청소년 결연사업(BBS 등)을 대표적인 예로 들 수 있다. 이들

단체는 성인들의 후원회비 또는 종교단체에서 운영하는 경우가 대부분이다.

(2) 청소년단체

YMCA, 걸스카우트, 각종 청소년회관 등 청소년의 건전한 육성을 위한 각종 프로그램을 실시하는 단체 또는 기관으로 볼 수 있다. 이들 청소년단체 또는 기관은 대부분 회원 또는 프로그램 참가청소년의 회비로 운영되고 있다.

(3) 청소년관련기관

청소년관련기관은 청소년을 위한 사업을 중심으로 청소년복지에 기여하고 있다. 지역사회복지회관, 복지재단 등 청소년복지프로그램을 운영하고 있는 기관 등을 말한다.

(4) 청소년복지지원기관

청소년복지를 위한 협의회와 청소년을 연구하는 학회 등을 들 수 있다.

5) 행정을 위한 공공재정

청소년복지행정은 기존 또는 새로운 재원을 합리적이고 유용하며 적합하게 잘 활용하는 일이 핵심이다.

주로 국가 세금을 목적과 용도에 맞게 분류하여 구분하고 있다.

(1) 일반회계

국가의 가장 기본적인 재정운용 회계이다. 조세 수입 등을 재원으로 하여 국가 고유로 하는 역할을 수행하는 데 필요한 세입과 세출을 말한다.

주로 여성가족부와 지방정부 등을 중심으로 한 청소년업무에 소요되는 예산으로 청소년정책 기반 강화와 청소년활동 지원 사업 등의 예산이 해당된다.

(2) 특별회계

국가가 특정한 사업을 운영하거나 특정한 자금을 보유해서 운영하고자 할 때 수입·지출을 일반회계로부터 분리하여 독립적으로 처리하는 회계를 말한다. 일반회계에 대응하는 개념이다.

(3) 청소년육성기금

청소년육성기금은 1987년「청소년육성법」을 근거로 1988년 서울 올림픽 이후 1989년「국민체육진흥법」이 제정되면서 기금이 조성되었다. 청소년육성기금은 정부의 출연금과「국민체육진흥법」과「경륜·경정법」에 의한 출연금, 개인과 법인 그리고 단체가 출연하는 금전과 금품 그리고 기금의 운용으로 발생하는 수익금 등으로 구성된다(여성가족부, 2018).

이러한 청소년육성기금은 청소년정책업무의 정부소관부처가 자주 변동되는 등 기금관리의 안정성이 떨어져서 기금으로 수행되는 사업 자체의 축소나 폐지가 지속적으로 불가피한 상황에 이르렀다. 따라서 신규재원을 적극적으로 발굴할 필요가 있다(김기헌, 임희진, 장근영, 김혜영, 황옥경, 2011).

〈어디든지 간다—청소년복지행정은 신속하고 정확하며 눈높이에 맞추는 배달〉

V

청소년문제와 청소년복지
그리고 미래

11장

청소년문제와 복지

1. 개요

이 장에서는 청소년문제를 세 가지 관점으로 구분해서 다룬다.

첫째, 소위 청소년문제라고 일컫는 청소년의 일탈행위이다. 생애발달과정에서 겪는 어려움 또는 개인 성향과 바람직하지 않은 가정 여건이나 또래집단 그리고 사회환경 등으로 인해서 청소년이 일으키는 일탈이다. 대표적인 것으로 비행과 범죄 그리고 약물중독, 성범죄 등이다.

둘째, 청소년이 가진 개인적 조건이나 사회환경으로부터 고통을 당하는 문제이다. 이 문제는 두 가지 측면을 갖고 있다. 하나는 조건이나 환경 자체에서 오는 곤혹스러움과 고통이고 다른 하나는 다른 모습이나 형편 때문에 받는 유무형의 차별이다. 대표적인 예로 장애와 다문화가정 청소년 등이 있다. 장애청소년은 장애 자체에서 오는 불편함 못지않게 장애를 보는 시선과 그로 인한 차별 때문에 더 힘들다. 또한 다문화가정 청소년도 일부 언어 및 생활등 가정교육 여건이 갖는 어려움도 있지만 때로는 다문화가정에 대한 사회적편견과 차별을 고스란히 청소년이 안고 가야 하는 어려움이 있다.

셋째, 청소년이 우리 사회에 기여할 수 있는 문제이다. 이 문제는 풀어야할 숙제라기보다는 보다 넓은 뜻에서 보면 청소년과 함께 더 나은 사회를 위해 이루어야 할 목표 또는 과업이다. 예를 들면, 청소년문화와 환경문제 등이 있을 수 있다. 사회발전과 청소년의 미래 삶을 위해서 함께 고민하고 정립해야 할 문제이다.

2. 청소년이 자신이나 사회에 곤혹스러움을 주는 문제

흔히 청소년문제라고 하는 것이 여기에 속한다. 즉, 청소년이 아닌 주로 성인이나 사회의 관점에서 청소년들이 사회 안정과 질서를 어지럽히며 또한 현재나 미래 청소년 자신에게 도움이 되지 않아서 주목하는 문제들이다.

범죄, 비행, 약물중독, 성폭력과 성매매 등이 대표적인 문제라 하겠다.

분명히 범죄 등 청소년들의 일탈행위는 어른들의 행위와 마찬가지로 사회와 타인에게 심각한 피해를 준다. 그렇지만 청소년 범죄는 일반 성인 범죄와 따로 취급해야 한다. 「소년법」 등의 제정 취지에서 알 수 있듯이 청소년은 여전히 사회적 보살핌을 받아야 하는 존재로서 범죄행위의 일정부분은 사회, 즉 어른들에게 책임이 있고, 그래야 한다는 시각이 있기 때문이다. 또한 청소년 범죄 중 적지 않은 부분이 어른의 범죄유형을 상당부분 모방(다양한 미디어 등)하고 있기도 하다. 또한 청소년이 일으키는 갖가지 일탈행위는 사회의 현재 모습이 고스란히 투영된 것이기도 하다. 즉, 어른과 사회가 청소년 일탈행위에 직접적 또는 간접적 원인이 된다는 것이다.

1) 청소년 범죄

(1) 짧은 소견

범죄는 말 그대로 죄를 범하는 일이다. 청소년이 범죄를 저지르는 양상은 매우 다양하다. 절도에서부터 살인까지 범죄의 유형은 여러 가지이다. 청소년 범죄라고 성인 범죄와 크게 다르지 않다.

청소년 범죄는 어떻게 보아야 하나?

'죄는 미워하되 죄 지은 사람은 미워하지 말라.'라는 말이 있다. 무척 어려워 보이는 요구이다. 사람이 죄를 지었는데 어떻게 미워하지 않을 수 있을까?

그런데 성인도 마찬가지겠지만, 특히 청소년에게 이 말은 매우 의미심장하다. 비록 저지른 죄에 대한 법적 처벌을 받아서 사회에서 잠시 또는 장기간 격리되거나 교육을 받더라도 청소년이 저지른 범죄와 일탈행위에 대한 처벌은 제한하고 있다. 예를 들어서, 청소년에게 죄를 물을 때 부모의 사회경제적 수준과 교육방식 또는 청소년 자신의 본성을 탓하면 정작 죄에 대한 명확한 법적 처벌이 되기보다는 비난이 될 가능성이 높아진다. 그만큼 청소년은 아직 사회적 한 개체로서 인정받는 것만큼 갖고 있는 가족, 친구, 사회 등 배경 요인에 대한 영향으로 어떤 행동을 하는 경우가 적지 않다는 말이다.

한편, 물론 죄는 잘못된 행위이다. 그러나 그 죄가 곧 사람은 아니다. 청소년은 더욱 그렇다. 만일 청소년이 지은 범죄를 곧 청소년 자신으로 인정하는 경우는 심각한 문제가 발생한다. 청소년은 수많은 발단단계와 경험을 통해서 성숙해야 한다. 그런데 그릇된 범법 행위가 개인의 인격으로 전환될 때에는 매우 제한된 발달과정을 겪을 수밖에 없을 것이다. 죄의 가볍고 무거운 정도는 법에 따라서 처벌하면 된다.

하지만 청소년 범죄의 경우는 사회에서 보호에 대한 책임이 고려되어야 한다. 적어도 미성년인 청소년이 법적·사회적·경제적·문화적·정치적 제약이 따르는 데는 그에 견주어서 사회와 성인이 보호해야 하는 의무가 있기 때문이다. 그리고 청소년의 행동은 그 시대 가치와 문화의 산물이다. 따라서 성인의 범죄와는 달리 청소년 범죄가 갖는 사회적 의미를 고려한다면 청소년 범죄를 성인의 범죄와 동일한 잣대로 평가해서는 안 된다고 본다.

따라서 범죄 자체는 법에 따라서 벌하되, 개인과 가족 그리고 국가와 사회의 미래를 충분히 고려해야 한다. 소년법의 취지도 여기에 있다고 생각하며 또한 우리가 청소년 범죄를 성인 범죄와 다르게 이해하고 취급하는 까닭이기도 하다.

(2) 몇 가지 관련 정보와 논의

① 교육의 회복

교육의 회복이라는 말은 어색하다. 원래 교육은 태어나서 성인이 될 때까지 가정과 사회에서 한 개인이 스스로 사회구성원으로서 다른 사람과 어울려 잘 살아갈 수 있도록 가르치고 키운다는 말이다. 그런데 오늘날 현실을 보면 가르치고 키운다는 교육의 뜻이 생업을 위한 직업 기술을 습득하는 한편, 성공의 길로 안내하고 다그친다는 말이 되어 버린 느낌이다.

특히 대다수의 청소년은 학교에 재학 중인 학생이다. 그만큼 교육에서 학교가 차지하는 비중은 예전이나 지금이나 여전히 크고 중요하다.

교육은 개인이 가진 목표와 사회가 추구하는 가치를 일치시키려는 노력이다. 우리 사회가 갖고 있는 정의, 가치, 다양성, 협동 등의 정신을 개인이 추구하는 바람직한 삶과 조화시키는 방법을 찾도록 돕는 활동이다. 이를 위해서 청소년이 앞으로 추구할 삶을 자유롭게 펼칠 수 있는 기회를 제공하고 다른 사람과 함께 도와 가며 그 목표를 이룰 수 있도록 나와 사회, 즉 타인에 대한 존중을 가르쳐야 한다. 그럼에도 불구하고 많이 지적되듯이 오늘날 교육은 오히려 극단적인 경쟁을 조장하여 수단과 방법을 가리지 않고 자신의 삶의 목표만 성취하면 된다는 방향으로 가속화되고 있다.

이러한 교육의 본질적 가치를 개인과 가정, 그리고 사회가 알지 못해서 이런 현상이 빚어지는 것은 아니다. 이제라도 사회변화에 따른 공적 교육제도가 갖는 이념을 추구하기 위해서 민주시민으로 성장하도록 하는 의무교육과 직업 및 삶의 성취를 위한 교육을 분리하는 방법을 모색해야 한다. 물론 현행 교육체계 속에서 무리가 있고 어려운 제안이 될 수 있다. 그러나 교육을 재조명해서 올바른 방향으로 개혁하지 않으면 자칫 진정한 인성교육도, 올바른 진로교육도 아닌 어정쩡한 교육형태가 지속될 것이다. 또한 교육과 관련하여 비슷한 문제를 제기하고 해결방안을 제시하는 다람쥐 쳇바퀴 도는 듯한 비생산적 논의보다는 실제 과감한 실험들이 여러 교육현장에서 일어나야 사회변화에 맞추어 교육이 새롭게 재정립될 수 있을 것이다.

② 청소년에 대한 이해 증진

청소년은 신체적·심리적으로 생애에서 가장 왕성한 시기이다. 이 시기에 놓인 청소년은 실제 생활에서는 자신의 욕구와 목표를 추구할 수 있는 기회에 많은 제약을 받고 있다. 불가피한 현실이지만, 청소년은 금전적·재정적 지원부터 시작해서 아직 많은 시간 교육을 받아야 하는 대상이다. 이에 따른 부담감과 시간제약, 아울러 청소년이기 때문에 갖는 사회적 행동의 제한 등 구조적인 스트레스를 안고 있다고 보아야 한다.

따라서 청소년이 자기를 분출할 수 있는 사회적 기회를 더 많이 제공해야 한다. 청소년과 함께하는 프로그램은 물론 물리적 공간을 청소년 친화적으로 만들어서 그들이 자유롭고 자발적으로 자신의 욕구를 분출할 수 있는 기회를 갖도록 해야 한다. 아울러 청소년 자신의 내면적 상황과 발달과정에서 나타나는 징후들을 미리 또는 사후에 도와줄 수 있는 심리적 지원 프로그램의 확대도 필요하다.

아직 정치적·사회적·경제적 힘이 없는 청소년이 지속적으로 사회에서 알게 모르게 소외된다면 그들은 오히려 사회와 소통하지 않으려 할 것이며 무기력한 상태에 빠질 수 있다. 그런 상황이 더 심해지면 청소년이 가진 문제를 해결할 방법을 찾기가 더 어려워지게 되는 것이다.

③ 회복적 사법의 적극적 활동

회복적 사법이란 "특정 범죄에 이해관계가 있는 당사자들이 함께 모여서 범죄의 결과와 그것이 장래에 대하여 가지는 의미를 어떻게 다룰 것인가를 해결하는 과정"을 뜻한다(UN NGOs, 1995).

점차 사법제도에서 범죄자의 인권에 대한 관심이 증가하고 있다. 하지만 범죄행위는 가해자와 피해자의 상호관계 속에서 일어나는 일이다. 또한 가해자와 피해자를 둘러싼 가족 및 지역사회 성원들까지도 관련이 있다. 따라서 범죄로 인한 결과는 사법의 문제인 동시에 사회문제가 될 수 있다.

특히 청소년 범죄에서 가해자의 인권 못지않게 피해자에 대한 권리와 물리적, 심리적 그리고 사회적 상처 회복에 주목해야 한다. 형사사건에서 피해자는 소송당사자(국가기관인 수사기관)가 아니라는 점에서 가해자의 인권을 보장하면서도 피해자의 권리를 보호하고 확립할 수 있는 방법을 찾아야 한다. 국가와 가해자의 문제로 국한하여 해결하는 형사사건에서 국가기관의 상대인 가해자의 인권에 대한 관심은 나날이 증가하면서도 상대적으로 범죄에 피해를 본 청소년과 가족 등은 주변적 존재로 남아 있는 실정이기 때문이다.

이러한 문제점을 개선하기 위한 방편은 많지만 그중 하나로 국가와 가해범죄자 중심에서 국가, 가해자, 피해자 모두를 고려하는 방향으로 전환하고 있으며 아울러 범죄의 가해자와 피해자를 둘러싼 지역사회 공동체의 참여 필요성까지 포괄하는 관점이 바로 회복적 사법(Restorative Justice)이다. 이 회복적 사법에서는 범죄를 법적인 처벌인 응보적 행위로 보는 것이 아닌 '회복'으로 본다. 따라서 범죄로 인해서 영향을 받는 피해자와 지역공동체 모두에게 회복의 의무를 가지도록 하는 것이다.

회복적 사법의 목적은 가해자로 하여금 법질서의 의미를 재인식하도록 하고 피해자와 적극적인 화해를 통해서 자신의 책임을 분명히 하고 나아가 지역사회로의 통합을 통해 재범을 방지하는 것이다. 그리고 피해자와 지역공동체가 범죄에 대한 두려움과 공포로부터 벗어날 수 있도록 하는 데 있다.

④ 촉법 소년 연령 하한 문제

사회는 꾸준히 변한다. 이에 따라 범죄의 형태와 질도 달라지고 있다. 몇몇 사건을 통해서 제기되고 있는 촉법 소년 연령 하한 문제는 단순히 아동·청소년의 신체적 그리고 심리적 성숙에 원인이 있다고 보기 어렵다. 또 다른 이유는 사회변화에 있다. 특히 급변하는 인터넷 환경에 대한 윤리적 준비 미흡과 점차 각박해지는 경쟁적 사회환경은 촉법 소년 연령문제와도 관련이 있을 것이다.

이와 관련하여 기존에 소년비행이 저연령화되고, 비행연령이 낮아질수록 장차 성인 범죄로 연결될 확률이 높으며, 아동·청소년의 발육상태도 빨라졌으므로 촉법 소년 연령 하한에 동의하는 주장이 있다. 한편, 형사제재를 연령이 낮은 아동·청소년에게 적용함으로써 낙인효과만 증폭될 가능성이 있고, 소년 범죄를 통제하고 조절할 수 있는 사회적 기반이 형성되어 있지 않아 처벌만이 능사가 아니라는 입장이 있다.

그러나 찬성과 반대의 문제에 앞서 성찰해야 하는 부분이 범죄의 다양화이다. 특히 인터넷 속의 가상공간에서 일어나는 성적 학대와 폭력 그리고 불법적인 금전거래 등은 아동·청소년에게도 예외 없이 노출되고 있다. 따라서 관련된 건전한 윤리와 문화적 환경을 조성하는 일이 선행되어야 한다. 이와 함께 여러 범법행위로 인한 피해자가 급격히 확산되는 현상을 예방하고 차단하며 처벌하는 방법에 대한 고민과 합의도 뒤따라야 한다.

⑤ 보호처분에 따른 보호의 내실화
「소년법」 제32조(보호처분의 결정)에는 10개의 보호처분 유형이 있다.

1. 보호자 또는 보호자를 대신하여 소년을 보호할 수 있는 자에게 감호 위탁
2. 수강명령
3. 사회봉사명령
4. 보호관찰관의 단기(短期) 보호관찰
5. 보호관찰관의 장기(長期) 보호관찰
6. 「아동복지법」에 따른 아동복지시설이나 그 밖의 소년보호시설에 감호 위탁
7. 병원, 요양소 또는 「보호소년 등의 처우에 관한 법률」에 따른 소년의료 보호시설에 위탁
8. 1개월 이내의 소년원 송치
9. 단기 소년원 송치

10. 장기 소년원 송치

    이렇듯 범죄행위의 유형과 정도에 따라서 여러 유형의 보호처분이 제시되어 있고 시행된다. 그러나 내용을 다양화하는 것만으로 보호청소년을 선호하고 보호할 수는 없다. 각 처분별로 좀 더 세심한 내용이나 집행방식이 변해야 한다.

    특히 사회봉사명령제도의 경우를 보면 회복적 사법 프로그램의 취지를 충분히 담고 있는 처분이라고 볼 수 있다. 그럼에도 불구하고 보호대상 청소년의 관점에서 프로그램이 개발되고 제시되기보다는 사회봉사명령을 집행하는 기관 중심으로 추진되는 경우가 많다. 이것은 보호관찰업무를 담당하는 기관이 지역사회와 연계를 꾸준히 추진하고 있음에도 불구하고 보호청소년의 선도와 교정의 행정적 절차와 내용을 담는 데 급급해서 해당 지역의 특성과 자원을 충분히 활용하지 못하는 실정이다. 보호관찰업무를 담당하는 직원의 전문성과 숫자 부족도 충분히 실효성 있는 운용이 되지 못하는 이유라

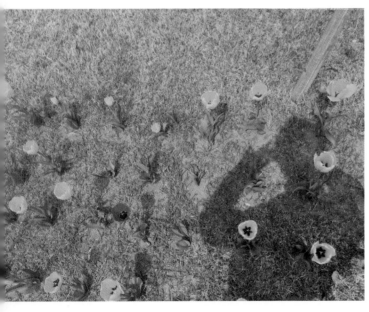

〈혹시 같으면서도 다른 매력을 나쁘다고 보고 있지는 않은지?〉

볼 수 있다.

또한 소년원에 특성화 교육기관의 성격을 부여하여 선도와 교육을 위해 노력하고 있으나 여전히 자격 등 기능위주의 교과목을 가르치는 데 중점을 두어 실제 요구되는 인성교육이 부족하다는 비판이 적지 않다. 따라서 소년원의 처벌적 기능이 아닌 처분의 의미를 살려서 범죄에 대한 이해와 책임성을 갖도록 해야 한다. 나아가 자신의 삶을 기획할 수 있도록 돕는 준법, 경제, 사회, 문화소양 교육 등이 보다 충실하고 세밀하게 이루어져야 할 것이다.

2) 약물중독

(1) 짧은 소견

서양 격언에 '모든 약은 독이다.'라는 말이 있다. 약국은 영어로 pharmacy라고 표기한다. 이 말의 어원인 그리스어 '파르마콘(phamakon)'은 약물, 치료, 독 등의 의미를 갖고 있다고 한다. 약과 독은 전혀 모순되는 단어로 보이지만 그 어원은 같다는 뜻이다.

마약의 일종인 '모르핀'은 아편에서 나온 약물로 통증을 없애 주어 강력한 진통제로 쓰이는 한편, 강력한 쾌감을 주고 탐닉을 강하게 해서 중독을 일으킨다. 그래서 모르핀은 법적으로도 무척 제한된 범위에서 사용한다.

또한 강한 중독성으로 인해 사람을 피폐하게 만드는 마약으로 분류하는 코카인과 헤로인은 설사와 복통을 멈추는 약으로 쓰이고, 해열과 진통 작용이 뛰어나기도 하다. 이러한 관점에서 보면 약은 자칫 지나치게 많이 사용하거나 용도에 맞지 않게 사용하면 독이 된다.

한편, 세균 중에 질병을 일으키는 세균은 사람 몸에 들어와서 빠르게 증식해서 몸을 망가뜨린다. 이처럼 나쁜 세균을 죽이거나 생성을 억제하는 데 효과가 있는 약물이 항생제다. 항생제의 발견으로 인류는 질병 퇴치에 획기적인 전기를 마련했다. 그런데 시간이 지나면서 항생제에 대한 내성이 생기기 시작했다. 따라서 더 강력한 항생제를 사용해야 하는 과정이 반복되면서 이제는 어떠한 강력한 항생제도 소용없는 소위 슈퍼박테리아가 생겨났다. 이처럼 약물은 반복해서 흡입하거나 접할수록 중독을 일으키고, 내성을 갖게 하여 더 강력한 자극을 필요로 하게 한다. 더욱더 강한 약물을 요구할수록 그 과정에서 심신은 피폐해질 수밖에 없다. 약물중독이 가져오는 공포와 무서움이다.

일반적으로 약물은 중추신경계에 작용한다. 즉, 중추신경계를 억제하는 알코올이나 반대로 흥분시키는 니코틴은 술과 담배라는 이름으로 우리에게 친숙한 약물이다. 이들 약물은 또 다른 약물에 접근하는 통로가 되고 결국은 강력한 마약을 찾게 될 수 있다.

왜 약물을 하는가? 다양한 이유가 있겠지만 약물은 사람을 몽롱한 상태로 만들어 기분 좋게 한다. 어떻게 보면 최고의 행복감을 느끼게 하는 것이다.

아리스토텔레스는 최고로 행복한 상태를 관조(觀照, contemplation)라고 했다. 관조는 진리를 보는 행위이다. 고요한 마음으로 사물이나 현상을 관찰하고 집중하는 일이다. 관조는 내가 나를 벗어나는 행위이다. 이를 통해서 본질을 볼 수 있다고 한다. 그런데 약물을 통해서 최고의 행복인 관조를 할 수 있을까?

약물을 통해서 느끼는 관조는 유사 관조 행위이다. 즉, 잠시 속이는 관조 행위이다. 청소년기에 삶을 관조하려는 노력과 이해는 필요하다. 다만, 방식은 달라야 한다. 하고 싶은 일과 해야 할 일을 도전하는 과정에서 관조에 도달할 수 있다. 관조는 단지 가만히 앉아서 응시하는 행위가 아니다. 관조는 끊임없는 자아성찰과 정신적인 훈련을 통해서 도달할 수 있다. 또한 비슷한 순간은 움직임을 통해서 알 수 있다. 마라톤을 하는 사람들에게 마라톤을 하는 이유를 물으면 마라톤의 매력 중 하나로 '러너스 하이(runner's high)' 때문이라고 한다. 운동하는 중간에 나타나는 신체적 쾌감이다. 이 매력이

〈약물 – 얼핏 파란 꿈처럼 보이지만,
보이지 않는 깊은 수렁으로 가는 길〉

끊임없이 뛰고 운동하는 원동력이 된다. 이 쾌감은 후유증이 없다. 오래도록 행복감을 느끼고 그 행복감은 축적된다. 반면, 약물로 인해 느끼는 순간적인 행복감은 허탈감으로 변한다. 왜냐하면 약물은 심신을 파괴시켜 궁극적으로 행복감을 박탈하기 때문이다.

(2) 몇 가지 관련 정보와 논의

① 약물의 종류

- 중추신경흥분제(central nervous system stimulants): 중추신경을 흥분시켜서 기분을 고무시키는 약물이다. 담배에 들어 있는 니코틴이 대표적인 유형의 하나이다.
- 중추신경억제제(central nervous system depressants): 중추신경흥분제와는 달리 중추신경을 억제시켜서 기분상태를 비정상적으로 높이는 약물이다. 술에 들어 있는 알코올이 대표적인 중추신경억제 약물이다.
- 환각제(hallucinogens): 아편, 헤로인, 모르핀, 코카인 등의 환각제는 상당 부분 진통작용을 갖고 있어 병원에서 제한적으로 말기 암 환자 등에게 투여하는 약물이다. 이러한 약물은 용도에 맞지 않게 오로지 환각효과를 위해서 남용되는 경우에 문제가 심각하다.
- 유해용매와 가스: 본드 등은 물질 자체의 용도가 아닌 마약류 또는 향정신성의약품과 유사한 효과를 얻기 위해 청소년들이 사용한다. 특히 청소년이 많이 사용하는 이유는 이와 같은 용매 등을 접하면 즐거움, 흥분 등이 나타나 쾌락을 얻을 수 있으며 또한 비교적 값이 싸고 손쉽게 구할 수 있기 때문이다.

이와 같은 물질들은 2차적인 비행을 일으키는 촉매제의 역할을 하며 더구나 독성이 강해 매우 위험한 순간을 맞이할 수 있다.

② 마약과 향정신성의약품

「마약류 관리에 관한 법률」에서 관리하는 마약은 주로 아편, 코카인 등이 있다. 마약은 강력한 진통효과를 갖고 있어 주로 통증 완화를 위한 치료적 목적으로 사용된다. 병원에서 말기 암 환자 등이 고통받고 있을 때 양귀비 추출물에서 얻은 마약인 모르핀을 처방하기도 한다. 대마초 등 합성마약이 있으며 이러한 마약은 통증 완화는 물론 쾌감을 얻고자 하는 비의학적 목적으로도 남용하기 때문에 생산과 유통, 사용 등을 엄격히 제한한다.

또한 향정신성의약품은 대체로 중추신경계를 자극하거나 억제하는 약물로 계속해서 사용하면 의존성과 중독성을 가져와 사람의 신체와 정신을 황폐시킨다. 예를 들어, 암페타민과 같이 의료적 목적으로 사용하기도 하지만 LSD와 같이 안전성이 결여되어 의료용이 아닌 오로지 쾌락을 위해 사용하기도 한다(노혁, 2000; 마약 ABC, 2019; 최은영 외, 2014).

③ 약물중독과정

흔히 술(알코올)을 일컬어 매혹적인 약물인 동시에 거의 모든 약물중독으로 가는 통로 역할을 한다고 한다. 일반적으로 약물중독은 몇 단계를 거쳐서 중독성이 심해진다고 본다.

- 실험적 단계: 초기 단계이다. 특히 청소년이 가장 먼저 접하게 되는 술과 담배 등은 호기심과 모험심 그리고 스트레스를 해소하는 방법의 하나로 시작한다. 이 단계에서는 약물을 그것이 갖는 정서적 영향보다는 지금 현재 자기의 욕구를 충족하기 위한 수단으로 생각한다.
- 사회적 단계: 또래집단과 어울리거나 사회적 관계를 위해서 약물을 하는 단계이다. 흔히 술과 담배 등이 인간관계를 원만히 하는 매개 역할을 한다고 말한다. 청소년인 경우 또래 친구들과 지속적으로 관계를 맺고 또래 문화에 함께하려는 목적으로 약물을 접한다. 처음에는 관계의 수단으로 약물을 하지만 약물이 갖고 있는 속성상 결국은 자기 몰입의 과정,

즉 중독으로 옮겨 간다.

- **도구적 단계**: 약물의 신체적·심리적 효과를 강력히 느끼는 단계이다. 약물로 인해 황홀한 감정과 순간적인 행복감을 맛본다. 때로는 정서적으로 혼란할 때, 즉 부정적 감정에서 도피하려는 수단으로 사용한다.
- **습관적 단계**: 약물중독의 단계이다. 약물이 자신의 일상을 지배하며 정신과 신체가 모두 약물에 의존해서 약물 없이는 생활이 불가능한 단계이다. 이 단계에 이르게 되면 약물이 도구가 되는 것이 아니라 자신이 약물의 도구가 되어 약물을 접하지 못하면 불안하고 초조감을 느끼며 심지어 정상적인 생활이 힘들어 폐인이 되기도 한다(청소년대화의 광장, 1996; 최은영 외, 2014).

④ 약물중독 예방

우선, 약물예방교육, 즉 약물 오용과 남용의 심각성과 폐해를 정확히 알리려는 노력이 필요하다.

- **나쁘다고 홍보하고 눈에 보이지 않도록 한다**: 얼핏 소극적 예방대책으로 보일 수 있다. 그렇지만 주요한 대책이다. 모든 청소년이 그렇지는 않겠지만, 견물생심(見物生心)이라는 말이 있듯이 약물은 특히 호기심에서 시작하는 경우가 많기 때문에, 반대로 눈에 안 보이면 굳이 찾아서 약물에 접근하려는 청소년은 없을 것이다. 약물에 대한 강력한 유혹을 이기지 못하는 청소년은 예외겠지만 호기심이나 멋으로 시작하려는 청소년에게는 약물의 폐해를 지속적으로 홍보하고 가급적 접근할 수 있는 기회를 차단하는 것도 효과가 있다.
- **진정한 행복을 얻는다**: 약물은 순간적으로 가짜 행복감을 맛보게 한다. 약물을 경험한 청소년 중 상당수는 약물 후에 허탈감과 신체적으로 피폐해지는 느낌을 갖는다고 말한다. 진정한 행복이란 지속성을 가진다. 부모와 친구들과의 긍정적인 관계 속에서 취미활동 등을 함께 할 때 느

끼는 행복감은 오랫동안 지속되고 좋은 추억으로까지 남는다. 하지만 약물은 즉시 효과는 볼지 모르지만 그 행복한 것 같은 감정은 결국 스스로의 신체와 심신을 갉아먹기 때문에 오히려 불행한 결과를 초래한다.

- 신체활동을 활발히 한다: 당연한 예방법으로 보일 수 있지만 중요하다. 학생청소년들의 대부분은 학업부담 때문에 여가활동, 특히 신체활동에 어려움을 느낀다. 그렇지만 운동 중심의 여가활동이 반드시 시간과 공간, 그리고 경제적 여유가 있어야지 할 수 있는 것은 아니다. 신체활동은 청소년에게 집중력을 가져다주고 다른 잡념에 휩싸이지 않게 할 수 있다. 흔히 우울하거나 정신집중이 안 되고 다른 바람직하지 못한 욕구가 생길 때는 야외에서 걷거나 뛰고 혹은 여러 운동에 집중하라는 조언을 한다. 흔히 오래 달릴 때, 30분 이상 달리면 전혀 지치지 않고 계속해서 달릴 수 있을 것 같은 행복감과 가벼워지는 몸 그리고 맑은 느낌이 생긴다. 이것은 마치 마약 등 약물을 투약했을 때 나타나는 현상과 비슷하다고 한다. 달리기 외에도 수영이나 자전거 타기, 축구 등 오랜 시간 지속되는 운동에서는 이 경험을 할 수 있다. 이처럼 신체활동은 정신과 신체가 피폐되지 않고 지속적으로 행복감을 경험할 수 있는 좋은 방법이다. 따라서 신체적으로 왕성한 청소년기에 신체활동을 촉진할 수 있는 동기와 환경을 조성해 주는 것도 매우 필요한 일이다.

3) 지위비행

(1) 짧은 소견: 지위인가? 처벌인가?

잘못된 행위는 누가 왜 판단하고 규정하는가? 길거리에서 담배를 피우는 사람을 본다. 길 가는 사람이 인상을 찌푸리며 지나간다. 더구나 담배 피우는 행동에 민감한 사람이라면 힐끗 째려보기까지 하면서 갈지도 모른다. 그렇다고 길거리에서 담배 피우는 행위를 어떻게 할 수는 없다.

그렇지만 정해진 공공장소에서 흡연을 하면 「국민건강증진법」에 따라 과

태료 10만 원을 내야 한다. 학교도 흡연할 수 없는 공공장소이다.

학생이 학교에서 담배를 피우면 금연관련 규정 위반인가, 아니면 비행행위로 처벌받는가? 몇 년 전 공공장소 흡연 시 과태료 10만 원이 부과되는 규정이 생기면서 중학교에서 흡연을 한 학생에게 과태료를 부과하는 문제가 사회적 쟁점이 되었다. 어떻게 보면 무척 합리적인 처벌로도 보인다. 이에 대한 논란보다는 중학교에서 흡연학생에게 과태료 부과를 하는 법적 처리과정을 보면서 이미 우리 사회가 지위비행에 대해서 암묵적으로 사문화된 개념으로 이해하고 있는 듯하다.

지위비행은 청소년 입장에서는 족쇄 아닌 족쇄로 여겨질 수도 있었다. 왜냐하면 성인에게는 허용하는 행위를 나이가 어리다는 이유로 받아들이지 않기 때문이다. 그런데 앞에 흡연 처벌 논란을 보면서 지위비행에 앞서 냉정한 법과 규정에 따른 처벌로 청소년을 통제하는 모양이 한편으로는 씁쓸하다. 지위비행에는 청소년을 친사회 규범과 행동을 따르도록 하여 건강한 사회구성원으로 성장시키려는 성인들의 교육적 목표가 내재되어 있었다. 이제는 사회가 포기해야 하는 지경에까지 이른 것이 아닌가 하는 느낌이다.

이러한 고려와 함께 생각해야 할 사안이 있다.

지위비행 이전에 술과 담배 등은 구매, 사용 모두 법적으로 금지되어 있다. 단지 문제가 되는 것은 청소년이기 때문에 할 수 없다는 면에서 지위비행으로 지칭한다. '왜? 어른은 되고 청소년은 안 되는가?'의 문제를 너무 확장해서 볼 필요가 있을까 의문을 제기한다. 생애 전 과정을 보면 시기마다 사회적으로 금지하고 구속받는 행위나 선택들이 있다. 「민법」에 따르면 18세 미만의 청소년은 부모의 동의를 받지 못하면 결혼할 수 없다. 결혼은 남녀가 서로 선택하여 가정을 꾸리는 일이고 이것은 법에 보장된 시민의 자율적 권리인데 어리다고 부모의 동의 없이는 못하도록 규정하고 있다. 이것이 터무니없다고 말하는 사람은 없을 것이다. 왜냐하면 의사선택의 자유는 보장되지만 사회적 통념이나 관례 등을 토대로 법으로 통제하는 경우가 있다. 일정 연령과 자기행위의 결과를 합리적으로 판단할 의사능력이 없는 심신 상실의 상태에

〈'빠른' 년생은 항상 슬프다〉

있는 금치산자와 한정치산자 등은 법률적 권리를 제한받는다.

　다만, 앞서 지위비행과 법적 처벌과의 관계를 말했듯이 사회에서 지위비행이라고 이름을 붙였다면 그만큼 당사자인 청소년의 비행행위와 함께 사회적 책임도 동반되어야 한다.

　따라서 지위비행을 처벌할 수 있는가 아니면 지위비행에 앞서 위법한 법적 행위의 처벌 등은 청소년이기 때문에 세심히 고려해야 하는가. 청소년의 현재와 미래 그리고 사회적 책임과 여건 등을 고려하여 조치하고 선도해야 할 것이다.

(2) 몇 가지 관련 정보와 논의

① 술과 음주

　청소년이 술을 살 수는 없지만 음주는 해도 처벌받지는 않는다. 물론 술은 판매하는 사람이 법적 규제를 받는다. 비약하면 청소년은 술을 사면 안 되지만 술을 마시는 것은 법적 처벌 대상이 아니라 보호 차원에서 지위비행 정도로 이해하고 훈계 또는 지도한다.

　청소년의 음주율보다 더 중요한 것은 음주의 횟수와 양 그리고 음주로 인한 2차 비행의 형태와 빈도 등이다.

아직도 음주에 관대한 문화를 갖고 있는 우리 문화에서 청소년의 음주는 성인을 답습하거나 모방하는 경우가 꽤 많다.

술은 문화이다. 특히 동양 사회에서 술은 음식으로서 가정과 지역사회 등을 나타내는 중요한 음식문화로 이어져 왔다. 그러나 현대사회로 넘어오면서 문화로서의 술은 점차 자취를 감추고 단순히 술 안에 있는 알코올을 섭취하는 요소만이 강조되어 온 느낌이다. 이런 술에 대한 인식이 잘못 어우러져 전 세계적으로 술의 소비량이 많은 데 비해서 술로 인해 자신과 다른 사람에게 피해를 주거나 그릇된 행동 등을 하는 것에 대해 사회적으로 관대한 형편이다.

청소년에게 있어서 술은 문화로 이해되기보다는 사회적 관계를 맺고 유지하기 위한 수단과 스트레스를 풀 수 있는 편리한 도구로 받아들여지는 경향이 짙다. 따라서 사회변화에 적합한 술 문화를 정착시키는 것과 함께 술로 인한 2차 비행과 일탈행동에 대한 강력한 제재가 필요하며, 또한 술로 인해 일어나는 그릇된 행동을 술 때문이라는 심신미약의 수준에서 받아들일 것이 아니라 오히려 술 때문에 그 행동이 더 비난받고 처벌받아야 한다는 인식으로 변화되어야 한다.

지위비행 여부를 떠나서 술을 마시는 청소년에게도 여러 수준에서 제도와 예방 그리고 치료방법이 제공되어야 하지만 아울러 술에 대한 사회 전반의 인식을 바꾸는 일이 병행되어야 한다.

② 담배와 흡연

담배는 술보다 청소년에게 어떤 면에서는 더 쉽게 접근할 수 있는 약물이다. 담배도 술처럼 청소년에게 팔아서는 안 되지만 청소년이 담배를 피운다고 해서 법적인 처벌을 받지 않는다.

담배는 대표적인 중추신경홍분제인 니코틴과 함께 수많은 유해물질로 이루어져 있다. 담배는 술보다 소지가 편하고 시간과 장소를 가리지 않고 접할 수 있기 때문에 청소년이 쉽게 접할 수 있는 약물이다. 각 학교에서 교칙 등으로 제재하고 있음에도 불구하고 청소년기에 담배를 접하는 사람들이 적지 않다.

담배에는 니코틴을 비롯해서 수많은 유해물질이 함유되어 있고 담배를 피우면 그 물질들이 타면서 갖가지 몸에 좋지 않은 작용을 한다. 요즘은 전통적인 궐련담배가 아닌 전자담배도 유행하고 있으며 액상담배도 판매되고 있다.

흡연은 건강에 막대한 지장을 초래한다. 특히 어린 연령에 흡연을 시작할수록 각종 질병으로 인한 문제는 크게 증가한다. 또한 담배는 마약 등 소위 '피우는 약물'의 전초단계로 많이 이해된다. 따라서 흡연은 단순히 청소년 개인의 건강 등의 문제뿐만 아니라 국가적인 자원과 경제의 손실로 귀결된다.

3. 청소년이 사회로부터 차별이나 침해를 당할 수 있는 문제

전통적으로 청소년문제라고 하면 청소년이 일으키는 범죄 또는 비행 등을 떠올렸다. 이것은 기성세대가 청소년을 보는 시각이었다. 즉, 한창 강렬한 성장기에 있는 청소년이 갖는 폭발적인 에너지를 표출하는 데 여러 장면에서 유독 부정적인 요소를 강조한 것이었다.

그렇지만 청소년문제를 좀 더 확장해 보면 다른 시각이 존재할 수 있다. 즉, 청소년이 겪는 고통과 아픔이다. 특히 청소년 스스로 촉발시킨 문제가 아니라 청소년에게 굴레처럼 씌워진 차별과 배제이다. 따라서 청소년문제를 좀 더 세심히 이해해야 한다. 청소년이 겪는 진정한 문제에 직면해야 한다.

이처럼 청소년이 겪는 아픔과 고통은 구조 또는 기능의 문제일 수 있다. 청소년과 가족을 둘러싼 사회환경에서 어쩔 수 없이 주어진 신체적, 심리적 그리고 사회적 격차로 인해 다른 청소년에 비해서 고통받을 수밖에 없는 문제에 주목해야 한다. 이들 문제는 청소년이 처음부터 통제하거나 선택하기가 거의 불가능한 문제이다.

어떤 면에서 본다면 청소년이 사회에 일으키는 비행과 범죄, 약물 등의 문제보다 훨씬 더 관심을 두고 해결책을 마련해야 한다. 그러나 빈곤과 장애 혹은 다문화 등 청소년을 둘러싼 여건과 조건으로 인해 외면당하고 차별당할 수 있는 문제들에 대해서는 충분한 해결방안과 실행이 미흡하다. 따라서 앞서 언급한 청소년이 일으키는 문제만큼 해당 청소년의 입장에서 충분히 고려해야 하고, 사회적 논의가 활발히 이루어져야 한다.

1) 빈곤

(1) 짧은 소견

복지는 빈곤과의 투쟁이다. 시장경제를 중시하는 자본주의 사회에 살아가면서 가장 힘든 일 중에 하나는 가난이다. 가난하면 할 수 있는 일이 많지 않다.

빈곤과 관련한 일화 하나를 소개한다. 1930년 미국 뉴욕에서 있었던 일이다. 판사로 재직하던 라과디아는 겨울날 빵 한 덩어리를 훔친 노인에 대한 재판을 한다.

그는 노인에게 빵을 훔친 이유를 물었다. 노인은 "죄송합니다. 이혼한 딸과 살고 있는데 딸은 병들었고 함께 생활하는 손녀 딸 둘은 굶고 있습니다. 빵 가게 앞을 지나다가 충동적으로 손이 나가서 훔치게 되었습니다."라고 말했다. 빵 가게 주인은 처벌을 바라고 있다. 라과디아는 깊은 한숨을 쉰한 후 판결을 내렸다. "남의 빵을 훔쳤기 때문에 벌을 받아야 합니다. 법은 누구에게나 공정한 것입니다. 10달러 벌금형에 처합니다." 그러면서 이런 말을 이어 갔다. "지금 피고는 10달러는커녕 동전 한 푼도 없습니다. 제가 10달러를 내겠습니다. 왜냐하면 이처럼 굶은 사람이 거리를 헤매고 있을 때 저는 좋은 음식을 배불리 먹은 죄가 있습니다. 제 죄의 값입니다. 방청석에서도 저와 같은 죄인이 있다면 벌금 50센트를 이 모자에 넣으십시오. 그리고 법원 직원은 벌금을 거두어 피고에게 다 주십시오." 재판정에 있던 사람들은 처음에는 어리둥절했다가 나중에 각자 50센트씩 모자에 넣었다. 그 자리에서 47달러 50센트가 걷혔고 노인에게 전달되었다. 노인은 10달러의 벌금을 내고 재판정을 떠나갔다.

공정한 법집행과 함께 이웃을 사랑하는 마음을 동시에 보인 명 판결로 지금도 많이 언급되고 있다.

가난은 죄가 아니다. 가난은 부끄러운 일이 아니다.

얼핏 보면 가난은 한 개인이나 가정의 책임이다. 하지만 크게 보면 가난은 사회 모두의 책임이다. 특히 빈익빈 부익부(貧益貧 富益富)로 의도했든 그렇지 않든 부의 편중현상이 점차 심해지는 자본주의 사회의 발달에서 가난은 재조명되어야 한다.

복지에서 가난은 양가적 입장을 갖는 경우가 있다.

가난은 복지 지원을 통해서 완화하거나 해소해야 하는 대명제이지만, 다른 한편에서 가난은 복지의 정당성을 의심하게 한다. 즉, 가난에 복지 지원을 하는 일은 밑 빠진 독의 물 붓기와 같고 베버리지(Beveridge) 이후에 지속되어 온 가난의 원인인 게으름과 나태를 조장하는 일이라고 보기 때문이다. '복지에서 노동으로'라는 말과는 조금 다르지만 '근로연계복지'라는 의미 안에는 이와 같은 고충이 들어 있다고 본다.

이것은 가난을 개인적인 책임과 결과의 수준에서 이해하기 때문이다. 가난은 개인의 책임이 아니다. 특히 청소년에게 빈곤은 주어진 여건이다. 자라나는 가정환경이 가난하다 보니 가난할 수밖에 없고 심지어 가난을 대물림할 수밖에 없는 형편인 것이다.

예를 들어 보자. 오늘날 사회는 보통 한 가정이 가장만 일을 해서는 경제적 여유는 물론이고 생활 살림을 꾸려 나가기조차 쉽지 않다. 그만큼 사회가 치열한 경쟁 속에서 살아간다. 부모로부터 물려받은 것 없는 가난한 집안에서 간신히 성인이 되어서 가정을 꾸린 가장이 있다고 생각하자. 배우자와 둘이 일을 해야 좀 더 나은 생활을 꾸릴 수 있지만 배우자는 아이를 돌봐야 하기 때문에 일을 할 수 없다. 이때 전제는 아이를 돌보는 일은 노동으로 취급하지 않기 때문에 소득으로 연결되지 않고 다른 가정에 비해서 가난으로부터 탈피하기보다는 그냥 머물러 있을 가능성이 크다. 더구나 전통적으로 여성이 양육을 하는 가정에서 배우자가 없을 경우 십중팔구 가난은 늘 따라오기 마련이다. 미국에서 어린 자녀를 둔 모자가정의 어머니들에게 노동의무조항을 면제해 주는 법안에 찬성한 민주당원은 이렇게 말한다.

"우리 어머니들과 가족들이 그 자녀를 가정에서 기르도록 격려해야 하며 사회적 차원에서 그것에 가치를 부여해야 한다. 아동을 다른 사람의 집으로 보내서 보호하는 것이 아니라 자신의 집에서 보호받도록 해 주어야 한다. 자녀를 돌보는 일이 왜 노동이 아닌가? 왜 그것이 정당한 노력이 아니며 왜 사람들은 국회의원들이 생각하는 노동이라는 개념에 이것이 적합한지 인정받아야 하는가?"(김은정 역, 2004)

복지가 갖는 주요한 사회적 기능 중 하나가 사회의 안정과 경제활동에서 구매력의 지속적인 창출이다.

궁극적으로 빈곤에 대한 지원은 단순히 시혜적 성격만 있는 것이 아니라 사회 전반의 안정과 경제적 성장을 위해서도 필요한 일이다. 아울러 빈곤가정 청소년에 대한 지원은 청소년이라는 인적 자원의 보호와 성장을 도모하는 데까지 기여할 수 있다.

(2) 몇 가지 관련 정보와 논의

① 빈곤계층 청소년 인력개발

과학기술의 발달로 인해 4차 산업혁명에 대한 관심이 증폭되고 있다. 또한 그에 따른 인력양성 방향에 대한 논의도 활발하다. 새로운 인력개발은 창조성과 독립성 그리고 시간보다는 질적 집중도 등에 초점을 맞추어 추진되어야 한다. 이러한 흐름은 교육과 인력개발의 기초 대상인 청소년에게도 해당될 수 있다. 물론 빈곤계층 청소년도 마찬가지이다. 그런데 제조업과 서비스업 중심의 산업구조에 맞는 인력양성에도 빈곤계층 청소년은 불리한 여건 속에서 출발해야 했지만 4차 산업혁명에 맞는 인력으로 성장하는 데는 더 큰 장애가 가로막고 있다. 즉, 고급기술과 양질의 철저한 맞춤식 교육 그리고 질 높은 노동 문화와 환경을 토대로 양질의 인력으로 성장해야 하지만 빈곤계층이라는 제약 여건이 더 큰 격차를 만들어 간다.

따라서 인력개발과 함께 빈곤계층 청소년에 대한 비복지(diswelfare)를 제거하기 위한 노력을 해야 한다. 다시 말하면, 빈곤계층 청소년은 자신의 복지를 향상시키는 데 장애가 되는 사회적 위험요인을 제거하거나 완화하지 않고서는 공정한 출발이 될 수도 없고 양질의 노동인력 양성은 구호에 불과할 수 있다. 빈곤계층 청소년에게 가정구조를 변화시킬 수는 없지만 사회적 여건으로서 다양한 문화적 향유와 필요소득의 지원이 선행되어야 한다. 선행되지 않고서는 인력개발의 첫걸음을 떼기 힘들 것이다.

이것은 단순히 빈곤계층 청소년 개인과 가정에 해당되는 문제가 아니며, 거시적으로 보면 빈곤의 세습화와 저출산 시대에 중요한 인력자원의 훼손으로 이어지는 사회적 손실이 될 수 있다.

그러므로 빈곤계층 청소년 인력개발은 적절한 경제적·사회적·문화적 환경의 지원과 조성의 토대 위에서 새로운 시대에 맞는 의식과 사고의 전환에 초점을 맞추어야 한다. 아울러 학교 중심의 교육영역을 보완하는 대안적 자립지원 프로그램과 경제활동 참여 기회가 곧 경험이 될 수 있는 적극적인 복지방안이 모색되어야 한다.

② 교육복지우선지원사업

교육복지우선지원사업은 가정과 학교 그리고 사회에서 원만한 생활이 어려운 교육취약 아동·청소년에게 교육, 문화, 복지 등의 통합지원체계를 구축하는 정책이다. 특히 교육취약 아동·청소년의 교육적 성장 도모에 초점을 맞추어 학교 중심으로 가정, 지역사회와 지역교육공동체 구축을 통해 학

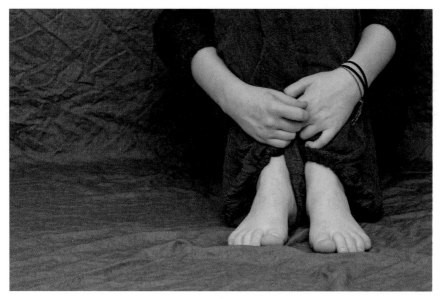

〈가난하고 소외된 청소년에게 어떤 지원을 해 줄 수 있을까? 자립은 무엇으로 하나?〉

습, 문화 체험, 심리정서, 보건 등을 통합적으로 지원하고자 하는 사업이다 (교육부 공식 블로그 https://if-blog.tistory.com/2163).

2) 장애

장애는 신체 또는 정신이 불편한 상태이다.

빛이 없는 어둠의 나라에서 눈은 무용지물이다. 눈보다는 후각 그리고 청각, 촉각이 더 유용하다. 그런데 우리가 사는 세상은 빛과 어둠이 공존한다. 실제는 빛이 어둠보다 더 많은 영역을 가진다. 빛이 주는 긍정적 영향이 컸기 때문에 사람들은 전기를 발명하고 어둠에서도 빛을 소망한다. 따라서 빛이 중심인 세상인 것만은 틀림없다. 어둠은 빛에 비해서는 작은 영역으로 특별한 경우를 제외하고는 외면당한다. 소수는 서럽다. 장애는 소수다.

신체적이나 정신적인 불편함보다 더 힘든 것이 소수이기 때문에 겪는 어려움이다. 왜냐하면 모든 것이 다수를 중심으로 이루어지기 때문이다. 그렇다고 시비할 수는 없다.

예를 들면, 계단은 신체장애가 있는 사람들은 오르기 힘겹다. 때로는 불가능하기도 하다. 계단은 다수를 중심으로 설계되고 당연한 듯이 활용된다. 그래서 제안된 것 중의 하나가 모든 사람이 함께 편하게 사용할 수 있는 도시계획과 건축 디자인이다. 이를 유니버설 디자인(universal design)이라고 한다.

대단지 아파트의 각 동 입구마다 계단과 함께 램프가 마련되어 있다. 램프는 장애인이 이용하는 휠체어 등이 편하게 이동하라고 만들어 놓은 것이다. 그런데 장애인보다는 계단을 오르내리기 힘든 노인이나 재활용 분리수거를 위해서 쓰레기 캐리어를 이동하는 일반인, 택배 물품을 나르는 택배기사들이 더 많이 사용하기도 한다. 모든 사람이 편리하게 사용할 수 있는 설계가 점차 늘어나고 있다. 그럼에도 불구하고 여전히 장애는 일상에 불편이 너무 많다. 여기에 여전히 장애에 대한 사회적 편견은 장애인과 가족들을 더 힘들고 고통스럽게 한다.

청소년이 선천적 장애를 가졌든 중도장애를 가졌든 자신이 고의로 선택한 조건은 아니다. 그렇기 때문에 장애에 대한 편견은 그들을 이중 삼중으로 힘들게 한다. 장애를 사람이 갖는 많은 조건 중에 하나로 받아들이고 독특한 정신적·신체적 상태로 이해하고 함께하려고 꾸준히 노력할 때, 장애를 가진 청소년뿐만 아니라 주변과 사회도 훨씬 더 건강하고 여유로워질 것이다.

(1) 장애 유형

장애의 유형은 총 15가지로 나누어서 살펴볼 수 있다. 외부 신체적 기능의 장애, 내부기관장애, 정신적 장애의 세 가지 기준으로 나누어 15가지의 장애 유형을 나누어 볼 수 있다.

■표 11-1 ■ 장애 유형

외부 신체적 기능의 장애	지체장애, 뇌병변장애, 시각장애, 청각장애, 언어장애, 안면장애
내부기관장애	신장장애, 심장장애, 간장애, 호흡기장애, 장루 · 요루장애
정신적 장애	지적장애, 자폐성장애, 정신장애

(2) 장애와 직업

직업재활은 장애인복지의 중심이 되는 분야라고 해도 지나친 말이 아닐 만큼 중요하다. 그만큼 우리가 사는 사회에서 직업은 단순히 소득과 연계되는 삶을 지탱하는 핵심을 넘어서 일을 한다는 보람을 가지며 나아가 삶의 의미까지 가져다준다. 물론 직업을 갖기 원하지 않는 사람도 있겠지만 원하지 않는 것과 원하는데 할 수 없는 것과는 큰 차이가 난다. 이런 측면에서 장애인에게 직업재활은 삶의 기초를 가질 수 있는 기회를 주는 데 큰 의미를 지닌다.

특히 장애청소년에게 직업재활은 자립과 연결되는 중요한 부문이다. 자립을 통해서 자활로 이어 갈 수 있으며 이를 통해서 자신이 가지고 있는 신체적인 조건을 극복하거나 조율하면서 여러 직업과 기술을 창조할 수 있다. 성인이 되어서 삶을 능동적으로 살 수 있는 희망과 기대를 줄 수 있는 주요한 복지적 지원인 동시에 방법이라고 할 수 있겠다.

3) 다문화

다문화(多文化) 사회 또는 가정이라는 말을 한다. 이 용어는 우리나라 사람이 다른 나라, 즉 다른 문화적 배경을 가진 사람과 결혼하여 가정을 꾸리는 일이 많아지면서 주목받기 시작했다. 물론 다문화는 말 그대로 다양한 문화, 즉 생활양식을 가졌다는 뜻이다. 미국과 캐나다 등은 나라가 형성될 때부터 다문화 사회였지만 우리나라는 오랜 기간 단일민족이라는 의식이 뿌리박혀 있어 다문화가 이질적인 현상으로 다가올 수밖에 없었다. 이에 따라서 다른 문화와 민족에 대한 배타성이 상당하였고 이로 인해 다문화가정은 의사소통

등 가족 내의 문제와 더불어 사회적 편견과 맞닥뜨릴 수밖에 없는 것이 현실이다. 즉, 상당수의 다문화가족(가정)은 상호 교류할 수 있는 충분한 시간을 갖지 못하고 결혼하는 경우가 많다. 이로 인해서 빚어지는 언어 차이로 인한 의사소통문제와 문화적 차이, 다문화에 대한 선입견과 편견, 차별 등이 가정 내외에서 생활하는 데 큰 어려움을 주고 있다. 이와 같은 문제는 자녀의 교육문제까지 이어진다.

「다문화가족지원법」에는 "다문화가족이란 결혼 이민자 또는 귀화 허가를 받은 자와 대한민국 국적자로 이루어진 가족을 말한다."(제2조)라고 정의하고 있다.

교통 및 통신의 발달로 인해 이미 전 세계는 하나의 단위로 묶여 있다. 한 나라에서 일어나는 현상이 거의 실시간으로 다른 나라에 직간접적으로 영향을 미친다. 최근 전염병(에볼라, 사스, 코로나19 등)의 전 세계 확산에서 보듯이 예전부터 외쳐왔던 지구촌은 한가족이라는 말이 피부에 와 닿는다. 이런 시대에 다문화는 새로운 의미로 다가와야 한다.

사람마다 태어나고 성장한 문화적 배경은 매우 중요하다. 따라서 우리가 다문화사회로서 한 발 더 나아가 성숙한 모습을 보이려면 각자의 고유 가치와 문화를 차별하지 않고 인정해야 한다. 그리고 실제 살아가는 공간에서 다른 문화와 우리가 갖고 있는 문화와 융화시키려는 노력이 필요하다. 싫든 좋든 간에 배타적인 사

〈휴대폰 가게에서 하나 된 각 나라들〉

〈언어는 다르지만 다 함께 기쁘고 즐거운 크리스마스〉

고와 문화를 가진 채 세계가 하나로 움직이는 시대에서는 살아가기 힘들다. 따라서 우리 사회에 들어오는 다양한 문화를 존중하면서 사회 활력과 주요한 자원으로써 활용하고 개발하는 데 관심을 기울이고 노력해야 한다.

4. 청소년이 사회에 기여할 수 있는 문제 _____

청소년은 발달단계로 볼 때 성인에 비해서 여러모로 제약이 많고 취약한 시기이다. 청소년은 공부하는 학생이든 일하는 노동자든 다른 형편에 있든 간에 아직은 사회진출을 위해서 준비하는 시기이다.

어떤 면에서 보면 청소년 스스로도 자립을 위한 역량을 키우기도 벅찬데 사회에 기여할 수 있는 부분이 있는지에 대한 의문이 들 수 있다.

청소년이 사회에 기여할 수 있는 문제는 현재 청소년의 다양한 분야에서의 활동과 가능성 그리고 미래라는 시간을 잘 짜서 맞출 때 충분히 새롭게 우리 사회를 이끌 수 있는 부문에 대한 논의이다.

다른 한편으로는 마땅히 그러한 미래로 나아가야 할 것이라는 당위에 가까운 전망도 섞여 있다. 또한 청소년이 앞으로 성인이 되어서 살아야 할 가까운 장래뿐만 아니라 지금 사회에도 충분히 기여하고 함께 고민해야 할 문제를 말한다.

청소년과 사회의 문제(problem)이기보다는 현재는 물론 미래지향적 과제 (task)이며 풀어 가야 할 숙제이고 더 나은 방향으로 이끌어야 할 기대이다.

청소년은 현재와 미래라는 시간을 성인에 비해서 더 많이 갖고 있고 또한 생애에 있어서 가장 역동적 전환기를 가까운 시간에 겪은 사람들이다. 이러한 청소년이 사회적으로 기여할 수 있는 부문은 무한하다. 또한 상당 부분은 청소년 스스로 선택해서 결정할 항목들이다.

그래도 현재에서 바라볼 때 더 나은 미래를 위해 제시되는 몇 가지 항목들은 절실하면서도 끊임없는 노력이 필요하다. 관련분야를 더 잘 살피고 고찰하면서 행동할 때 우리 전체의 삶이 나아질 수 있는 단초가 될 수 있다.

1) 윤리

윤리는 사람끼리 살아가는 데 있어서 서로의 삶을 존중하기 위해 지켜야 할 도리이다. 윤리는 상대적이다. 시간과 문화에 따라서 변한다.

그러나 아주 특별한 경우와 이유가 아니면 변하지 않는 윤리가 있다. 바로 생명윤리이다.

인간생명의 존중은 원론적인 말이지만 늘 강조되어야 한다. 그만큼 우리가 사는 세상에서 생명이 존중받지 못하는 상황이 많다는 뜻도 된다.

세상은 진보한다. 과학기술 문명뿐만 아니라 이에 따른 사람들의 생활도 더 편리하고 풍족해진다. 이러한 진보에도 퇴보하고 낙오되는 사람은 더 많아지는 역설이 존재한다. 일부 사람들은 빈익빈 부익부 현상은 인간의 끝없는 욕망이 내재하는 한 불가피하다고 한다. 그런데 욕망은 인간이 갖는 본질적인 성향일지도 모른다. 따라서 경제적 격차, 도덕과 비도덕, 준법과 위법은 늘 있을 것이라고 확신하기까지 한다.

사람은 욕망 덩어리이다. 이 욕망이 사람 속에 내재하지 않았다면 인류발전은 불가능하다. 그러나 사람은 욕망을 채우려고만 살지는 않는다.

간혹 돈에 혈안이 되어 있는 사람에게 그렇게 많은 돈을 벌려고 노력하는 까닭을 물으면 이런 답이 나온다.

"무시당하면서 살지 않으려고."

"후대가 편히 살 수 있는 기반을 마련하려고."

"잘 먹고 잘 살려고."

"일하는 재미를 느끼다 보니 돈은 따라오고……."

"돈을 많이 벌어서 경제사회적으로 어려운 사람을 도와주려고."

마지막 답에 주목하자. 모두가 그렇지는 않더라도 인류의 삶은 욕망과 절제, 이기심과 이타심이 적절히 조화를 이룬 다수가 이어 왔고 앞으로도 그럴 것이다. 물론 '살아남은 사람이 승리한 사람이다.'라는 말처럼 다수가 항상 옳다고는 할 수 없다. 그럼에도 불구하고 믿을 수 있는 것은, 인류는 더 나은 '사람다움'을 찾기 위한 노력을 계속한다는 것이다.

미래세대 윤리 관련 문제 중 하나인 온라인과 인간 아닌 다른 존재들, 즉 로봇, 가상현실세계, 인공지능, 사물인터넷 등과의 어울림 속에서 새로운 윤리를 만들어야 한다. 그것은 막연하지만 현재세대는 물론 미래세대의 몫이다.

그럼에도 여전히 어떤 윤리가 되었든 사람이 갖는 이기심과 이타심 두 가지

〈빛과 어둠은 늘 있다. 할 수 있는 일은 비중을 달리하는 일이다. 마땅히 지켜야 할 도리인 윤리가 반드시 빛에서만 나올까? 어둠은 윤리가 아닐까? 모든 청소년이 규칙과 규정을 잘 지키고 반듯한 생활을 하면 청소년과 어른 중 누가 숨이 막힐까?〉

대비되는 모습을 조절하고 균형을 맞추는 잣대는 새로운 윤리형성에도 기준이 될 수 있을 것이라고 조심스럽게 판단해 본다.

2) 문화

청소년문화를 따로 떼어 놓고 논의한 역사는 오래 지나지 않았다. 1970년대 소위 청년문화의 등장에서 자연스럽게 청소년문화가 언급되기 시작했고 이후 1990년대 들어서면서 청소년문화의 현상도 주목받는다.

이러한 청소년문화를 촉발한 원동력은 낮은 출산율 그리고 가정과 사회의 경제적 여유가 확대된 것이라 볼 수 있다. 특히 소비문화에서 청소년이 차지하는 비중이 높아지면서 청소년의 특성에 맞는 유무형의 상품이 유행의 물결을 일으켰다. 청소년문화는 초기에 미국 등 선진 외국문화에 영향을 받았으나 곧바로 우리만의 독자적인 문화를 만드는 데 성공하였고, 스마트폰, 패션,

〈2020. 고등학생의 '깡'〉

춤, 노래 등을 중심으로 문화적 영역을 점차 넓혀 갔다. 이제 청소년문화로 촉발한 우리 문화는 전 세계적인 관심사이고 일부는 그 중심에 놓여 있을 정도로 막강한 영향력을 발휘하고 있다.

청소년복지의 관점에서 오늘날 청소년문화는 청소년이 스스로 삶의 현재와 미래를 조화롭게 확보하고 권리와 책임을 동시에 부과하는 현상으로 나타난다. 기성세대 문화와 대비해서 청소년문화에 대해서 갖는 편견과 부정적인 우려 현상은 늘 존재한다. 그러나 기성세대 문화와 성인에 의해서 강요된 것이 아닌 새로운 산업과 기술 혁신에 적합하도록 변화하는 자율과 생활이 청소년문화에 스며들고 있다.

군이 성인과 청소년 간의 문화 경계를 구분할 이유는 없다. 그렇지만 적어도 청소년 중심의 문화가 향후 성인문화와 사회 성격을 보여 주는 전망이라면 모든 세대가 '함께' 어울리며 어린이, 청소년, 청년, 중년, 노년 세대 각자의 특성을 갖는 문화를 만들 수 있는 상호 배려와 특성을 이해해야 한다.

한편, 청소년문화가 긍정적 방향으로 발전할 수 있는 정책적 지원이 필요하지만 그보다 더 중요한 것은 청소년들이 자유롭고 창조적으로 놀고 생각할 수 있는 공간과 기회 그리고 시간을 주는 일이다.

앞으로도 청소년문화는 사회문화에 종속적인 문화가 아니라 사회문화의 미래를 이끌어 나가며 문화의 속성에 걸맞는 생활에 스며들어야 지속적인 확장과 발전을 이끌어 나아갈 것이다. 아울러 이미 문화 속에서 새로운 직업을 창조하고 또 다른 미래세대의 삶의 방향까지 제시하는 기준이 되어야 한다.

3) 환경

사람은 혼자 살 수 없다. 그리고 사람은 사람끼리만 살 수 없다. 얼핏 보면 사람들끼리 서로 의지하면서 사는 것처럼 보이지만 그렇지 않다.

아침에 일어나서 밥을 먹는다. 밥은 쌀로 만든다. 쌀(현미)은 벼라는 작물의 열매이다. 벼라는 식물이 자라기 위해서는 사람의 노동이 필요하지만 알맞은 물과 기후조건 그리고 생육에 필요한 토양조건 등 갖가지 자연환경에 의존한다. 생물에서 무생물까지 모두 서로 의존하고 살아간다.

따라서 사람이 지구에서 지속 가능한 삶을 영위하기 위해서는 사람 외에 다른 생물체와 무생물체 등과 밀접한 상호 교류와 적응 그리고 진화를 해야 한다.

그런데 지구에 있는 사람을 포함한 생물과 무생물은 자연환경이라는 더 큰 체계에 영향을 받는다. 지구에 생물과 무생물이 존재할 수 있도록 환경 조건이 알맞지 않다면 지구는 사라지고 그 안에 있는 생물과 무생물도 거의 없어지게 될 것이다.

그만큼 환경문제는 현재와 미래 우리의 기본적 삶의 조건을 좌우할 수 있다. 이미 지구온난화, 대기오염, 수질오염, 토양오염 등 자연환경이 점차 피폐해 가는 현상이 우리의 삶의 조건을 변화시켜 결국 파멸로 이르게 할 수 있다.

환경문제는 눈앞에 음식물이 없는 것만큼 심각하게 느끼거나 받아들이지 않는다. 아침에 일어나서 창문을 열고 바깥 공기를 마시는 일에 큰 의미를 두는 경우는 많지 않다. 너무 당연한 현상이라고 느낀다. 그러나 공기와 물이 심각하게 오염되어 있거나, 기온이 너무 높거나 낮아서 인체가 도저히 감당하기 힘든 지경이라면 어떨까? 생각만 해도 끔찍하다. 그런데 그런 조짐이 서서히 일어나고 있다. 사람의 신체 장기 중 간은 온갖 인체로 들어오는 온갖 음식물 등의 독성을 해독한다. 간은 묵묵히 일하면서 감당할 수 없는 독성 범위를 넘어서기 전까지는 아무런 징후도 보이지 않는다. 그래서 사람들이 간이 파괴되는 증상을 느끼지 못하는 경우가 많다고 한다. 환경도 비슷하다. 환

〈빗자루질 한번에 깨끗해진다면……〉

경파괴가 가시화되고 사람들이 느끼기 시작했을 때는 이미 돌이킬 수 없는 지경에 이르게 된 것이라고 한다.

환경문제는 하루라도 빨리 심각성을 인식하고 해결에 노력을 기울이는 만큼 더 안전하고 건강한 미래사회를 담보할 수 있다. 그동안 역사에서 무수히 있어 왔던 어려움을 견뎌 내고 번영과 발전을 일궈 낸 인류의 힘을 낙관할 수도 있다. 그러나 환경문제를 해결할 수 있는 방안을 찾더라도 그것은 컵에 있는 물을 엎어 놓고 여전히 물은 잘 관리되고 있다고 주장하는 결과와 비슷할 것이다. 비약일지 모르나 어디서나 누릴 수 있는 깨끗한 공기 대신 용기에 담겨진 산소를 마시는 것과 유사하다. 생수는 오염 없는 계곡에서 흐르는 깨끗한 물일지도 모른다. 그러나 생수를 마시기 위해서는 어디서나 마실 수 있는 물보다 번거로운 절차와 비용이 뒤따를 수밖에 없다. 환경의 상당부분은 훼손되고 나면 복구가 거의 불가능하다. 그리고 환경은 상호 연결되어 있다. 공기와 물, 나무와 산과 맑은 하늘은 따로 떨어져 있지 않고 함께 어울릴 때 진정한 가치와 효용을 가진다.

4) 연대

어느 선생님이 이런 말씀을 하셨다.

"청소년. 자신을 생각해 보십시오. 나를 소중히 여기십시오. 나는 누구입니까? 오늘 내가 있기 위해서 인류조상 아니 그리 멀리 가지 않더라도 나의 아버지, 어머니, 그리고 할아버지, 할머니, 또 증조할아버지, 증조할머니, 친가든 외가든…… 그리 이어지는 핏줄 속에서 그 수많은 삶이 결국은 나에게 초점을 맞추면서 나를 위해 살아가셨다는 엄청난 사실을 기억하십시오. 결과적으로 나라는 존재는 수많은 선대의 소망과 기대를 안고 태어나서 살다가 또 나의 후손에게 그 권한을 물려주며 사라지는 존재입니다."

'사람은 혼자서 살 수 없다.'라는 표현이 아니라도 사람은 서로 싫든 좋든 기대며 산다.

연대의 필요성은 누구나 알지만 실행은 어렵다.

사람은 다르기에 연대해야 한다. 다르다는 것은 배제하라는 뜻이 아니다. 결국 배제는 배제의 악순환을 낳고 그 부정적 결과는 배제를 시작한 또는 동조한 내게로 다다른다. 남에 대한 배제는 나를 배제하는 일이 된다.

연대는 시대에 따라 달라졌다.

초기 연대는 서로 삶을 보완하는 연대였을 것이다. 어떤 이는 수렵을 하고, 어떤 이는 채집을 하고, 어떤 사람은 그것을 갖고 음식을 만들고 불을 지피고 그리고 주거할 공간을 마련하였을 것이다. 또한 함께 기원하는 제의(祭儀)를 주관하는 등 삶의 요소를 각자 역할에 맞게 수행하는 연대였을 것이다. 하지만 인간의 삶을 둘러싼 문명의 발전 양상이 복잡해지면서 연대는 결국 이기심을 통해 다른 연대 세력을 배타하고 대립하는 양태로 바뀌어 갔다. 그래서 서로 시기하고 증오하고 이런 과정에서 연대 내에서도 상호 갈등과 대립이 심화되어 가기도 했다.

경제적으로 볼 때 자본주의는 이 연대의 정신을 매우 협소하게 만든다. 부자는 더 부자끼리 연대하여 더 큰 부자가 되고 이러한 부익부는 가난한 사람은 연대할 수 있는 기회와 힘조차 상실하는 빈익빈의 구조로 사회를 만든다.

모든 것을 인과관계로 보는 기계론적 사고, 즉 어릴 때부터 많이 들어 온 '콩 심은 데서는 콩만 나오고 팥이 나올 수 없다'는 생각은 과학과 기술 발전의 가치기반이 되었다. 이는 사람이 문명을 더 발전시키고 더 편리한 생활을 하는 계기이다. 그렇지만 오늘날 적지 않은 사람들이 말하는 다원주의 사회에서도 기계론적 사고, 즉 유물론적 사고는 여전히 유용성이 있지만 사람이 갖는 독특성에 주목하는 다원적 사고로도 눈길을 돌려야 한다.

〈그래도 나를 위해 별로 좋아하지 않는 민트초코 아이스크림을 함께 시켜 준 친구—우리는 친구라는 연대감?〉

모든 인간이 같다는 시각에서 모든 인간은 다르다는 시각도 병행해야 함께 살 수 있는 연대와 포용의 새로운 길이 모색될 수 있다. 인간의 이타심과 절제심은 기계론적 사고에서는 통용되기 힘들다. 청소년들이 갖는 획일화된 삶, 즉 사회적 성공이 아닌 삶을 즐기고 누리는 생활태도는 비약해서 말하면 기계적, 즉 원인–결과를 신봉하는 사고에서는 납득하기 어렵다.

그러나 다행히도 자본주의가 가속화되는 동시에 부익부 빈익빈의 극단적 현상을 초래하는 사회와 경제 그리고 문화현상에 회의를 갖는 청소년들이 늘어나고 있다. 비록 현실에서 수백 년 이상 누적된 역사를 가져온 유물적 사회를 부정하기 힘든 벽에 부딪히지만 적어도 생활태도나 미래 전망을 다시 고찰하는 태도는 평가할 만하다. 연대의식은 막연히 우리가 무엇을 위해서 함께 잘 살고자 하는 자세가 아니라 원초적으로 내가 할 수 있는 일과 할 수 없는 일의 가치기준을 같게 놓고 다른 사람의 상황도 똑같이 이해하는 일이다. 그럴 때만이 나의 동기와 일의 가치 그리고 능력을 절대적 잣대에 놓지 않고 협력적 환경 속에서 작동하는 개인의 독특성으로 수용할 수 있다.

이러한 문화가 쉽게 자리매김하기는 어렵겠지만 청소년들 스스로 과거, 현재, 미래를 성찰하면서 자신과 타인의 행복을 위한 연대의식의 새로운 출발점이 무엇인지 지속적으로 고민하는 때에 와 있다.

5) 일(진로)

일은 꼭 해야 하나? 멍청한 질문 같지만 한번쯤 필요한 의문이 아닐까? 왜 일을 하는가?

노동을 하지 않고 살면 안 되나?

일을 하지 않아도 된다.

개별적이고 개인적인 수준에서는 일을 안 한다고 지적할 사람도 없고 그렇게 살면 된다. 그런데 자본주의 사회에서는 일이 개인적 선택의 문제를 넘어선 구조를 갖고 있다. 즉, 일을 하지 않고는 살아가기 힘든 사회구조이다. 점점 촘촘해지는 사회연결망에서 한 사람의 일은 개인적인 차원에서 끝나는 것이 아니라 다른 사람 그리고 사회 전체와 연결되어 있는 것이다. 일을 할 수 있는 기회, 즉 취업의 어려움과 불확실성과는 다르다. 일을 하고 싶어도 할 수 있는 기회를 안 준다고 항변할 수 있다. 취업기회에 대한 시각은 다르다. 일은 있지만 일할 사람이 없는 미스매치 상황일 수 있고, 직업변화에 따른 노동유연성에 대처하지 못하는 처지일 수 있다. 어떤 경우든 일은 삶의 가치와 태도를 완전히 스스로 변환시키는 굳은 각오를 하지 않는 이상 끊임없는 삶의 굴레가 되고 있다. 그렇다고 이 굴레가 꼭 부정적이지만은 않다는 지적은 변함이 없다.

한편, '일하지 않는 사람은 먹지도 말라.'라는 말이 있듯이 일은 생존을 위해서 필요한 경제적 활동이다. 또한 일은 삶의 보람을 주는 한편, 자존감을 높일 수 있는 중요한 기회가 되기도 한다. 일을 하는 이유는 소득을 얻기 위해서이지만 그만큼 중요한 것은 자기를 실현할 수 있는 지속적이고 중요한 수단이 된다. 또한 일상에서 일은 삶의 균형과 다양한 경험 속에서 삶의 의미를 찾을 수 있도록 도와준다.

일과 관련하여 진로와 교육은 자본주의 사회에서 정당한 부를 성취해서 자신의 원하는 자유로운 삶의 조건을 마련하기 위한 기반이 된다. 즉, 부모로부터 유산이나 권력을 물려받지 못했다 하더라도 교육을 통해서 계층이동이 가능하다는 것이다. 그러나 이러한 인식에 대해 동의할 수 현실인지에 대해서는 의문스럽다. 그럼에도 불구하고 교육은 더 중요하게 강조되어야 하며, 청소년기에 민주시민 교육과 전문분야에 대한 기초지식을 학습하는 것과 더불어 진로교육에도 더 주목해야 한다.

왜냐하면 직업 환경이 급변하는 상황에서 배운 지식을 활용해서 평생 하나의 직업으로 삶을 영위하는 시대는 지났다는 것이 공통된 사회인식이기 때문이다.

청소년은 미래의 일을 위해 진로탐색을 하고, 또한 일을 통해 진로를 결정하기도 하며 생업을 위해서 일을 하려 한다고 한다.

〈안과 밖의 경계는 있지만 들락날락—돈을 받으면 노동/돈을 써도 노동〉

〈고요히 앉아 있으면 차가 한창 익어서 향기가 나는 듯하고…… 노동을 하지 않을 권리?〉

그렇지만 일과 진로와 관련해서 이런 생각은 어떨까? 일이 한 사람의 생애에 있어서 필수불가결한 요소가 아니라 선택이라는 생각 말이다. 무능력한 사람, 게으른 사람, 쓸모없는 인간 등등으로 매몰차게 불리는 사람들의 유형은 모두 일과 관련되어 있다. '일'은 선한 것이고 인간이라면 당연히 져야 하는 의무라는 것을 전제로 하는 지적이다. 미래사회 노동과 직업을 고려할 때 모든 사람이 일을 한다는 것은 불가능할지도 모른다. 그렇다면 젊어서 일을 배우고(진로), 성장해서 성인이 되어 일을 하고(직업과 윤리), 늙어서 일에서 은퇴하는(생활여유) 연결 등식은 과연 타당한 과정일까라는 의문도 동시에 들 수밖에 없다. 어쩌면 다양한 직업 중에 자신의 역량과 취향에 따라서 선택할 수 있는 자유가 있는 것처럼 일을 하는 것과 하지 않는 것을 선택할 자유도 주어질 수 있지 않을까? 흔히 일은 소득과 연계되어서 선택에 따른 불이익을 감내해야 하고 그것이 개인의 문제를 넘어서 사회적 손실과 위험이라고 볼 수 있다. 그렇기 때문에 '일'을 '선한 것'이라고 등식화하여 일을 하지 않는 것은 나쁜 일이라는 인식을 심어 주었다면 다른 방안도 찾을 수 있지 않을까? 어떻게 보면 일과 놀이라는 이분법이 엷어지고 있는 사회에서 새롭게 일과 인간의 생애에 있어서 진로결정에 대한 재인식의 방향이 무엇이 되어야 하는가를 다시금 성찰해야 할 때이다.

12장

청소년복지와 미래

청소년복지의 미래는 두 가지 방향에서 이루어질 것이다. 하나는, 생애발달단계에서 청소년을 특정 시기로 이름 붙여서 계속 구분한다면 청소년의 행복(복지)을 위한 여러 복지방안을 지원하고 시행하는 일은 지속될 것이다. 다른 하나는, 산업사회 이전처럼 아동과 청소년을 따로 구분하지 않는 경우이다. 즉, 가정과 사회로부터 보호가 우선인 아동과 그렇지 않은 발달단계 지점(청소년, 청년, 준성인 등)의 대상으로 구분할 때는 청소년복지가 갖고 있는 두 가지 기본 방향, 즉 사회에서 청소년을 보호하는 것과 사회에 대해 청소년이 기여하는 것은 구분되어야 한다. 그렇지만 보호와 기여 중 어느 부분에 더 많은 방점이 찍힐지는 모를 일이다.

그럼에도 불구하고 청소년을 아동과는 달리 생리적·신체적 변화가 일어나는 지점에서 성인으로 발달하는 수준까지의 기간으로 규정하는 일은 크게 변하지 않을 것이다. 여하튼 발달단계상 어떤 명칭으로 불리든 오늘날 청소년이 갖는 생리적·신체적 변화에서부터 시작되는 심리사회적 발달에 대한 관심은 크게 달라지지 않을 것이다.

이 장에서는 미래를 바라볼 때 청소년과 사회가 함께 관심을 갖고 나아가야 할 방향과 내용에 대해서 논의하려 한다.

청소년에 대한 교육의 중요성은 가정이든 학교든 사회든 늘 강조하고 있는 영역이다. 다만, 교육의 형태와 내용은 시대에 따라 달라지고 있다.

　　이런 흐름에서 본다면 앞으로 교육은 '가르치고 키운다'에서 '배우고 자란다'는 개념으로 바뀌어야 할 것이다. 교육이 가르치는 사람과 가르침을 받는 사람 간에 대면적 만남으로 이루어지기보다는 가르치는 사람과 배우는 사람 간에 존재하는 지식과 정보 공간에서 배우는 사람이 선택하는 활동으로 전환되고 있기 때문이다. 그러나 물리적 공간 안에서 교수자와 학습자 간의 지식과 경험은 물론 정보의 교류를 하는데는 한계에 봉착해 있다. 이제는 청소년이 사회에서 성인으로 살아갈 때 추구해야 할 필수 덕목과 자신의 삶을 긍정적으로 설계할 지향점이 무엇인지 살펴보아야 한다. 그리고 그에 대한 내용과 방법 그리고 방향을 청소년 스스로 채울 수 있는 여건과 기회를 만들어야 한다.

　　이 장에서는 청소년복지의 관점에서 향후 복지교육에 필요한 몇 가지 주요 분야에 대해 함께 고민하고 논의해야 할 물음과 내용 그리고 시사점을 간단히 제시하려 한다.

1. 가치와 윤리

　　삶은 그냥 사는 거다. 삶을 배우기에는 시간이 너무 부족하다.

　　국어, 영어, 수학, 사회, 과학뿐만 아니다. 코딩, 태권도, 주산, 암기, 무용, 외발자전거 타기까지 학교 밖에서 배워야 할 것이 무궁무진하다. 모두 열심히 배워서 원하는 상급학교에 진학하고 마음에 드는 직장을 구하고 가정을 꾸리고 잘 살아 보려고 애쓴다.

　　거꾸로 생각하자. 잘 살아 보려는 일은 무엇인지부터 고민해 보자. 그리고 생명과 삶 그리고 우리의 생활이 어떻고 또 어떤 방향으로 나가야 하는지 진지하게 탐색해 보자.

　　이렇게 시작한다면 다가올 뉴노멀(new-normal) 시대라는 말부터 배워야 하는지 모르지만 그래도 생각을 달리해 보자.

	월	화	수	목	금
09:00~09:50	국	영	수	사	과
10:00~10:50	미	사	영	미	수
11:00~11:50	수	국	사	과	국
점심시간					
13:00~13:50	국	국	사	체	영
14:00~14:50	국	체	음	수	음
15:00~15:50	음	수	체	영	과
16:00~16:50	영	국	국	사	사
학원(19:00~22:00)					

말풍선: 가뜩이나 삶에 대해 배울 시간은 없는데

〈24시간이 모자라도 배워야 한다는데 왜?〉

가치와 윤리는 다른 사람과 사회에서 정해 준 대로 따르면 되지, 그것도 배워야 하나? 몇 개월, 몇 년, 아니면 며칠? 수강료는 얼마일까?

이러한 질문은 여전히 유효해서는 안 된다?

2. 사회

왜 굳이 함께 살아가려 하는 걸까?

이런 문장이 있다. '죽음이 내게 다가오기 전에 내가 먼저 그 죽음을 맞으러 가면 어떨까?' 우울의 극치에서 오는 생각이다.

우울은 삶이 무의미하고 무가치하다고 느꼈기 때문에 오는 증세이다. 만일 홀로 남겨져 있으면 이런 생각이 가능할까? 생존을 위한 몸부림으로 생각할 겨를조차 없을지도 모른다.

어떤 면에서 우울과 자살은 개인이 보는 사회라는 거울 속의 모습이다. 그래서 자살은 비행이다. 엄청난 일탈행위이다. 자살은 혼자만의 선택이 아닌 모두가 함께 겪어야 하는 비극이다. 이렇게 선정적인 말로 표현하지 않더라도 사회는 개인이 좋은 거울을 볼 수 있게 만들고 다듬어야 한다. 그런가?

오래전 거의 모든 사람이 아침저녁으로 일간신문을 볼 때 어른들은 이런 말을 했다. "신문의 사회 면은 큰 제목만 보아 세상 돌아가는 흐름만 알면 되고 자세한 내용은 가급적 보지 말아라." 왜냐하면 신문 사회 면은 사회에서 일어나는 온갖 폭력과 선정 그리고 협박과 공갈, 속임과 부정이 뒤덮고 있기 때문이라고 했다.

여전히 사회란 무엇이고 앞으로 어떤 모습이 되어야 하는가는 의문이다. 한 개인이 사회를 선택할 수 있는 날이 다가오고 있는지도 모르지만 그것이 꼭 유토피아의 세계는 아닐 수 있다.

〈청소년은 왜 우울하고 자살이라는 극단적 선택도 할까? 제발 그 '청소년이라는 사람이 그래서'라는 말은 말았으면……〉

3. 경제

경제는 잘 모르지만 경제가 어렵다는 말은 안다. 경제가 어렵다는 말은 돈이 없다는 말로 들린다. 은행과 부자들 말고는 돈은 늘 없다? 시니컬한 소리가 아니다. 돈은 상대적인 것 같다. 많아도 없고 적어도 없다고 한다.

자립지원금.

보호종료아동.

부모에게 버림받은 것도 서럽지만 사회가 보듬어 준다고 해서 보호시설에서 생활했다. 18세가 넘으니 나가란다. 법에 그렇게 되어 있다. 공부만 했는데 이제는 어떻게 하나? 그래서 사회에서 스스로 이제는 성인으로 살아보라고 자립을 위한 자금을 준다고 한다.

자립수당은 매월 30만 원씩 지급한다(2020년 기준).

자립정착금 500만 원과 경우에 따라서 디딤씨앗통장에 1,000만 원이 넘는 자립지원금을 받아서 나온다. 알바를 할 수도 있다.

나라와 사회의 경제여건과 합의에 따라서 보호종료아동의 자립지원금은 변화했다. 그런데 자립지원금과 수당만 주면 그만인가? 18세가 넘으면 모든 것을 혼자서 책임감 있게 결정할 수 있을까? 경제는 돈만이 아니다. 돈을 벌고 돈을 잘 쓰는 행위는 그냥 얻어지는 게 아니다.

돈을 잘 벌고 잘 써야 하는데, 돈을 잘 버는 일에만 몰두하고 있는 것은 아닐까? 돈을 잘 쓰는 일에도 신경을 써야 한다. 그것이 돈을 버는 일이 될 수도 있다.

〈보호종료아동(청소년)의 자립지원금은 얼마가 적절할까? 저금해서 나중에 어떻게 사용하지?〉

4. 문화·예술

이야기는 변한다.

"옛날에 신데렐라가 살았다. 밤 12시에 유리구두를 찾았는데 그때 호동왕자가 나타나서 '이 신발이 네 신발이냐'고 물었다. 그러자 팥쥐가 시샘이 나서 콩쥐 친구인 신데렐라 이불에도 쥐를 넣고 신데렐라는 원래 남자였다고 소문을 낸다. 하도 기가 막혀 뺑덕어멈이 심봉사에게 빼돌린 공양미를 산신령에게 주고 춘향이를 끌고 나오는 순간…… 잠에서 깼다."

이야기는 완벽했다. 완벽해야 했다. 하지만 이야기는 이야기로 꾸며지기 마련이다. 사람이 이야기의 행간을 변용하는 순간, 나만의 이야기가 되고 수십 번의 반복과 변화를 거쳐서 공감의 장으로 나간다.

문화. 생활양식이 변한다. 너무 당연하다. 시대와 사회마다 다르다. 사회는 변화하고 발전한다. 변화의 중심에 문화가 있다. 문화는 삶의 양식이라고 하지만 문화의 꽃은 예술이다.

순수예술이든 대중예술이든 우리는 오감(보고, 듣고, 만지고, 냄새 맡고, 맛보고)을 자극하고 만족시킬 때 삶의 여유와 행복함을 느낀다.

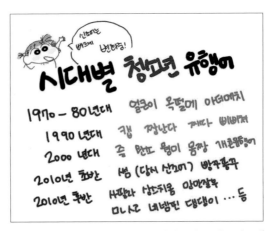

〈앞으로도 빠르게 변화할 신조어 / 시대를 담고 있는 신조어〉

의식주를 문화와 따로 이해하는 시대가 있었다. 이제 문화는 진정한 삶의 모든 양식을 보인다.

어쩌면 예술의 방향이 사람끼리의 교감을 넘어서 로봇과 인공지능으로 확장되고 있는 것을 청소년문화는 짐작하고 있는지 모르겠다.

5. 과학기술

아무도 모른다.

과학기술은 속도는 다를 수 있지만 순서를 갖고 발전한다. 하나를 기초로 놓고 또 다른 하나를 쌓아야 한다. 하지만 과학기술을 이끄는 생각은 순서를 뛰어넘을 수 있다. 바로 패러다임의 전환에서부터 시작되는 상상력을 갖고 현실에 접목시키면 이전과는 전혀 다른 과학기술의 국면에 들어간다.

〈빠르게 발전하는 과학, 그에 따른 윤리의 발전 속도는?〉

이제는 과학기술의 진보가 먼저인지 아니면 현재 과학기술로는 불가능하다고 보는 상상력의 출발이 먼저인지 가늠하기 어려운 시대가 되었다.

우리가 언제 과학기술이 사람이 갖고 있는 윤리와 다른지 신경을 써 본 적이 있었나? 이미 과학은 동떨어져서 삶에 영향을 미치는 것이 아닌 우리 삶의 일부분이 되었다는 말이다.

〈과학과 세대갈등? 노인과 청소년의 갈등? 어쩌면 청소년도 따라가지 못하는 과학기술의 발전 속도〉

6. 노동

〈체험 삶의 현장〉이라는 TV프로그램이 있었다. 노동과 직업을 하루 동안 체험하는 프로그램이었다. 노동을 체험할 수 있을까? 노동은 동물이든 사람이든 살아가면서 꼭 해야 되는 행위이다. 즉, 생존을 위한 필수적인 행동으로 노동은 삶을 지탱하는 신성한 것이다.

노동은 자발적 행위이다. 노동이 제도화되는 순간 근로(勤勞)로 바뀐다. 근로는 '힘들어서 부지런히 일한다'는 뜻이 있다. 나쁜 말이 아니다. 노동은 부지런해야 한다. 노동은 〈체험 삶의 현장〉처럼 잠시 고된 일을 하고 느끼는 뿌듯함이 아니다. 그러나 노동이 근로라는 말로 대체될 때에는 가질 수 있을지 모르는 함정이 있다. 근로는 조직과 제도 속에서 기계와 같이 성실하게 본분과 위치를 꼭 지켜 가며 역할을 다해야 한다는 의미이다. 근로를 위해서는 학벌과 경험 그리고 직업의 차이를 선명하게 구분하는 일이 필요하다.

근로와는 달리 노동은 자발적 행동이라는 것을 강조하고 싶다. 그리고 노동은 수평적이다. 몸과 마음 그리고 감정 중 어느 것을 움직여서 일을 하든 같다. 모두 인간의 일이다. 그러기에 노동은 또한 즐거운 행위가 될 수 있다. 몸과 머리 그리고 마음을 움직여서 성취하는 것은 삶에 있어서 매우 보람 있고 행복한 일이다.

이율배반적인 듯이 보이지만 노동은 꼭 필요한 생존 행동인 동시에 자발적인 행동이다. 즉, 노동은 필요에 따라 하는 것이다. 과연 우리가 생존만을 위한 노동에 몰입하는가는 의문이다. 필요 이상의 소득과 재산을 모으

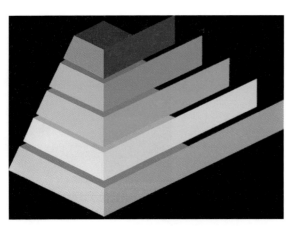

〈학벌 피라미드 → 노동, 직업의 피라미드?〉

러 하고 노동이 본질이 아닌 수단으로 바뀌는 것을 종종 본다. 즉, 노동이 갖고 있는 본질의 일부분만 강조되고 그것이 사회에서 요구하는 성공과 더 나은 삶을 위한 돈의 축적으로 연결된다면 이미 노동은 왜곡되어 있는 것이다.

과연 영국의 엘리자베스 시대의 구빈법 제도 아래 사회와 달라진 것이 있는가? 아동은, 그리고 청소년은 늘 착취의 대상이다.

일의 강도와 양 그리고 질과는 거의 상관없이 나이로 노동력을 입증받는다. 시간제 일이 보편화되는 시대에서 착취는 착취 아닌 모습을 띠며 더 정교하게 이루어진다. 청소년이 노동에 대한 정체성을 찾고 자기 노동의 의미와 대가를 숙고하면 달라질 수 있을까? 즉, 성인과 사회에 당차게 대항할 수 있는 방법은 무엇일까?

〈청소년 노동 착취-돈을 꺼내고 쪼개고 다시 붙이는 일도 결국 청소년이…… 어른이 선배에게 지시하면 선배는 다시 후배에게 말하고 후배는 두리번거리다 청소년에게 부탁 아닌 부탁을 하며 "이건 자네 일이네……"〉

7. 사회환경

마차에서 자동차로 자동차에서 전기자동차로 이어진다. 환경 탓을 하지 말고 열심히 공부해라에서 환경이 불평등의 근원이라는 말로 옮겨 간다.

환경은 무엇인가? 환경을 떠올리면 자연환경에 눈길이 간다. 급속한 산업화로 인한 자연환경의 파괴는 4차 산업혁명시대에도 여전히 지속될 수밖에 없다. 생존과 직결되는 문제만큼이나 심각한 환경이 있다. 바로 인위적인 환경이다. 사회환경을 주로 말한다. 사회환경은 사람이 편리하고 행복하려고 만들었는데 결과는 아이러니하다.

왜? 사람들은 대도시에 열광 아닌 열광을 하는가? 이유는 간단하다. 편의시설이 많고 편리한 삶을 이루어 갈 수 있는 환경여건이 잘 되어 있기 때문이다.

이렇게 물리적인 환경뿐만 아니라 가정과 사회가 한 사람에게 주는 영향도 주요한 환경일 수 있다.

가정과 사회 그리고 집단 환경이 열악해도 자신만 바로 나가면 목표를 이룰 수 있고 행복할 수 있을까?

〈앞으로 청소년에게 필요한 학교환경, 건물+환경 / 주거환경 / 놀이환경〉

그런 말을 하기에는 환경이 너무 치밀하고 정교하게 나를 옭아매고 통제하고 있다. 환경은 조건이 아니라 이제는 생활이 되었다.

운동장이 있어야 노는 것이 아니라 운동장이 없으면 못 놀게 한다. 더욱이 컴퓨터가 없으면 못 논다. 컴퓨터라는 환경 안에 각종 놀이와 정보가 있기 때문에 컴퓨터라는 환경을 통하지 않고는 방법이 거의 없다.

따라서 환경은 선택이 아니라 필

수가 되었다. 특히 청소년에게 사회환경은 스스로 갖고 있는 재능과 열정을 뛰어넘는 성공과 행복을 위한 필수 조건이다.

여전히 아름다운 숲에서 여유롭게 책을 보는 청소년의 모습에서 행복을 찾는다면 아직은 그만큼 상상의 세상이 다가온 것이 아니라고 항변이라도 해야 되나?

8. 법

법(法)은 한자로는 물 수(水)에 갈 거(去)자가 합친 단어이다. 법에도 인정이 있다는 뜻으로 많이 언급한다. 이 말은 뒤집어 보면, 법은 견고하고 엄격한 기준이지만 그것도 사람이 운용하기 때문에 융통성이 있다는 뜻이다. 그래서 법은 법에 나와 있는 글(조문)을 어떻게 해석하느냐에 따라서 판단이 달라질 수 있다.

이 때문에 유전무죄 무전유죄라는 비아냥거리는 말도 나온다. 즉, 돈이 있으면 죄를 지어도 벌을 받지 않아도 되고, 돈이 없으면 죄가 없어도 죄를 만들 수도 있다는 말이다. 벌금형제도는 꽤 합리적이고 선진적인 처벌이지만 다른 한편으로 보면 유전무죄의 전형적인 모습으로 이해되기도 한다.

법을 살펴보면, 하지 말라는 금지 못지않게 할 수 있거나 해야 한다는 책임을 부과하는 내용도 상당히 많다. 특히 청소년과 관련한 법은 청소년의 행복에 대한 가정, 사회, 국가의 책임을 갖가지 수준에서 나타내는 조항이 적지 않다.

그런데 조금만 신경을 써 보면 허점 투성이다. '청소년은 자유롭게 뛰어 놀 수 있는 권리를 가진다.' 그다음이 문제다. 어떻게 자유롭게 뛰어 놀 수 있

〈청소년에게 can't가 아닌 can을 줄 수 있는 법을 만들어 보면?〉

〈중범죄를 저지른 청소년의 처벌 수위〉

는 권리를 보장하고 실현한다는 말인가? 그게 궁금하다. 자칫 성인과 사회의 잘못을 피해 보려는 또는 공허한 만족에 불과한 죽어 있는 문장이 될 수 있다. 즉, '하면 좋겠다' '해도 좋다'는 문장을 '반드시 해야 하고, 하지 않으면 이러한 제재가 따른다'는 말로 받아들이기는 힘들다.

야박하게 표현하면 청소년 관련법에서 상당 부분은 선언적 법률의 성격 이상으로 구체화되는 경우가 그리 많지 않다.

법은 글자가 아니라 생활의 기준이다. 청소년이 노인이 되는 시대에도 그때 청소년에 대해서 여전히 법으로 따지고 추궁하고 벌주고 할 것인지 궁금해진다.

참고문헌

望月 彰(2004). 自立支援の兒童養護論. 京都: ミネルウァ書房.

小川利夫, 高橋正教 編(2001). 敎育福祉論入門. 東京: 光生館.

고미영(2007). "사회복지실천에서의 임파워먼트 접근에 대한 구성주의적 이해와 적
　　　용." 상황과 복지, 23, 131-161.

고미영(2009). 구성주의 사회복지 실천기술론. 서울: 집문당.

김기헌, 임희진, 장근영, 김혜영, 황옥경(2011). 제5차 청소년 정책 기본 계획 수립을 위
　　　한 연구. 서울: 여성가족부.

김기헌, 하형석, 신인철(2016). 청년 사회 · 경제 실태 및 정책방안 연구 I. 세종: 한국청소
　　　년정책연구원.

김비환(2002). 맘몬의 지배. 서울: 성균관대학교출판부.

김석수 역(2019). Kant, I. 순수이성비판 재판 87. 서울: 책세상.

김성이(1993). "청소년복지의 개념과 의의". 청소년복지론. 서울: 한국청소년개발원.

김성이 외(2005). 청소년복지학. 서울: 집문당.

김영란(2016). 김영란의 열린 법 이야기. 서울: 풀빛.

김은정 역(2004). Mink, G. 복지의 종말. 서울: 신정.

김태성, 송근원(1995). 사회복지정책론(2판). 경기: 나남.

김태성, 송근원(1999). 사회복지정책론(3판). 경기: 나남.

김홍중(2009). "진정성의 기원과 구조". 한국사회학, 43(5). 서울: 한국사회학회.

김희성(2004). "빈곤가정 청소년의 자립준비에 대한 임파워먼트 매개효과 연구". 한국
사회복지학, 56, 135-157.

남세진, 조홍식(1998). 집단지도방법론. 서울: 서울대학교출판부.

노혁(2000). " 약물남용 청소년문제 상담," 사랑의 전화복지재단 약물오남용청소년에
대한 접근방안. 세미나자료집, 1-15.

노혁(2012). 청소년복지론. 경기: 교육과학사.

마약 ABC(2019). 마약, 환각의 세계: 마약의 특징과 종류. 서울: 씨익북스.

문신용 외(2002). 바람직한 청소년 행정체계 개선방안. 서울: 청소년보호위원회.

박시종(2001). "사회복지실천에서의 권력주체화 이론의 방법론적 통합가능성 연구".
한국가족복지학, 7, 89-112.

박영숙, Glenn, J. (2016). 유엔미래보고서 2050. 서울: 교보문고.

박정호(2001). 사회복지정책론. 서울: 학지사.

송길연 역(2014). David, R. S. & Katherine, K. 발달심리학. 서울: 박영스토리.

송주미(2003). "청소년과 청소년의 권리보호를 위한 국가이념의 방향과 과제". 청소년
학연구, 10(2), 172-194.

신동원, 김남일, 여인석(2019). 한권으로 읽는 동의보감. 경기: 도서출판 들녘.

어윤배(1996). 사회정책의 이론과 과제. 서울: 숭실대출판부.

여성가족부(2018). 2017 청소년백서.

여성가족부(2018). 청소년백서 2018.

여성가족부(2019). 청소년백서 2019.

연문희, 강진령(2002). 학교상담. 경기: 양서원.

오승현(2018). "놀이는 어떻게 윤리적 주체를 만드는가-제4차 산업 혁명 시대에서의
인간의 욕망과 놀이의 관계에 관한 탐색-". 시대와 철학, 29(3), 125-161.

윤형섭 역(2010). Katie, S. & Eric, Z. 게임디자인 원론. 서울: 지코사이언스.

이광호(2000). "청소년 문화 읽기와 수련활동의 새로운 전략적 모색". 광주대학교 청소
년문화포럼자료집, 1-15.

이기범(1997). "유엔 어린이 · 청소년 권리조약의 원리와 이해방안". 청소년권리연구 창
간호, 23-55. 서울: 한국청소년권리학회.

이기상 역(1998). Heidegger, M. 존재와 시간. 서울: 까치글방.

이동렬, 유성경 역(2003). Meier, S. T. & Susan, R. D. 상담의 디딤돌. 서울: 시그마프레스.

이상률 역(1994). Roger, C. 놀이와 인간. 서울: 문예출판사.

이순형 외(2003). 청소년복지: 이론과 실천. 서울: 학지사.

이용교(1999). "청소년복지". 청소년학총론. 서울: 한국청소년학회.

이원숙(2017). 사회복지실천론. 서울: 학지사.

이재연(1997). "각 나라의 청소년권리협약 실천 상황". 청소년권리연구, 제1권, 2호, 5-20. 서울: 한국청소년권리학회.

이정균 외 편(2000). 정신의학(4판). 서울: 일조각.

이종인 역(2010). Huizinga, J. 호모루덴스. 서울: 연암서가.

이채식(2008). "청소년에 대한 새로운 관점: 긍정적 청소년개발". 적극적 관점의 청소년개발. 인간과 복지, 29-50.

이현숙(2002). "Piaget와 Vygotsky의 놀이에 대한 고찰." 경북논총, 6, 471-432.

정규석, 김영미, 김지연(2017). 청소년복지의 이해. 서울: 학지사.

조효제 역(2009). Fredman, S. 인권의 대전환. 서울: 교양인.

좌현숙(2010a). "빈곤 청소년의 적응유연성 영역 간 종단적 상호관계: 심리, 사회, 학교 적응영역을 중심으로". 사회복지연구, 제41권, 제2호.

좌현숙(2010b). "청소년 내재화 문제의 발달궤적에 영향을 미치는 위험요인과 보호요인: 발달-맥락주의 관점을 적용하여". 청소년학연구, 제17권, 제10호.

청소년대화의 광장(1996). 청소년약물상담. 청소년대화의 광장.

청소년수련시설협회(2019). 2019 청소년수련시설 통계편람.

최선미(2001). "장기실업노동자의 사회적 배제 극복을 위한 임파워먼트 모델개발". 부산대학교 대학원 박사학위논문.

최은영 외(2014). 청소년 비행 및 약물중독 상담. 서울: 학지사.

Archard, D. (1993). *Children-Rights and childhood*. London: Routledge.

Bandura, A. (1982). "Self-Efficacy Mechanism in Human Agency". *American Psychology, 37*, pp. 122-147.

Browne, C. V. (1995). Empowerment in social work practice with older women.

Social Work, 40(3), 358-364.

Conger, J. V., & Kanungo, R. N. (1988). The empowerment process: Integrating theory and practice. *Academy of Management Review, 13*(3), 471-482.

Egan, G. (2013). *The Skilled Helper: A problem-management and opportunity-development approach to helping* (10th ed.). Belmont, CA: Brooks/Cole.

Friedlander, W., & Apte, R. (1980). *Introduction to social welfare* (5th ed.). Englewood Cliffs, NJ: Prentice-Hall.

Gutierrez, L. M. (1990). Working with women of color: An empowerment perspective. *Social Work, 35*, 149-153.

Gutierrez, L. M. (1994). Beyond coping: An empowerment perspcetive on stressful life event. *Journal of Sociology and Social Welfare, 21*, 201-219.

Hart, R. A. (1997). *Children's Participation: The Theory and Practice of Involving Young Citizens in Community Development and Environmental Care.* UNICEF.

Hogan, R. A. (1964). "Issues and approaches in supervision". *Psychotherapy: theory, research and practice, 1*, 139-141.

James, E. M. (2013). *Self-efficacy, adaptation, and adjustment.* New York: Springer.

Johnson, D. W., & Johnson, F. P. (2000). *Joining Together: Group Theory and Group Skill.* Boston: Allyn and Bacon.

Johnson, D. M., Worell J., & Chandler, R. K. (2005). Assessing psychological health and empowerment in women: The personal progress scale revised. *Women and Health, 41*, 109-129.

Kadushin. A., & Martin, J. A. (1988). *Child welfare services* (4th ed.). New York: Macmillan.

Kieffer, C. H. (1984). Citizen empowerment: A developmental perspective. *Prevention in Human Serveces, 3*, 9-36.

Lee, J. (1994). *The empowerment approach to social work practice.* New York: Columbia University Press.

Lee, J. A. B. (2001). *The empowerment approach to social work practice* (2nd ed.). New York: Columbia University Press.

Lerman, R. I. (2000). *Improving Career Outcomes for Youth: Lessons from the U.S. and OECE Experience*. OECD.

Mencher, S. (1967). Ideology and the Welfare Policy. *Social Work, 12*(July), 7.

Meyer, C. (1985). "The Institutional Context of Child Welfare". *Handbook of Child Welfare* (pp. 100-103). New York: The Free Press.

National 4-H Leadership Trust (2003).

Parsons, R. (1999). Assess Helping Process and Client Outcomes in Empowerment Practice. In W. Shera & L. M. Wells (Eds.), *Empower Practice in Social Work*. Toronto: Canadian Scholars Press, Inc.

Pinderhughes, E. B. (1983). Empowerment for our clients and for ourselves. *Social Casework, 64*, 331-338.

Pittman, K. J. (1996). What is Youth Development: Preventing Problem of Promoting Development Competing Priorities or InseparableGoals? http://www.iyfnet.org/document.cfm/22/general/51.

Ree, S. (1998). Empowerment of Youth. In L. M. Gutierrez, R. J. Parsons, & E. O. Cox (Eds.), *Empowerment in Social Work Practice: A Source Book*. Belmont, CA: Brooks/Cole.

Rogers, C. (1980). *A Way of Being*. Boston: Houghton Mifflin.

Salen, K., & Zimmerman, E. (2003). *Rules of play: Game design fundamentals*. Cambridge, MA: M.I.T. Press.

Sheafor, B., & Horejsi, C. R. (2006). *Techniques and Guidelines for Social Work Practice* (7th ed.). New York: Pearson Education, Inc.

Shertzer, B., & Stone, S. C. (1980). *Foundmentals of Counseling*. Boston: Houghton Mifflin Co.

Solomon, B. B. (1976). *Black empowerment: Social work in oppressed communities*. New York: Columbia University Press.

UN (1948). 세계인권선언문.

UN NGOs (1995). International Development Jobs and Consulting Opportunities.

Walz, G., & Bleuer, J. (1992). *Student self-esteem: A vital element of school success*. Greensboro, NC: Eric Counseling and Personal Services, Inc.

Yalom, I. D. (1985). *The theory and practice of group psychotherapy* (3rd ed.). New York: Basic Books.

Zeldin, S., & Charter, I. (1996). School-to-Work Opportunities Through the Lens of Youth Development. Washington, DC: Academy for Educational Development.

Zimmerman, M. A. (1995). Psychological empowerment: Issues and illustration. *American Journal of Community Psychology, 23*, 581-599.

법제처. 근로기준법

법제처. 소년법

법제처. 아동·청소년 성보호에 관한 법률

법제처. 아동복지법

법제처. 청소년 기본법

법제처. 청소년 보호법

법제처. 청소년복지 지원법

법제처. 청소년활동 진흥법

법제처. 학교 밖 청소년 지원에 관한 법률

법제처. 헌법

법제처. 형법

UN. The Convention on the Rights of the Child.

교육부 공식 블로그. https://if-blog.tistory.com/2163

노상호 작가 블로그. nemonannet

모이자뉴스(2014.08.31.). https://news.moyiza.kr

픽사베이. https://pixabay.com/

http://blog.daum.net/sjraintree/339

Youth Policy (2016.8.29.). http://youthpolicy.org

Youthpolicy.org (2018). http://youthpolicy.org

찾아보기

인 명

내 용

저자 소개

■ 노 혁(Roh, Hyouk)

〈학력〉

숭실대학교 사회사업학과 졸업
숭실대학교대학원 사회사업학과 석사 · 박사 졸업

〈경력〉

사랑의전화복지재단 상담간사
한국청소년정책연구원 연구원 · 선임연구원 · 연구위원
한국청소년정책연구원 원장
한국청소년복지학회 회장
현) 나사렛대학교 사회복지학부 교수

〈저서〉

사회복지실천의 이해(학지사, 2019)
사회복지개론(3판, 공저, 학지사, 2018)
청소년문제론(공저, 공동체, 2010)
청소년복지론(대학출판사, 2002)
전화상담론(사랑의전화 출판부, 1990)

청소년복지의 이해
The Understanding of Youth Welfare

2020년 8월 25일 1판 1쇄 인쇄
2020년 8월 31일 1판 1쇄 발행

지은이 • 노 혁
펴낸이 • 김진환
펴낸곳 • ㈜ 학지사

04031 서울특별시 마포구 양화로 15길 20 마인드월드빌딩
대표전화 • 02-330-5114   팩스 • 02-324-2345
등록번호 • 제313-2006-000265호

홈페이지 • http://www.hakjisa.co.kr
페이스북 • https://www.facebook.com/hakjisa

ISBN 978-89-997-2188-5 93330

정가 20,000원

이 도서의 국립중앙도서관 출판시도서목록(CIP)은 서지정보유통지
원시스템 홈페이지(http://seoji.nl.go.kr)와 국가자료공동목록시스템
(http://www.nl.go.kr/kolisnet)에서 이용하실 수 있습니다.
(CIP 제어번호: CIP2020035286)

출판 · 교육 · 미디어기업 **학지사**
간호보건의학출판 **학지사메디컬** www.hakjisamd.co.kr
심리검사연구소 **인싸이트** www.inpsyt.co.kr
학술논문서비스 **뉴논문** www.newnonmun.com
원격교육연수원 **카운피아** www.counpia.com